D1671599

Lutz Voigtmann, Bianca Steiner

Projekte –

praktisch & professionell

Projektmanagement nach ICB 3.0

Kontakt:

RKW Sachsen GmbH

Dienstleistung und Beratung

Freiberger Straße 35

D-01067 Dresden

Fon   +49 351 8322-30

Fax   +49 351 8322-400

info@rkw-sachsen.de

http://www.rkw-sachsen.de

ISBN: 978-3-00-035733-6

1. Auflage

© 2011 Alle Rechte vorbehalten

RKW Sachsen GmbH

Dienstleistung und Beratung

Freiberger Straße 35

D-01067 Dresden

Eigenverlag

Druck: Zschiesche GmbH Repro Druck Verlag 08112 Wilkau-Haßllau

Das Werk einschließlich aller seiner Teile ist urheberrechtlich geschützt. Jede Verwertung außerhalb der engen Grenzen des Urheberrechtsgesetzes ist ohne Zustimmung des Verlages unzulässig und strafbar. Das gilt insbesondere für Vervielfältigungen, Übersetzungen, Mikroverfilmungen und die Einspeisung und Verarbeitung in elektronischen Systemen.

Vorwort

Projekte sind heute Sinnbild von Veränderungen - und Veränderungen prägen Wirtschaft und Gesellschaft.

Sie dienen der Initiierung und Umsetzung von Innovationen, Investitionen und notwendigen Strukturänderungen. Leider werden dabei nicht selten wesentliche Elemente systematischen Projektmanagements kurzfristigen Lösungen geopfert, was zu einer Verschärfung des Kampfes um Kosten, Ressourcen und Termine führt.

Häufig werden Gründe gegen professionelles Projektmanagement angeführt, die einer sachlichen Argumentation nicht standhalten: „Das ist doch nur zusätzlicher Aufwand." oder „Für Großprojekte ist das sicher wichtig, aber wir sind dafür einfach zu klein."

Dabei überzeugen die seit vielen Jahren etablierten und erprobten Instrumente eigentlich vom Gegenteil: Projektmanagement hilft, mit (nachweislich) weniger Aufwand mehr Erfolg zu haben. Es ist essentielles Hilfsmittel für den Projektleiter und den Auftraggeber, um die gemeinsam formulierten Ziele in Leistung, Kosten und Termin zu erreichen.

Dabei spielt die Branche eigentlich keine Rolle, denn die Methodik ist generisch – sie bildet das passende Gegenstück zum fachspezifischen Know-How der Mitarbeiter in den Unternehmen und Institutionen, die Projekte realisieren.

Die Autoren haben Erfahrungen aus ihrer eigenen Projektpraxis und das notwendige theoretische Rüstzeug auf Basis der aktuellen International Project Management Association Competence Baseline (ICB 3.0) zusammengefasst und möchten damit ein Hilfsmittel für die praktische Projektarbeit und die Weiterbildung im Projektmanagement anbieten. Dabei haben wir uns nicht auf die PM-technischen Kompetenzen beschränkt, sondern auch die Verhaltens- und Kontextkompetenz im aus unserer Sicht notwendigen Maße mit einbezogen.

Mit der vorliegenden Schrift haben wir unser sehr erfolgreiches Buch „Projektmanagement für Newcomer" weiterentwickelt und dem aktuellen Stand internationalen Projektmanagements angepasst. Das Buch kann damit auch als lehrgangsbegleitende Lektüre zusätzliche Unterstützung für die Vorbereitung auf die Level D Zertifizierung nach dem 4-Level-Certification-System der International Project Management Association (IPMA) bieten.

Wir möchten dem Projektmanagement-Interessierten mit diesem Buch methodische Hilfestellung und Anregungen für die eigene Arbeit geben und wünschen viele erfolgreiche Projekte!

Dresden, im September 2011

Dipl.-Ing. (FH) Lutz Voigtmann

Bianca Steiner, M.Sc.

Inhaltsverzeichnis

1.	**Einführung**	**1**
1.1	Entwicklung des Projektmanagements	3
1.2	Projekt	4
	1.2.1 Begriff und Definition	4
	1.2.2 Projektarten	5
1.3	Projektmanagement	9
	1.3.1 Begriff	9
	1.3.2 Standards im Projektmanagement	9
	1.3.3 Projektkultur	9
	1.3.4 Betrachtungsebenen des Projektmanagements	12
	1.3.5 Programm und Portfolio	13
	1.3.6 Das magische Dreieck im Projektmanagement	13
	1.3.7 Einsatzgebiete des Projektmanagements	15
1.4	Projekterfolg und Projektmanagementerfolg	16
1.5	Know How – Entwicklung im Projektmanagement	19
	1.5.1 Qualifizierung	19
	1.5.2 Zertifizierung	19
	1.5.3 Coaching	21
	1.5.4 Projektmanagement-Einführung im Unternehmen	21
1.6	Software in Projekten	23
2.	**Startprozess**	**27**
2.1	Kreativitätstechniken	27
2.2	Projektstart	30
2.3	Leistungsumfang und Lieferobjekte	33
2.4	Projektdefinition	36
2.5	Projektziele	37
	2.5.1 Definition von Projektzielen	37
	2.5.2 Funktion von Projektzielen	37
	2.5.3 Zielhierarchie	39
	2.5.4 Zielbeziehungen	41
	2.5.5 Verfahren und Methoden der Zielfindung	42
2.6	Projektumfeld und Stakeholder	44
	2.6.1 Projektumfeldanalyse	44
	2.6.2 Stakeholderanalyse	46
2.7	Phasen und Meilensteine	53
2.8	Qualität	60
	2.8.1 Definition und Begriffe	60
	2.8.2 Qualitätsmanagementkreislauf	61
	2.8.3 Grundsätze und Wirkungsbereiche des Qualitätsmanagement	62
	2.8.4 Qualitätsmanagement als Bestandteil der Projektarbeit	63
2.9	Risiko	68
	2.9.1 Definition und Begriffe	68
	2.9.2 Ablauf des Risikomanagement	70
	2.9.3 Risikoidentifikation	71
	2.9.4 Risikobewertung	72
	2.9.5 Risikobehandlung	74
	2.9.6 Risikocontrolling	75
2.10	Konfiguration	77
2.11	Angebot, Vertrag, Auftrag	79
	2.11.1 Funktion des Vertragsmanagements	80
	2.11.2 Zweck, Instrumente und Aufgaben des Vertragsmanagements	80
	2.11.3 Juristische Grundlagen	82

      2.11.4 Verhandlungsführung 85

3.   Planung 95

3.1   Projektstrukturierung 95
      3.1.1   Aufgaben und Begriffe 95
      3.1.2   Aufbau von Projektstrukturplänen 98
3.2   Projektorganisation 104
      3.2.1   Funktionen der Projektorganisation 105
      3.2.2   Verantwortlichkeits-(VMI)-matrix 108
      3.2.3   Formen der Projektorganisation 109
      3.2.4   Auswahl der Projektorganisation 112
      3.2.5   Projektorientiertes Unternehmen 115
3.3   Ablauf- und Terminplanung 117
      3.3.1   Schritte der Ablauf- und Terminplanung 117
      3.3.2   Aufgaben und Ziele der Ablauf- und Terminplanung 117
      3.3.3   Methoden der Ablauf- und Terminplanung 119
      3.3.4   Elemente der Ablaufplanung 119
      3.3.5   Grundbegriffe der Terminplanung 122
      3.3.6   Netzplantechnik 124
3.4   Ressourcenplanung 131
      3.4.1   Ziele und Aufgaben der Einsatzmittelplanung 131
      3.4.2   Ermittlung des Einsatzmittelbedarfs 132
      3.4.3   Personaleinsatzplanung 133
      3.4.4   Einsatzmitteloptimierung 137
3.5   Kostenplanung 139
      3.5.1   Kostenschätzverfahren 141
      3.5.2   Projektkalkulation 143
      3.5.3   Ursachen von Kostenabweichungen 147
3.6   Finanzplanung 149
      3.6.1   Begriffe und Definition 149
      3.6.2   Überblick der Finanzierungsarten 150
      3.6.3   Liquidität 151
3.7   Beschaffungsprozess 152
3.8   Berichtswesen und Dokumentation 154
      3.8.1   Dokumentation 154
      3.8.2   Berichtswesen 156

4.   Projektabwicklung 164

4.1   Projektmanagementprozesse während der Projektabwicklung 164
4.2   Multiprojektmanagement 166
      4.2.1   Aufgaben des Multiprojektmanagements 167
      4.2.2   Instrumente des Multiprojektmanagements 168
      4.2.3   Einsatzmittelplanung bei Multiprojekten 168
      4.2.4   Projekt-Netzwerke 170
      4.2.5   Erfahrungsdatenbanken 171
4.3   Kommunikation 172
      4.3.1   Projekte präsentieren 175
      4.3.2   Sicherheit beim Vortrag 177
4.4   Projektmarketing 180
      4.4.1   Definition und Begriff 180
      4.4.2   Ziele des Projektmarketings 180
      4.4.3   Vorgehensweise 181
      4.4.4   Erkennungsmerkmale eines Projekts 182
      4.4.5   Maßnahmen / Instrumente im Projektmarketing 183
      4.4.6   Projektmarketing-Mix 184
4.5   Führung und Motivation 187

4.5.1	Führung		187
4.5.2	Motivation		193
4.5.3	Partizipation		198
4.6	Teamarbeit		200
4.6.1	Spielregeln		200
4.6.2	Moderation und Sitzungsleitung		201
4.6.3	Projektgruppen		203
4.6.4	Zeitmanagement		209
4.7	Konflikte und Krisen		214
4.7.1	Konfliktentstehung		214
4.7.2	Konfliktarten		215
4.7.3	Konflikteskalation		215
4.7.4	Konfliktlösungsmöglichkeiten		217
4.7.5	Krisen		219
4.8	Projektsteuerung und -controlling		221
4.8.1	Definition und Begriff Projektsteuerung		221
4.8.2	Aufgaben der Projektsteuerung		222
4.8.3	Maßnahmen in der Projektsteuerung		223
4.8.4	Definition und Begriff Projektcontrolling		224
4.8.5	Aufgaben des Projektcontrollings		225
4.8.6	Probleme im Controllingprozess		226
4.8.7	Ziele des Projektcontrollings		227
4.8.8	Aufgaben und Anforderungen eines Projektcontrollers		227
4.9	Projektstatus und -fortschritt		229
4.9.1	Leistungsfortschritt		229
4.9.2	Kostenfortschritt		232
4.9.3	Prognose der Kostenentwicklung		233
4.9.4	Terminfortschritt		239
4.10	Änderungen		241
4.11	Claimmanagement (Nachforderungsmanagement)		243
4.11.1	Ziele des Claimmanagements:		243
4.11.2	Instrumente des Claimmanagements:		243
4.12	Übergabe, Abnahme (Kunde)		246
5.	**Abschlussprozess**		**250**
5.1	Ziele des Projektabschlusses		250
5.2	Schritte des Projektabschlusses		251
5.3	Projektabschlusssitzung		252
5.4	Projektabschlussbericht		253
5.5	Projektabnahme / Auflösung des Projektes		254
6.	**Anhang**		**258**
6.1	Fallbeispiel		258
6.1.1	Projektsteckbrief		258
6.1.2	Ziele		259
6.1.3	Umfeld- und Stakeholderanalyse		260
6.1.4	Risikoanalyse		262
6.1.5	Risiko-Portfolio		263
6.1.6	Phasenplanung		263
6.1.7	Projektstrukturplan		264
6.1.8	Ablauf- und Terminplanung		267
6.1.9	Ressourcenplanung		272
6.1.10	Kostenplanung		273
6.2	Literaturverzeichnis		277
6.3	Autorenportrait		279
6.4	Ausgewählte Referenzen		282
6.5	Stichwortverzeichnis		283

Abbildungsverzeichnis

Abb. 1: Ebenen des Projektmanagements 12
Abb. 2: Portfoliomanagement 13
Abb. 3: Das „Magische Dreieck" im Projektmanagement..14
Abb. 4: Project Excellence Modell 17
Abb. 5: IPMA 4-Level-Certification System 20
Abb. 6: Stufenprogramm der Projektmanagement-Einführung 22
Abb. 7: Zielhierarchie / Zielbaum...39
Abb. 8: Zielverträglichkeiten 41
Abb. 9: Systematisierung der Umfeldfaktoren mit typischen Beispielen 46
Abb. 10: Klassifizierung der Zielkonsistenz von Projekt- und Stakeholder-Zielen 47
Abb. 11: Mögliche Gliederung von Umfeldgruppen / Stakeholdern 49
Abb. 12: Mögliche Gliederung von Umfeldgruppen / Stakeholdern 50
Abb. 13: Projektmanagementphasen – Prozessmodell der DIN 69901....................................54
Abb. 14: Prinzip der Phasenplanung 55
Abb. 15: Produkt- und Projektlebensweg 56
Abb. 16: Übersicht einiger Phasenmodelle 56
Abb. 17: Wasserfallmodell 57
Abb. 18: V-Modell 58
Abb. 19: KVP - Kontinuierlicher Verbsserungsprozess nach DIN EN ISO 9001:2000..............61
Abb. 20: Qualitätsmanagementkreislauf in der Projektarbeit 61
Abb. 21: Wirkungsbereiche des Qualitätsmanagements 62
Abb. 22: Ursache-Wirkungsdiagramm (Ishikawa/5M) 64
Abb. 23: Vorgehen nach Quality Function Deployment (QFD) 65
Abb. 24: Integrativer Ansatz des Projektmanagements im Qualitätsmanagementsystem 66
Abb. 25: Beispiele für Risiken im Projektverlauf..68
Abb. 26: Methodik des Risikomanagement nach DIN ISO 10006..70
Abb. 27: Risikobewertung mit Hilfe der Portfolioanalyse (Qualtitative Risikobewertung) 73
Abb. 28: Werkvertrag zwischen Auftraggeber und Hauptauftragnehmer.................................83
Abb. 29: Außenkonsortium 84
Abb. 30: Innenkonsortium (Stilles Konsortium) 84
Abb. 31: Arbeitsgemeinschaft (ARGE) 85
Abb. 32: Projektablauf 95
Abb. 33: Aufbau eines Projektstrukturplanes 99
Abb. 34: Klassifizierende Codierung 100
Abb. 35: Objektorientierter Projektstrukturplan 101
Abb. 36: Funktionsorientierter Projektstrukturplan 102
Abb. 37: Phasenorientierter Projektstrukturplan..102
Abb. 38: Gemischtorientierter Projektstrukturplan...103
Abb. 39: Mindestbestandteile der Projektorganisation 104
Abb. 40: Stabs-(Einfluss) Projektorganisation 110
Abb. 41: Autonome Projektorganisation 111
Abb. 42: Matrix-Projektorganisation 111
Abb. 43: Pool-Projektorganisation 112
Abb. 44: Orientierungshilfe zur Auswahl einer geeigneten Projektorganisation 115
Abb. 45: Elemente der Ablaufplanung 120
Abb. 46: Anordnungsbeziehungen 121
Abb. 47: Regelkreis der Terminplanaktualisierung 123
Abb. 48: Netzplan (Beispiel) 126
Abb. 49: Ablauf- und Terminplan mit frühesten und spätesten Anfangs- und Endzeitpunkten als vernetzter Balkenplan (Beispiel) 130
Abb. 50: Einsatzmittelbedarf – gleicher Arbeitsumfang bei unterschiedlicher Vorgangsdauer....133
Abb. 51: Einsatzmittelplanung, abgeleitet aus dem Balkenplan 135
Abb. 52: Einsatzmittelganglinie 136

Abb. 53: Einsatzmitteloptimierung 137
Abb. 54: Zusammenhang zwischen Ressourcen- und Kostenplanung.....................................139
Abb. 55: Schritte und Ergebnisse der Kostenplanung..141
Abb. 56: Kostenganglinie...146
Abb. 57: Kostensummenlinie..146
Abb. 58: Projektfinanzierung /Cash-Flow 150
Abb. 59: Überblick der Finanzierungsarten 151
Abb. 60: Ablauf des Beschaffungsprozesses 153
Abb. 61: Gestaltung von Berichtsfluss, Berichtsinhalten und Berichtshäufigkeit 158
Abb. 62: Multiprojektmanagement..166
Abb. 63: Geplanter Einsatzmittelbedarf für die Abwicklung von 4 Projekten 168
Abb. 64: Portfoliotechnik im Multiprojektmanagement..170
Abb. 65: Klassisches Kommunikationsmodell (nach Shannon & Weaver) 173
Abb. 66: Sach- und Beziehungsebene (nach Friedemann Schulz von Thun) 174
Abb. 67: Behaltensquote...175
Abb. 68: Anforderungen an einen Projektleiter (Führungsvoraussetzungen) 188
Abb. 69: Führen und Leiten 190
Abb. 70: Management Task Cycl (nach Booth Company) 191
Abb. 71: Führungsverhaltensgitter (nach Blake & Mouton) 193
Abb. 72: Bedürfnispyramide (nachMaslow)...194
Abb. 73: Organisatorische Voraussetzungen für Delegation 196
Abb. 74: Fünf Phasen der Gruppenbildung (Teamuhr)...203
Abb. 75: Unterschiedliche Teammitglieder...204
Abb. 76: Gruppenarbeit...206
Abb. 77: Vier Aufgabenklassen (nach Eisenhower)..210
Abb. 78: „Eintauchzeit – In Fahrt"...211
Abb. 79: „Eintauchzeit – In Fahrt – Störung"..211
Abb. 80: Schädliches Multi-Tasking 212
Abb. 81: Konfliktlösungsmöglichkeiten..217
Abb. 82: Projektsteuerung im Regelkreis 223
Abb. 83: Ursachen für Terminabweichungen 223
Abb. 84: Ablauf des Projektcontrollings...225
Abb. 85: Beispiel einer linearen Kostenhochrechnung 234
Abb. 86: Beispiel einer additiven Kostenhochrechnung 234
Abb. 87: Earned-Value-Analse 237
Abb. 88: Beispiel einer Meilenstein-Trendanalyse 240
Abb. 89: Beispiel eines Änderungsablaufes...241
Abb. 90: Zusammenhänge zwischen Konfigurations-/ Änderungs-/ Dokumentations-/ Vertragsmanagement
         und Projektcontrolling 242
Abb. 91: Leistungsstörungen und deren Rechtsfolgen 244

Tabellenverzeichnis

Tab. 1: Projektarten 6
Tab. 2: Typische Fehler in Projekten und Möglichkeiten ihrer Vermeidung.................................6
Tab. 3: Erfolgsfaktoren im Projektmanagement 18
Tab. 4: Projekterfolgskriterien und -faktoren aus Sicht des Auftraggebers, Auftragnehmers und Projektteams18
Tab. 5: Projektstart im engeren und weiteren Sinn 31
Tab. 6: Leistungsumfang und Lieferobjekte 33
Tab. 7: Projektsteckbrief...36
Tab. 8: Zielmatrix...40
Tab. 9: Beispiele für die Operationalisierung von Zielen..41
Tab. 10: Nutzwertanalyse..43
Tab. 11: Stakeholder-Übersicht...50
Tab. 12: Strategien und beispielhafte Maßnahmen für den Umgang mit Stakeholdern 51

Tab. 13: Stakeholder-Maßnahmen-Matrix 51
Tab. 14: Beispielhafte Berechnung des Gesamtrisikos (Quantitative Risikobewertung) 73
Tab. 15: Arten und Beispiele Risikoüberwälzung 75
Tab. 16: Aufgaben des Vertragsmanagements vor und nach Vertragsabschluss 81
Tab. 17: Abwehr von Angriffen durch Scheinargumente 90
Tab. 18: Abwehr von Angriffen gegen die Person 91
Tab. 19: Abwehr von Angriffen durch Denkfehler 91
Tab. 20: Inhalte von Arbeitspaketen 98
Tab. 21: Verantwortlichkeits-(VMI)-Matrix 109
Tab. 22: Vor- und Nachteile der Projektorganisationsformen 114
Tab. 23: Vor- und Nachteile der Projektorganisationsformen 116
Tab. 24: Aufgaben und Ziele der Ablauf- und Terminplanung 118
Tab. 25: Methoden der Ablauf- und Terminplanung 119
Tab. 26: Vorgangsliste (Beispiel) 126
Tab. 27: Ermittlung des Einsatzmittelbedarfs 132
Tab. 28: Gliederung einer Projektkalkulation 144
Tab. 29: Aufgaben der Beschaffung 152
Tab. 30: Ereignis- und zeitorientierte Projektberichte 157
Tab. 31: Dokumentationsmatrix 159
Tab. 32: Übersicht/Auszug der wichtigsten PM-Prozess-Gruppen 165
Tab. 33: Ziele des Projektmarketing 180
Tab. 34: Mögliche Zielgruppen im Projektmarketing 181
Tab. 35: Projektmarketingmaßnahmen beim Projektstart 183
Tab. 36: Projektmarketingmaßnahmen während der Projektrealisierung 183
Tab. 37: Projektmarketingmaßnahmen beim Projektabschluss 184
Tab. 38: Kommunikationskonzept 185
Tab. 39: Hygienefaktoren und Motivatoren (nach Herzberg) 195
Tab. 40: Die sechs W-Regeln zur Delegation von Aufgaben 197
Tab. 41: Partizipation 198
Tab. 42: Persönlichkeitsbeziehung 205
Tab. 43: Konflikteskalationsstufen 216
Tab. 44: Möglichkeiten der Konfliktlösung 218
Tab. 45: Schritte zur kooperativen Konfliktlösung 219
Tab. 46: Maßnahmen der Projektsteuerung 224
Tab. 47: Ziele des Projektcontrollings 227
Tab. 48: Fortschrittsgrad-Messtechniken im Überblick 231
Tab. 49: Grundbegriffe zur Kostentrendanalyse 233
Tab. 50: Earned-Value-Analyse - Begriffe 236
Tab. 51: Varianzen und Indizes der Earned-Value-Analyse 238
Tab. 52: Auftraggeber- und Auftragnehmerrechte 245

1.	**Einführung**..	**1**
1.1	Entwicklung des Projektmanagements	3
1.2	Projekt	4
	1.2.1 Begriff und Definition...	4
	1.2.2 Projektarten..	5
1.3	Projektmanagement..	9
	1.3.1 Begriff...	9
	1.3.2 Standards im Projektmanagement..	9
	1.3.3 Projektkultur	9
	1.3.4 Betrachtungsebenen des Projektmanagements	12
	1.3.5 Programm und Portfolio..	13
	1.3.6 Das magische Dreieck im Projektmanagement.............................	13
	1.3.7 Einsatzgebiete des Projektmanagements.....................................	15
1.4	Projekterfolg und Projektmanagementerfolg......................................	16
1.5	Know How – Entwicklung im Projektmanagement...............................	19
	1.5.1 Qualifizierung...	19
	1.5.2 Zertifizierung..	19
	1.5.3 Coaching..	21
	1.5.4 Projektmanagement-Einführung im Unternehmen.......................	21
1.6	Software in Projekten...	23

1. Einführung

Das Wirtschaftsumfeld hat sich in den vergangenen Jahren stark gewandelt, die Unternehmen sehen sich mit einem immer stärker ansteigenden Konkurrenzdruck konfrontiert. Heute schnell wachsende Unternehmen haben keine Gewähr dafür, in einigen Jahren noch genauso stark am Markt etabliert zu sein. Dafür werden dann vielleicht neue innovative Unternehmen entstanden sein, die deren Marktposition besetzen. Das ist Risiko und Chance zugleich.

Die traditionellen Planungsmethoden, Managementansätze, Verhaltensmuster und Arbeitsweisen stoßen an ihre Grenzen. Die bisherige Entwicklung ist durch eine wohl am weitesten verbreitete Methode, die Ad-hoc-Planung, gekennzeichnet. Bei den genutzten Planungsmitteln dominieren Intuition und Improvisation und möglicherweise ein grob geplanter Ablauf.

Diese Vorgehensweise mag sich, ergänzt um die individuellen Erfahrungen und Kenntnisse, bei rückschauender Betrachtung als brauchbar erwiesen haben. Aber durch immer schnellere Veränderungen sowie gestiegene Ansprüche im gesamten Umfeld der ökonomischen Prozesse müssen neue Managementansätze implementiert werden.

Die Märkte sind offener geworden, das Tempo des Handels hat zugenommen. Räumliche Distanzen, neue Kommunikationstechnologien und -modelle, multikulturelle Einflüsse oder die Integration von externen Partnern stellen besonders klein- und mittelständische Unternehmen vor wachsende Herausforderungen. Kurze Innovationszyklen bestimmen besonders in den verarbeitenden Sektoren über generelle Existenz und Markterfolg von Unternehmungen. Neben Innovations- und Flexibilisierungsdruck in dynamischen Marktstrukturen führt ferner die derzeit zu verzeichnende Internationalisierung der Weltmärkte, insbesondere für die Kernleistungsprozesse von Unternehmungen, zu einer Etablierung projektorientierter Arbeitsmethoden.

Auch in anderen Bereichen sind derzeit Konzepte wie „time-to-market", „just in time" oder „just in sequence" Indikatoren für die Aktualität einer intensiven Betrachtung effektiver und wirksamer Managementkonzepte.

Dabei muss die Planung auf allen Ebenen des Unternehmens ansetzen, um verschiedene Entwicklungstendenzen berücksichtigen zu können und vor allem diejenigen mit einzubeziehen und zu motivieren, die das Planungsergebnis umsetzen und tragen sollen.

Mit dem Projektmanagement steht ein dafür geeignetes Instrumentarium zur Verfügung. Es ermöglicht, komplexe Aufgaben in überschaubare Elemente zu zergliedern, deren Bearbeitung eigenverantwortlich durch qualifizierte Mitarbeiter erfolgt, so dass das Erreichen der angestrebten Ziele beherrschbar wird. Besonders signifikant zeigen sich Relevanz und Potenzial des Projektmanagements im Bereich Forschung und Entwicklung.

Eine breite und disziplinierte Anwendung professioneller Projektmanagement-Methoden soll erreichen, dass Projekte wirtschaftlicher abgewickelt werden, um qualitativ bessere Ergebnisse zu erzielen.

Kurz gesagt: Der Einsatz von Projektmanagement - Methoden soll Unternehmen wettbewerbsfähiger machen.

Obwohl dem Projektmanagement in Wissenschaft und Praxis mittlerweile ein hoher Stellenwert zugesprochen wird, existieren hinsichtlich konkreter Konzepte der Implementierung sowie in der konsequenten Anwendung der vielfältigen Methoden und Instrumente Defizite. Es fehlt den Projektmitarbeitern in den Unternehmen selbst häufig an Wissen und Erfahrung im Projektmanagement. Ein einheitliches Verständnis von Projektmanagement ist aber sehr bedeutsam, gerade wenn umfangreiche Projekte von unterschiedlichen Partnern durchgeführt werden.[1] Wenn sich Unternehmen erst über prinzipielle Strukturen und Terminologien des Projektmanagements einigen müssen, werden damit wertvolle Ressourcen verschwendet.

Das Arbeiten und Denken in Projekten wird heutzutage als ein vollkommen natürlicher und wohletablierter Tatbestand angesehen. In einem zunehmend markt- und wettbewerbsgetriebenen dynamischen Handlungsumfeld ist das Managen von Projekten zu einer zentralen Herausforderung sowie zu einem strategischen Erfolgsfaktor für eine immer größere Anzahl von Unternehmen geworden. Vor dem Hintergrund dieser Entwicklungen definiert sich das fast schon traditionelle und klassische Thema Projektmanagement vollkommen neu. Projektmanagement ist nicht nur ein in sich abgeschlossener Managementansatz, sondern bildet einen Methoden- und Bezugsrahmen mit interdisziplinären Inhalten für eine Vielzahl von Anwendungsmöglichkeiten im gesamten wirtschaftlichen Prozess.

Auf der operativen Ebene zum Beispiel existiert eine Vielzahl von Methoden und Techniken des Projektmanagements zur Unterstützung der vielfältigen Facetten und Problemstellungen. Dadurch tritt das Projektmanagement zunehmend als Unternehmensphilosophie in den Vordergrund und wird als ganzheitlicher Ansatz auf strategischer Ebene verstanden.

Diese Schrift ist kein Lehrbuch; sie gibt eine Einführung in die Thematik Projektmanagement für Neueinsteiger und Umsteiger. Sie soll Verständnis für die Anwendung des Projektmanagement - Instrumentariums schaffen und eine Hilfe zur methodischen, sinnvollen Abwicklung von Projekten sein.

---

[1] *Ehlers, P.: Das GroupProject-System, S.2f.*

1.1 Entwicklung des Projektmanagements

Das Projektmanagement wird schon seit geraumer Zeit als ganzheitlicher Ansatz und branchenübergreifende Denkweise und damit als eigenständige Disziplin der Wirtschaftswissenschaften verstanden.[2] Das Projektmanagement ist keine Erfindung der Neuzeit, bereits die alten Ägypter mussten das Projekt "Bau einer Pyramide" managen. Die ersten dokumentierten Anfänge des Projektmanagements datieren aus dem Jahre 1941, als im Rahmen des „Manhattan Engineering District Projects" die Atombombe entwickelt wurde.

Das moderne Projektmanagement hat seinen Ursprung bei den großen Raumfahrtprojekten der NASA in den 60er Jahren. In Deutschland hat die Messerschmitt-Bölkow-Blohm GmbH, Tochter der deutschen Aerospace AG, schon früh intensiv die Erkenntnisse des Projektmanagements bei der Entwicklung militärischer Waffensysteme genutzt.

In der weiteren historischen Betrachtung lassen sich nach Gareis im Wesentlichen drei Phasen der Entwicklung des Projektmanagements abgrenzen. In der ersten Phase bis Mitte der sechziger Jahre war Projektmanagement durch die folgenden Merkmale gekennzeichnet:[3]

→ Anwendung vornehmlich im militärischen Bereich und der Raumfahrt
→ Projekte mit überwiegend technischen Zielen und Inhalten
→ formalistisch und technisch geprägtes Verständnis des Projektmanagements

Die daran anschließende zweite Phase von Mitte der sechziger bis Ende der achtziger Jahre war durch nachfolgende Charakteristiken gekennzeichnet:[4]

→ breitgestreute Anwendung des Projektmanagements in technischen Branchen
→ erweitertes Verständnis im Projektmanagement mit Unterstützung der EDV
→ Konzentration auf viele Großprojekte
→ Sensibilisierung bezüglich der notwendigen Organisations- und Personalentwicklung

Die aktuellen Themen seit Mitte der neunziger Jahre sind in den nachfolgenden Punkten dargestellt:[5]

→ Anwendung des Projektmanagements in allen Wirtschaftsbereichen,
→ Projekte mit Zielen und Inhalten aus unterschiedlichen funktionalen Bereichen,
→ neues Projektmanagement-Verständnis und situativer Einsatz der Methoden,
→ Einsatz des Projektmanagements für Klein-, Mittel- und Großprojekte,
→ Ansatz für ein projektorientiertes Unternehmen,
→ Netzwerk-Management,
→ Multi-Projektmanagement,
→ Standardisierung von Projektmanagement und Zertifizierung von Projektmanagern.

Das Projektmanagement hat sich damit im Zeitablauf von einer Randerscheinung für einige technische Spezialgebiete im Großprojektbereich zu dem oben charakterisierten breiten Ansatz einer ganzheitlichen Disziplin, einer „strategischen Option der organisatorischen Gestaltung von Unternehmen" entwickelt.

---

[2] Saynisch, M.: Konfigurationsmanagement, Technisches Änderungswesen und Systemdokumentation im Projektmanagement, S. 28f.
[3] Gareis, R.: Projektmanagement im Maschinen- und Anlagenbau, S. 32f.
[4] Ehlers, P.: Das GroupProject-System, S.2f.
[5] Ehlers, P.: Das GroupProject-System, S.2f.

1.2 Projekt

1.2.1 Begriff und Definition

Vielerlei Tätigkeiten, die bisher als alltägliche Vorhaben in einem Unternehmen gehandhabt wurden, werden heute als Projekte bezeichnet. Häufig wird mit diesem Namen eine Arbeitsweise verbunden, ohne dass die Kriterien eines Projekts erfüllt sind. In der wissenschaftlichen Literatur finden sich viele unterschiedliche Begriffsdefinitionen eines Projektes, die zentralen Merkmale aber stimmen weitgehend überein. Von einem Projekt wird dann gesprochen, wenn die Arbeit zielorientiert und nicht funktionsorientiert abgewickelt wird. Als ein wesentliches Kriterium eines Projektes wird häufig seine Komplexität erwähnt.

> Nach DIN 69901 ist ein Projekt ein Vorhaben, dass im Wesentlichen durch die Einmaligkeit der Bedingungen in ihrer Gesamtheit gekennzeichnet ist.

Diese Einmaligkeit definiert sich u.a. durch:

→ Zielvorgabe,
→ zeitliche/ finanzielle/ personelle und andere Begrenzungen,
→ eindeutige Abgrenzung gegenüber anderen Vorhaben,
→ projektspezifische Organisation.

Neben der DIN-Definition existiert eine Fülle weiterer Begriffsbestimmungen. Aus den zahlreichen Definitionen können folgende wesentlichen Projektmerkmale hervorgehoben werden: [6]

→ aufgabenmäßige Determination,
→ zeitliche Determination,
→ Einmaligkeit,
→ Neuartigkeit,
→ Komplexität,
→ aufgabenbezogenes Budget,
→ rechtlich-organisatorische Zuordnung.

Schon aus diesen Definitionen wird deutlich, dass eine Vielzahl von Aufgaben, die gemeinhin als „Projekte" bezeichnet werden, der Intension der Definitionen nicht entspricht. Vielmehr handelt es sich um Routineaufgaben, die einen hohen Anteil von wiederkehrenden Aufgaben beinhalten. Hierfür das volle Instrumentarium des Projektmanagements zu spielen, ist häufig nicht zielführend.

---

[6] *RKW/GPM: Projektmanagement-Fachmann, S.27*

1.2.2   Projektarten

Projekte können nach unterschiedlichen Kriterien in verschiedene Gruppen eingeteilt werden. Eine Unterscheidung nach Projektarten dient vor allem dazu, Gemeinsamkeiten für eine wirtschaftliche Anwendung des Projektmanagements zu nutzen sowie den spezifischen Einsatz von Projektmanagement-Methoden zu gewährleisten. In diesem Kontext werden Möglichkeiten einer Standardisierung von Projekt- und Prozessstrukturen geschaffen.

Wie können Projekte klassifiziert werden?

Projekte lassen sich klassifizieren nach:

→ dem Projektinhalt (Investitionen, Organisation, Forschung und Entwicklung),
→ der Stellung des Auftraggebers (externe und interne Projekte),
→ der sozialen Komplexität,
→ den beteiligten Organisationen (z. B. abteilungsübergreifende Projekte).[7]

Welche Arten von Projekten werden unterschieden?

Projekte sind von Nicht-Projekten, wie zum Beispiel Routineaufgaben der Stammorganisation oder Programmen, zu unterscheiden. Eine Differenzierung von Projekten ermöglicht eine spezifische Analyse der Herausforderungen sowie Potenziale des Projektmanagements.

Ein häufig angewendeter Differenzierungsansatz von Projekten besteht in der Möglichkeit, den Funktionsrahmen oder das Anwendungsgebiet bzw. den Projektgegenstand zu klassifizieren. Dabei lassen sich konkrete Projektarten in übergeordnete Projekttypen einteilen.

In der Literatur finden sich sehr unterschiedliche Abgrenzungen, für praktische Zwecke erscheint die nachfolgende grobe Klassifizierung zweckmäßig. So lassen sich Projekte unter anderem unterscheiden in: [8]

→ Investitionsprojekte,
→ Forschungs- und Entwicklungsprojekte und
→ Organisationsprojekte (vgl. Tab. 1).

---

[7] Schelle, Reschke, Schnopp, Schub: Patzak, G. „Systemtheorie und Systemtechnik im Projektmanagement" in Projekte erfolgreich managen, S.18f.
[8] Schulz, G.: „Projektarten" in Projektmanagement, S.43f.

Tab. 1: Projektarten[9]

Projektarten		
Investitionsprojekte	F&E Projekte	Organisationsprojekte
Installation eines PC-Netzwerkes	Entwicklung eines neuen Produkts	Einführung einer neuen Organisationsform
Beschaffung einer CNC-Anlage	Entwicklung eines Expertensystems	Einführung eines neuen Marketingkonzeptes
Einrichtung einer neuen Fertigung	Entwicklung neuer Software	Einführung projektbasierter Unternehmensführung
Einführung von CIM	Entwicklung eines Medikaments	
Bau eines Bürokomplexes	Entwicklung neuer Werkstoffe	

Typische Fehler in Projekten

Der Projekterfolg kann während der gesamten Projektbearbeitung durch steigernde sowie hemmende Faktoren positiv oder negativ beeinflusst werden.[10]

Folgen von Fehlern in der Projektarbeit können Qualitätsmängel, Kosten- und Terminüberschreitungen oder Projektabbrüche sein. Die Fehler und Methoden ihrer Vermeidung stellt die Tabelle 2 gegenüber.

Tab. 2: Typische Fehler in Projekten und Möglichkeiten ihrer Vermeidung[11]

Fehler	Vermeidung
Unklare Analyse der Ausgangssituation	
→ Wünsche werden zu Projekten → subjektive Eindrücke sind Basis für Veränderungen → Datenbasis für Ausgangsituation fehlt	→ Marktanalyse für Produkte und Leistungen → Konkurrenzanalysen → Stärken-, Schwächen-, Prozessanalyse → Ableitung Handlungsbedarf auf der Basis gesicherter Daten
Unklare Vorgabe der Projektziele	
→ subjektiv, unbegründet → nicht strukturiert → nicht dokumentiert	→ Projektziele sind dokumentiert und mit Betroffenen vereinbart → Geeignete Projektpartner (Qualitäten) → Nutzen / Kosten / Bearbeitungsablauf

---

[9] *Schulz, G.: „Projektarten" in Projektmanagement, S.43f.*
[10] *Möller, T.; Dörrenberg, F.: Projektmanagement, S.24f.*
[11] *RKW/GPM: Projektmanagement-Fachmann, S.122ff. (modifiziert)*

Fehler	Vermeidung
Ungenügende Alternativsuche für die Projektlösung	
→ Favorisierung einer „Lieblingslösung" → fehlender Mut, alles Bisherige in Frage zu stellen	→ Sammlung von Lösungsalternativen → Bewertung und Auswahl mit Führung und Beteiligten → Risikovergleich → Bewertung „Null-Alternative"
Fehlende Auswertung abgeschlossener Projekte	
→ keine Abschlussbewertung von Projekten (positive und negative Erfahrungen) und kein Erfahrungstransfer → mangelnde Lernbereitschaft aus Fehlern	→ Abschlussbewertung der Projekte → Erfahrungstransfer der Projektleiter → Erzeugung Bereitschaft aus Fehlern zu lernen → Fortschreibung des PM-Handbuches
Unklare Projektverantwortlichkeiten	
→ Projektverantwortung / Kompetenzen nicht festgelegt → Führungskräfte sind nicht informiert	→ Berufung Projektleiter und Projektteam durch Geschäftsführung → Festlegung Rolle / Kompetenzen Projektleiter → Definition projektspezifisches Berichtswesen → PM-Handbuch
Ungenügende Zuweisung von Personal	
→ Personalzuweisung (quantitativ und qualitativ) nicht adäquat zum Projektinhalt	→ Zuordnung von geeignetem Personal mit Fach-, Sozial- und Methodenkompetenz → Sicherung temporärer Mitarbeiter → Motivation des Teams → Definition der Befugnisse
Unprofessioneller Umgang mit Projektabweichungen	
→ Abweichungen werden nicht erfasst und bewertet → Scheu, über Abweichungen zu berichten	→ ständiger Soll-Ist-Vergleich (Inhalt, Termin, Kosten) → Analyse Abweichungen und Auswirkungen → Entscheidungsvorbereitung und Berichterstattung → Änderungen
Unterschätzung von Risiken im Bearbeitungsverlauf	
→ keine Risikoidentifikation und -bewertung → keine Risikovorsorge und Alternativstrategien	→ Risikoanalysen und Bewertung im Team → Risikovorsorge inhaltlicher und finanzieller Art → Erarbeitung von Alternativstrategien → Berichterstattung zur Risikosituation

Fehler	Vermeidung
Fehlende strukturierte Projektplanung und -steuerung	
→ ungenügende Übersicht über Projektinhalt und -ablauf → Improvisation gegenüber Kunden, Geschäftsführung, Projektbeteiligten	→ systematische Projektplanung → planmäßige Zusammenarbeit im Team → systematische Informationsbeziehungen → kontinuierliches Berichtswesen → Nutzung PM-Handbuch

1.3 Projektmanagement

1.3.1 Begriff

Unter dem Begriff Projektmanagement werden zunächst sämtliche Methoden, Techniken, Maßnahmen und Faktoren zusammengefasst, die zur Durchführung von Projekten jeder Art nötig sind.

Das Management von Projekten besteht aus der ganzheitlichen Betrachtung und Gestaltung der unterschiedlichen Determinanten und Umfeldfaktoren, die es ermöglichen, ein definiertes Projektziel unter Berücksichtigung vorgegebener Termin- und Ressourcenrestriktionen zu erreichen.[12]

> Nach DIN 69901 ist Projektmanagement die Gesamtheit von Führungsaufgaben, -organisation, -techniken und –mitteln für die Abwicklung eines Projektes.

> Die ICB definiert Projektmanagement als: „Führung der Projektbeteiligten zur sicheren Erreichung der Projektziele." Die ICB versteht die Methodik des Projektmanagements als Führungsprinzip „Management by Projects".

1.3.2 Standards im Projektmanagement

Die zugrunde liegenden Standards im Projektmanagement (PM) werden nachfolgend aufgezählt:

→ ISO 10006 „Guidelines to quality in project management" (12/97), ein nur in Englisch verfügbarer Leitfaden.
→ ICB: IPMA Competence Baseline, Version 3.0 (2008), in der deutschen Ausgabe als National Competence Baseline (NBC 3.0) mit den Kompetenzelementen PM-technische Kompetenz, PM-Verhaltenskompetenz und PM-Kontextkompetenz.
→ DIN: DIN Deutsches Institut für Normung e.V., DIN 69900 ff.

1.3.3 Projektkultur

Projektkultur ist ein schillernder Begriff, den auch die DIN 69905 nur sehr weit als die "Gesamtheit der von Wissen, Erfahrung und Tradition beeinflussten Verhaltensweisen der Projektbeteiligten und deren generelle Einschätzung durch das Projektumfeld" beschreibt. In der Umgangssprache der Projektmanager kann Projektkultur auch als die Summe aller "weichen Faktoren" definiert werden. Ohne Anspruch auf Vollständigkeit zählen zur Projektkultur die Wertschätzung der Projektarbeit innerhalb eines Unternehmens, die Kooperationsbereitschaft zwischen Personen und Abteilungen, die Kommunikationsfähigkeit und die Konfliktfähigkeit der Projektbeteiligten bis hin zum Selbstverständnis des Unternehmens als Projektträger.[13]

---

[12] Ehlers, P.: Das GroupProject-System, S.15
[13] Projektmagazin – Glossar, http://www.projektmagazin.de/glossar (verfügbar Sep. 2007)

Kultur

Kultur wird im Duden definiert als „die Gesamtheit der geistigen und künstlerischen Lebensäußerungen einer Gemeinschaft; aus einer Gemeinschaft hervorgehende Bestrebungen, die sich auf die … Gestaltung des (täglichen) Lebens beziehen; feine Lebensart/Erziehung/Bildung".

Bemerkenswert ist die Wechselbeziehung zwischen Kultur und Mensch: Menschen prägen eine Kultur – Kulturen prägen Menschen. Das gilt auch für eine Unternehmenskultur und eine Projektkultur.

Unternehmenskultur

„Unter der Bezeichnung Unternehmenskultur werden allgemein die kognitiv entwickelten Fähigkeiten · einer Unternehmung sowie die affektiv geprägten Einstellungen ihrer Mitarbeiter zur Aufgabe, zum Produkt, zu den Kollegen, zur Führung und zur Unternehmung in ihrer Formung von Perzeptionen (Wahrnehmungen) und Präferenzen (Vorlieben) gegenüber Ereignissen und Entwicklungen verstanden."[14]

„Unter dem Begriff Unternehmenskultur verstehen wir die Gesamtheit von Normen, Wertvorstellungen und Denkhaltungen, die das Verhalten der Mitarbeiter aller Stufen und somit das Erscheinungsbild eines Unternehmens prägen." [15]

Projektkultur

„Diese Aussagen können in Analogie auf Projektkultur übertragen werden, denn ein Projekt kann als „Unternehmen im Unternehmen" angesehen werden, das seine – mehr oder weniger stark ausgeprägte – eigene Kultur hat und vielfach auch braucht, um seinen Eigenheiten entsprechend möglichst gut zu gelingen. So wird beispielsweise die Kultur in einem so genannten internen Projekt, in dem es um eine Veränderung des Unternehmens geht, andere Ausprägungen haben, als in einem externen Projekt, wo es um die Realisierung eines Kundenauftrags geht. Auch zwischen der Unternehmenskultur und der Projektkultur gibt es eine Wechselwirkung:

Die Unternehmenskultur prägt und begrenzt die Projektkultur, die Projektkultur(en) ist/sind Teil der Unternehmenskultur. Wichtig ist zu betonen, dass es nicht „die" Unternehmenskultur gibt – genauso wenig wie „die" Projektkultur. Jedes Unternehmen und jedes Projekt hat seine eigene, einmalige Kultur!

---

[14] Bleicher, K.: Das Konzept Integriertes Management
[15] Unternehmenskultur, in: Die Orientierung Nr. 85, Pümpin u.a., Schweizerische Volksbank (verfügbar Jan. 2008)

Allgemeine Projektkultur

In vielen Unternehmen gibt es eine allgemeine Projektkultur als Teil der Unternehmenskultur, die sich vornehmlich darin äußert, wie in einem Unternehmen mit den Themen Projekt und Projektmanagement umgegangen wird. Dies äußert sich z.B. darin, welche Bedeutung der projektmäßigen Realisierung von Vorhaben eingeräumt wird, welcher Aufwand für die Entwicklung des Projektwesens betrieben wird und auch im Ausmaß des Zulassens von projektspezifischen Projektkulturen.

Projektspezifische Projektkultur

Daneben gibt es die projektspezifischen Projektkulturen, die jeweils nur innerhalb eines bestimmten Projekts gelten. Solche Projektkulturen entstehen vornehmlich dann, wenn ein Projekt eine relativ lange Laufzeit hat, ganz besondere Projektziele verfolgt oder wenn es sich um Projekte handelt, in die mehrere Unternehmen einbezogen sind. In den meisten Fällen kann man sagen, dass die jeweiligen Projektleiter einen starken Einfluss auf die Ausprägung einer eigenständigen Projektkultur haben.

Solche eigenständigen Projektkulturen schaffen Identität nach innen und Image nach außen und sind in der Regel für den Projekterfolg sehr förderlich. Allerdings dürfen dabei mögliche negative Aspekte nicht übersehen werden, wie z.B. Konflikte zwischen Projekt- und Unternehmenskultur (in der Linienorganisation), Eifersucht von Nicht-Projektmitgliedern (namentlich in der Linienorganisation, die auf alles verzichten müssen, was Projekten gegeben wird) und anderes mehr.

Die Projektkultur ist – wie die Unternehmenskultur – in ihrer Ganzheit kaum fassbar. Lediglich die Folgen und Erscheinungsformen der grundlegenden Annahmen über den Sinn eines Projekts, der Normen, der Wertvorstellungen und der Verhaltensweisen werden in Form von Symptomen erkennbar. Als Beispiele solcher Symptome (Äußerungen der herrschenden Projektkultur) lassen sich anführen:

- → Art und Weise, wie Kunden und ihre Anliegen behandelt werden,
- → Art und Weise, wie im Projekt miteinander kommuniziert wird,
- → Qualität der Zusammenarbeit und Eifer in der Projektarbeit,
- → Umgang mit Vorgaben (Methoden, Prozessen ...),
- → Umgang mit Fehlern, Problemen und Konflikten,
- → Lernen im Projekt.

Es gibt zu keiner Zeit keine Kultur in einem Projekt. In der zeitlichen Entwicklung ist die Projektkultur zunächst identisch mit der Nicht-Projektkultur. Gibt es im Unternehmen eine allgemeine Projektkultur, so ist danach zu trachten, dass die brauchbaren Elemente daraus möglichst rasch in die einzelnen Projekte Eingang finden. Danach beginnt die Entwicklung einer mehr oder weniger spezifischen Projektkultur für eben dieses Projekt. Für die Entwicklung einer Projektkultur bleibt im Vergleich zur Entwicklung einer Unternehmenskultur sehr wenig Zeit. Je nach Bedeutung einer spezifischen Projektkultur für ein Projekt, ist daher die Entwicklung dieser spezifischen Projektkultur mit mehr oder weniger Energie voranzutreiben. Treibende Kräfte dabei önnen der Auftraggeber, der Projektleiter, die Projektmitarbeiter oder auch die Projektkunden sein."[16]

Moral und Ethik in Projekten

Moral stellt das Regelwerk dar, das das menschliche Handeln leiten soll. Verstöße führen zu Schuldgefühlen oder Missachtung.

Deskriptive Ethik beschreibt Verhalten, Werte und Moral der Gesellschaft, normative Ethik prüft und bewertet und gibt Handlungsanweisungen.

Moralische Intelligenz und ethische Führungsverantwortung beinhalten sowohl das Erreichen der Erfolgskriterien des Projekts in fachlicher Hinsicht, als auch die Einhaltung ethischer Grundsätze und moralischer Wertvorstellungen der Gesellschaft. Aktivitäten, die dem widersprechen, sind in Projekten zu unterbinden.

1.3.4 Betrachtungsebenen des Projektmanagements

In modernen Organisationen definieren sich die Schwerpunkte im Projektmanagement in Abhängigkeit der Betrachtungsebene und des damit verbundenen Detaillierungsgrades sehr unterschiedlich. Prinzipiell können die Ebenen operative Projektdurchführung (projekthaftes Arbeiten unter partieller Verwendung der PM-Methoden), Management eines einzelnen Projektes (Single-Projekt-Management) sowie Management vieler interdependenter Projekte (Multi-Projektmanagement) unterschieden werden (vgl. Abb. 1).[17]

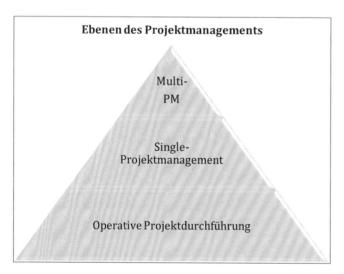

Abb. 1: Ebenen des Projektmanagements

---

[16] Dr. W. Wintersteiger, Management & Informatik: Vortrag an der CONQUEST 2003, Nürnberg (verfügbar Sep. 2007)
[17] Ehlers, P.: Das GroupProject-System, S.19f.

1.3.5   Programm und Portfolio

Neben den Betrachtungsebenen (vgl. Abb. 1) werden miteinander inhaltlich verknüpfte Einzelprojekte in einer Organisation als Programm bezeichnet. Programme verfolgen ein übergreifendes gemeinsames Ziel und sind genau wie Einzelprojekte insgesamt zeitlich befristet. Ein Programm endet mit Erreichen der Zielstellung.

Programmmanagement befasst sich demzufolge mit der Planung, Leitung und Controlling einer Gruppe von zusammenhängenden Projekten. Entscheidungen in Einzelprojekten müssen sich deshalb (bei Auswirkungen auf das Programm) den Programmprioritäten unterordnen und dürfen den Zielen des Programms nicht zuwider laufen.

Die Gesamtheit aller Programme mit den dazugehörigen Projekten und der unabhängig von Programmen laufenden Einzelprojekte einer Organisation bezeichnet man als Portfolio. Das Portfolio bildet somit die vollständige Projektlandschaft einer Organisation ab und ist aufgrund von neu startenden Projekten und Projektabschlüssen zeitlich nicht befristet (vgl. Abb. 2).

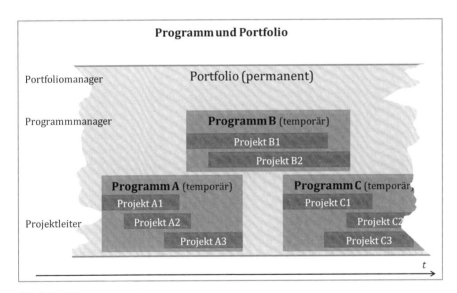

Abb. 2: Portfoliomanagement

Das Portfoliomanagement ist die (meist strategische) Planung, Leitung und Controlling der Gesamtheit von Programmen und Projekten in einer Organisation.

1.3.6   Das magische Dreieck im Projektmanagement

Die klassische und traditionelle Sichtweise des Projektmanagements liegt in der Betrachtung von drei wesentlichen Modellparametern und ihrer entsprechenden Beziehungen zueinander. Dabei handelt es sich um die drei Eckpunkte Aufwand, Termin und Ergebnis. Diese drei Eckpunkte werden als „magisches Dreieck" eines Projekts bezeichnet (vgl. Abb. 3). Dabei bildet die Ecke „Ergebnis" die originäre Grundgröße, aus der sich die Elemente Aufwand und Termin ableiten.

Alle Instrumente des Projektmanagements haben das gleiche Ziel: sie sollen sicherstellen, dass diese Parameter von der anfänglichen Planung nicht abweichen. Hierbei besteht die Aufgabe des Projektmanagements darin, in dem vorgegebenen Handlungsspielraum die Parameter so zu gestalten, dass der optimale Punkt in Abhängigkeit von der Gewichtung der einzelnen Parameter getroffen wird. So können zum Beispiel Projektergebnisse durch Erhöhung der Kosten oder der Laufzeit des Projektes verbessert werden, Kosten durch Leistungsverminderung eingespart oder Zieltermine durch Erhöhung des Aufwands erreicht werden.

Werden die Zielbereiche eines Projekts neu ausgerichtet, so hat das in der Regel direkte Auswirkungen auf die anderen Zielebenen. Es ist beispielsweise unmöglich, das Sachziel des Projekts entscheidend zu verbessern, ohne entweder den Projektendtermin zu verschieben oder die Kosten zu erhöhen. Diese Tatsache sollte zum Beispiel berücksichtigt werden, wenn der Auftraggeber mit den definierten Zielen nicht zufrieden ist.

Fordert beispielsweise der Auftraggeber eine Reduktion der Kosten ein, so kann dies - bei seriöser Zielplanung - nur durch eine Veränderung der anderen Zielbereiche geschehen (Verminderung der Qualität [Sachziel] oder Verlängerung der Projektdauer [Terminziel]).

Abb. 3: Das „Magische Dreieck" im Projektmanagement

Neuere Betrachtungsweisen des Magischen Dreiecks fügen eine „vierte Ecke" hinzu: die Zufriedenheit der wesentlichen Stakeholder des Projektes. Dies entspricht auch der generellen Erkenntnis, dass Faktoren der Kommunikation und Kooperation stärker als in der Vergangenheit in den Fokus rücken. Es kann beispielsweise durchaus der Fall eintreten, dass ein in Ergebnis, Termin und Aufwand „planmäßig" abgeschlossenes Projekt nicht die Erwartungen des Auftraggebers in Hinblick auf seine Einbeziehung und Information (und damit letztlich auf seine Zufriedenheit) erfüllt hat und er sich deshalb künftig an andere Auftragnehmer wendet.

1.3.7   Einsatzgebiete des Projektmanagements

Auf den ersten Blick verbindet man mit Projektmanagement-Methoden spezielle Fähigkeiten für separate Einsatzgebiete in bestimmten Projekten oder Projekttypen, doch im Prinzip sind es Methoden des planvollen Handelns, die nach dem gesunden Menschenverstand mehrere Anwendungsoptionen besitzen. Deshalb lassen sich Projektmanagement-Methoden als allgemeine Management-Instrumente vielseitig in allen Bereichen des Unternehmens einsetzen, beispielsweise bei der:

→ Entwicklung von Unternehmenszielen und -strategien (Strategieprojekte),
→ Entwicklung kunden- und marktorientierter Produkte und Dienstleistungen (Forschung und Entwicklung, Produktentwicklungsprojekte, Software-Produkte),
→ Abwicklung komplexer, aufwändiger Angebote und Aufträge (Angebotsmanagement, Auftragsmanagement),
→ Verbesserung betrieblicher Abläufe und Organisationsstrukturen (Organisationsprojekte, Zertifizierungsprojekte, TQM- und PM-Einführung),
→ Anpassung der technischen Ausstattung und Infrastruktur (technische Anlagen, Fabrikplanung, Bauprojekte, DV-Anpassung).

Diese Einsatzgebiete bilden die wertschöpfenden Kernprozesse (Geschäftsprozesse) eines Unternehmens ab. Nur wenn diese gekonnt bewältigt werden, kann wirtschaftlich effektiv gearbeitet werden.

1.4 Projekterfolg und Projektmanagementerfolg

Um Projekte erfolgreich zu planen und abzuwickeln ist professionelles Projektmanagement unbedingte Voraussetzung. Dabei wird der Projektabwicklungsprozess von bestimmten Faktoren beeinflusst, die den Erfolg bzw. Misserfolg von Projekten entscheidend mitbestimmen.

Wachsender Erfolgsdruck für Unternehmen, deren Projekte und Mitarbeiter erfordern also nachweisbare Erfolgsfaktoren, die die Wettbewerbsfähigkeit und den Erfolg maßgeblich positiv beeinflussen können.

Projekterfolg

Grundvoraussetzung für die Beurteilung, ob ein Projekt erfolgreich war oder nicht, ist zunächst die Einhaltung der vertraglich vereinbarten Parameter des „Magischen Dreiecks", dass heißt der Einhaltung definierter Kosten, Leistung und Zeiten in der erforderlichen Qualität. Dennoch sind neben diesen Einflussgrößen weitere wichtige Faktoren zu betrachten, die den Projekterfolg beeinflussen.

„Projekterfolg ist die Erfüllung der vertraglich vereinbarten Leistungen in angeforderter Qualität und Quantität sowie innerhalb des finanziellen und terminlichen Rahmens unter Berücksichtigung der genehmigten Nachträge (Claims). Die Prioritäten und das Verhältnis der einzelnen Parameter zueinander sind nur projektbezogen und somit situativ festlegbar. Zusätzlich müssen die Stakeholder des Projektes, insbesondere die Auftraggeber, Kunden, Projektmitarbeiter und betroffenen Mitarbeiter mit der Umsetzung und den Ergebnissen zufrieden sein und das Projekt als positiv und erfolgreich beurteilen." [18]

Projektmanagementerfolg

Projekte zum Erfolg zu führen, erfordert die Anwendung professionellen und standardisierten Projektmanagements im Unternehmen. „Projektmanagementerfolg beginnt bereits bei der Projektauswahl. Es ist seitens des strategischen Projektmanagements besonders wichtig, die richtigen Projekte für das Unternehmen auszuwählen, Prioritäten zu setzen und zu initiieren. Dabei müssen einerseits unnötige Projekte vermieden und andererseits dürfen wichtige Projekte nicht übersehen werden." [19]

„Projektmanagementerfolg ist der effektive und effiziente Einsatz von Methoden und Instrumenten des Projektmanagement zur Steigerung des wirtschaftlichen Erfolgs und der Zufriedenheit der Stakeholder einzelner Projekte, des Projektportfolios insgesamt, sowie projektübergreifend der Erfolg der Organisation. Die dafür erforderlichen Projektmanagementaktivitäten müssen definiert und umgesetzt werden. Grundsätzlich sollte das Vorgehen im Projektmanagement hierfür standardisiert und eingeführt (gelebt) werden."[20]

Spricht man nach Beendigung eines Projektes von einem erfolgreichen Projektmanagement, so sind damit nicht nur die Erfüllung der aus dem magischen Zieldreieck geforderten Kosten, Termine und

---

[18] *PM3, Band 1, S. 58*
[19] *PM3, Band 1, Seite 58*
[20] *PM3, Band 1, Seite 59*

Qualität der Projektergebnisse gemeint, sonder vor allem auch die Kunden- und Mitarbeiterzufriedenheit sowie die Zufriedenheit aller Interessengruppen. Das Project Excellence Modell der Deutschen Gesellschaft für Projektmanagement e.V. legt in diesem Zusammenhang einen besonderen Fokus auf den Umgang mit Stakeholdern. Die folgende Abbildung veranschaulicht ein Beispiel des Project Excellence Modells mit der Definition von Kriterien und Erfolgsgewichtung für ein starkes Stakeholder-Management:

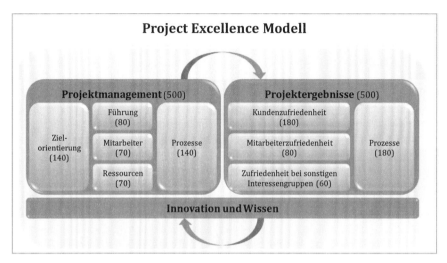

Abb. 4: Project Excellence Modell[21]

Zur Beurteilung von Projekterfolg und Projektmanagementerfolg werden Erfolgskriterien sowie Erfolgsfaktoren definiert. Die Begriffe sind folgendermaßen zu unterschieden:

 Ein Erfolgskriterium dient als Merkmal für die Unterscheidung (eines Zustandes) einer Sache oder Person.

Beispiel: Erfolgskriterium ist die Teilnahme von 100 Personen an einer Veranstaltung

 Ein Erfolgsfaktor versteht sich als Einflussmittel auf den beabsichtigten Zustand einer Sache oder Person.

Beispiel: Erfolgsfaktoren sind die Auswahl geeigneter Referenten, Räume, Catering; Anschreiben von mindestens 500 Personen bzw. Unternehmen

Lechler definiert folgende Erfolgsfaktoren im Projektmanagement:

Tab. 3: Erfolgsfaktoren im Projektmanagement[22]

Wesentliche Erfolgsfaktoren
→ Unterstützung durch das Top-Management
→ Zusammensetzung des Projektteams aus geeigneten und verfügbaren Mitarbeitern
→ ausreichende Entscheidungsbefugnis und Managementkompetenzen des PL
→ soziale Fähigkeiten/ Fähigkeit zur Selbstorganisation/ Teamentwicklung des PL
→ gute formale Kommunikation (Betroffene frühzeitig einbeziehen, ausgewählte Informationen vermitteln - ohne Überfrachtung)
→ vorbeugendes Konfliktmanagement (PL muss Konflikte frühzeitig erkennen)
→ reaktionsfähiges und flexibles Planungs-/ Kontrollsystem
→ detaillierte Zielplanung und -verfolgung (ggf. Anpassung)

Folgende Tabelle verdeutlicht Erfolgskriterien und Erfolgsfaktoren aus Sicht des Auftraggebers, des Auftragnehmers (Unternehmen) und des Projektteams:

Tab. 4: Projekterfolgskriterien und -faktoren aus Sicht des Auftraggebers, Auftragnehmers und Projektteams

Projekterfolgskriterien		
aus Sicht des Auftraggebers	**aus Sicht des Auftragnehmers**	**aus Sicht des Projektteams**
Einhaltung der Spezifikation	Einhaltung des vorgegebenen Budgets	optimale Realisierung unter Einhaltung der verfügbaren Kapazität
Einhaltung des Termins	Einhaltung des Termins	Einhaltung des Termins
offene Kommunikation	offene Kommunikation	offene Kommunikation
Projekterfolgsfaktoren		
aus Sicht des Auftraggebers	**aus Sicht des Auftragnehmers**	**aus Sicht des Projektteams**
klar formuliertes Lasten- und Pflichtenheft	gezielte Anwendung von PM im Unternehmen (z.B. Kostenplanung)	realistische Ressourcenplanung
Statusmeldung zur Einhaltung der Meilensteine	Statusmeldung zur Einhaltung der Meilensteine	klare Zielvorgaben
Teilnahme am Jour Fixe	gelebte Projektkultur	gelebte Projektkultur

---

[22] *Lechler, T.: Erfolgsfaktoren des Projektmanagements, 1996, S. 278 ff.*

1.5 Know How – Entwicklung im Projektmanagement

1.5.1 Qualifizierung

Eine fundierte Ausbildung im Projektmanagement ist grundsätzlich für alle in Projekten tätigen Mitarbeiter sinnvoll, wenn nicht sogar erforderlich. Dies gilt insbesondere für solche Mitarbeiter, die neben den fachlichen Projektaufgaben noch mit dispositiven Aufgaben der Koordination, Organisation, Information und Dokumentation oder mit einer entsprechenden Zuarbeit zur Projektleitung (wie Arbeitspaketverantwortung, Terminverfolgung, Stundenschreibung, Meldung des Projektfortschritts etc.) betraut sind. Diese Mitarbeiter sollten zumindest die wesentlichen Grundlagen des Projektmanagements und die in ihren Projekten angewendeten Projektmanagement-Methoden, -Verfahren und -Werkzeuge kennen und anwenden können.

Basis für Kompetenz im Projektmanagement ist zweifelsohne eine fundierte Grundausbildung und eine kontinuierliche Weiterbildung im Projektmanagement. Für eine erfolgreiche Tätigkeit als Projektmanager sind die Aneignung bzw. das Vorhandensein von fundiertem Wissen und umfassenden Kenntnissen im Fachgebiet Projektmanagement erforderlich. Aber theoretisches Wissen allein reicht in der Regel nicht aus. In der internationalen Fachwelt gilt ein Projektmanager erst dann als kompetent, wenn er zusätzlich zu seinem erworbenen Projektmanagementwissen in der Projektpraxis eigene Projektmanagement-Anwendungserfahrungen gesammelt und in persönliche Kompetenz umgesetzt hat. Darüber hinaus sind die sozialen Fähigkeiten und das persönliche Verhalten im Umgang mit den Projektbeteiligten von entscheidender Bedeutung und dementsprechend fester Bestandteil der Projektmanagement-Kompetenz.

Um erste Grundkenntnisse im Projektmanagement zu erlangen, empfiehlt sich die Schulung der Mitarbeiter. Die Vielfalt der angebotenen Seminare im Projektmanagement ist heute sehr groß und fast nicht mehr zu überschauen. Es empfiehlt sich daher die Durchführung eines Kompetenz - Audits, um den Kenntnisstand der Mitarbeiter in den zu schulenden Unternehmen festzustellen und entsprechende angepasste Qualifizierungsmaßnahmen durchzuführen.

1.5.2 Zertifizierung

Qualifizierungsmaßnahmen im Projektmanagement werden seit jeher am deutschen Bildungsmarkt angeboten. Zertifizierung von Projektpersonal wird in Deutschland seit 1994 von der Deutschen Gesellschaft für Projektmanagement e.V. (GPM) nach dem 4-L-C–Konzept (Vier-Ebenen-System der Qualifizierung und Zertifizierung von Projektpersonal) durchgeführt (vgl. Abb. 5).

Die IPMA International Project Management Association ist der internationale Dachverband nationaler Projektmanagement-Gesellschaften mit Sitz in Zürich. Sie wurde 1969 unter ihrem früheren Namen "INTERNET International Project Management Association" auf dem ersten PM-Welt-Kongress in Wien als internationale Vereinigung von Projektmanagern und Projektmanagement-Experten aus vorwiegend europäischen Ländern gegründet. Heute umfasst die IPMA europäische und außereuropäische Mitgliedsländer von Portugal bis China und von Island bis Südafrika.[23]

---

[23] Motzel, E.: Standards und Kompetenzmodelle im Projektmanagement, http://www.pmaktuell.org/Autoren/ Motzel1 (verfügbar Aug .06)

Der Unterschied zur Zertifizierung lässt sich am besten am Begriff der „Qualifikation" verdeutlichen. Während durch eine Qualifizierungsmaßnahme die Qualifikation (erst) erreicht wird, setzt die Zertifizierung das Vorhandensein einer bestimmten, definierten Qualifikation (schon) voraus. Qualifikation ist also einerseits das Ergebnis (zum Ende) einer Qualifizierungsmaßnahme und andererseits die Voraussetzung (zu Beginn) eines Zertifizierungsverfahrens. Die Darlegung der erworbenen sowie vorhandenen Qualifikation und deren unparteiische, neutrale Beurteilung und Bestätigung sind die Inhalte der Zertifizierung.

Titel	Kompetenz	Zertifizierungsverfahren			Gültigkeit
		Schritt 1	Schritt 2	Schritt 3	
IPMA Level A Zertifizierter Projektdirektor (GPM)		<u>A</u>	schriftliche Prüfung, Workshop, Projektstudien-arbeit "Projekt Direktor"		
IPMA Level B Zertifizierter Senior Projektmanager (GPM)	Wissen, Erfahrung	<u>B</u> Bewerbung, Lebenslauf, Projektliste, Projektkurzbericht Referenzen, Selbstbewertung	schriftliche Prüfung, Workshop, Projektstudien-arbeit	Interview	5 Jahre
IPMA Level C Zertifizierter Projektmanager (GPM)		<u>C</u>	schriftliche Prüfung, Workshop		
IPMA Level D Zertifizierter Projekt-management-Fachmann (GPM)	Wissen	<u>D</u> Bewerbung, Lebenslauf, Selbstbewertung	schriftliche Prüfung, Transfernachweis, mündliche Prüfung		

Abb. 5: IPMA 4-Level-Certification System

Die international abgestimmten und von allen IPMA-Mitgliedern anerkannten vier Ebenen der Qualifikationen im Projektmanagement sind aus typischen Anforderungsbereichen der Praxis abgeleitet. Die definierten Qualifikationen auf den einzelnen Ebenen eignen sich für eine persönliche Karriereplanung ebenso wie für Personalentwicklungsprogramme von Unternehmen und anderen Organisationen.[24]

---

[24] *Motzel, E.: Standards und Kompetenzmodelle im Projektmanagement, http://www.pmaktuell.org/Autoren/ Motzel1 (verfügbar Aug .06)*

1.5.3   Coaching

Ein Instrument, das zunehmend zur Personalentwicklung im Projektmanagement genutzt wird, ist das Coaching. Während in Projektmanagement-Seminaren vor allem Grundkenntnisse vermittelt werden, fördern individuell gestaltete Coaching-Programme die sichere Anwendung in der Praxis. Durch das Coaching werden projektbezogene Trainingsmaßnahmen im Unternehmen durchgeführt. Darüber hinaus kann Coaching zum Beispiel Fähigkeiten wie Führungsverhalten und Verhandlungsgeschick trainieren, im Projektteam lassen sich damit Teamkultur und Kommunikation verbessern - zum Nutzen der gesamten Organisation.

In kleineren Unternehmen fehlt es in der Regel dem Projektleiter und seinen Mitarbeitern an Wissen und Erfahrung im Projektmanagement. Entsprechend wächst auch das Interesse an professionellen Coaching-Programmen, die letztlich auch den Unternehmenszielen dienlich sind. Vor allem aber durch individuelle Coaching-Programme für Projektleiter und deren Teammitarbeiter lassen sich beachtliche, effiziente Erfolge erzielen.

Durch die Konzentration auf einzelne Personen im Unternehmen kann auf Fähigkeiten, Vorkenntnisse und Bedürfnisse individuell Rücksicht genommen werden. Das Ziel des Coachings ist zum einen, die Projektmanagement-Qualifikation der Mitarbeiter aufzubauen und zu vertiefen. Zum anderen geht es darum, bestimmte Fähigkeiten zu verbessern, zum Beispiel Arbeitsmethodik, Führungsverhalten, Verhandlungs- und Gesprächsführung. Dabei ergeben sich die Coaching-Schwerpunkte aus den jeweiligen Aufgaben, die der Projektleiter und sein Team im Unternehmen bearbeiten müssen, denn daraus leiten sich letztlich auch die Anforderungen ab, die das Projektteam erfüllen sollte.

Der Vorteil eines projektbezogenen Coachings im Vergleich zu Seminaren besteht in der Möglichkeit, Methoden und Verhalten in der jeweils realen Fragestellung weiterzuentwickeln.[25] Die Personalentwicklung für die Projektmitarbeiter sollte ergänzt werden durch Konzepte der Teamentwicklung, die vor allem auf die Verbesserung der Arbeitskultur und Produktivität des Teams zielt, dabei unterstützt das Gruppencoaching.

1.5.4   Projektmanagement-Einführung im Unternehmen

Misserfolge mit Projektmanagement resultieren in der Unternehmenspraxis häufig aus einer unsystematischen PM-Einführung. Sie haben Frust und Ablehnung zur Folge. Die Einführung des Projektmanagements bedarf jedoch einer geplanten und unternehmensspezifischen Implementierung, um zu einem dauerhaften Erfolg zu führen. Im Unternehmen muss daher die Einführung des Projektmanagements mit Schulung und Coaching der Führungskräfte und Prozessbeteiligten verbunden sein, da nur auf diese Weise eine gemeinsame Arbeitsgrundlage sichergestellt werden kann.

Eine Qualifizierung kann sowohl von internen als auch externen Fachkräften vorgenommen werden, die bereits über eine umfassende Kompetenz im Projektmanagement verfügen. Abbildung 6 zeigt ein praxisbewährtes Vorgehen zur Projektmanagement-Einführung in einem Unternehmen.

Mit der stufenweisen Projektmanagement-Einführung (vgl. Abb. 6) gelingt es, Akzeptanzschwellen und Schranken der Qualifizierungsteilnehmer zu überwinden und damit Erfolgspotenziale

---

[25]*Kienbaum, Jochmann: Projektmanagement (2001)*

freizusetzen. Besonders forciert wird die Identifikation der Beteiligten durch Praxisrelevanz der vermittelten Kenntnisse sowie Schaffung verwertbarer Ergebnisse für das Unternehmen.

Abb. 6: Stufenprogramm der Projektmanagement-Einführung

1.6 Software in Projekten

Warum Software-Einsatz?

→ Änderungen sind mit geringerem Aufwand möglich und schneller durchführbar,
→ bessere Planung von Projekten durch Simulation,
→ Hinweis auf Planungskonflikte,
→ automatisierte Berichtsgenerierung,
→ erleichterte Kommunikation,
→ erhöhte Transparenz.

Der Software-Einsatz in Projekten macht Projektleiter und deren Arbeit nicht effektiver, sondern macht sie in der Regel effizienter. Denn Software sagt einem nicht, wie man den Umfang definiert, kommuniziert nicht mit dem Auftraggeber und erstellt auch keine Aufgaben für Teammitglieder. Sie kann einem dabei behilflich sein, Projektmanagementaufgaben mit größerer Effizienz zu erledigen. Aber erst im Zusammenspiel mit einer grundlegenden Projektmanagement-Kompetenz werden Projekte effektiver bearbeitet, denn durch einen Softwareeinsatz werden Projekte nicht automatisch qualitativ hochwertiger.

Die Auswahl der Projektmanagement-Software hängt entscheidend davon ab, welche Art von Projekt man leitet und welches Projektmanagement-Fachwissen man anwenden kann. Die Art eines Projektes leitet sich aus der Größe bzw. dem Umfang ab. Bei Projekten kleineren Umfangs, bei denen die Teammitglieder vor Ort sind, reicht es völlig aus, eine günstige Variante, die nicht Client-Server fähig ist, zu verwenden.

Das heutige Angebot an Projektmanagement-Software ist sehr groß, mehr als 300 Anwendungen sind verfügbar. Die am häufigsten verwendeten Produkte in Deutschland sind MS Project, Super Project, Timeline, Primavera, SuperTrak oder Artemis (Aufzählung nicht vollständig.).

Der Einsatz von Projektmanagement-Software hilft dem Projektleiter bei der kontrollierten Durchführung seines Projektes. Mit dieser Software ist es möglich, Änderungen schneller und mit geringerem Aufwand durchzuführen. In Zeiten, in denen es noch keine Projektmanagement-Software gab, war es kaum möglich, Änderungen in Projekt- und Netzplänen vorzunehmen. Die Planung kann durch den Einsatz von Software optimiert werden, da die Möglichkeit besteht, Projekte zu simulieren und zu erproben. Berichte können damit automatisch generiert werden.

Allerdings möchten wir auch auf einen in der Praxis gar nicht selten anzutreffenden Trugschluss hinweisen: Die Anwendung von PM-Software bringt kaum mehr Struktur in Ihr Projektmanagement, sie löst auch keine Probleme! Sie hilft Ihnen aufwändige Routinearbeiten effizienter zu erledigen. Wie Projekte gehen, verrät sie Ihnen nicht.

Schaffen Sie erst eine klare Systematik in Ihrem Projektmanagement, dann unterstützt Sie geeignete Software bei der Kommunikation und bei der Erledigung von Routineaufgaben!

2.	**Startprozess**	...27
2.1	Kreativitätstechniken	27
2.2	Projektstart	30
2.3	Leistungsumfang und Lieferobjekte	33
2.4	Projektdefinition	36
2.5	Projektziele	37
	2.5.1 Definition von Projektzielen	37
	2.5.2 Funktion von Projektzielen	37
	2.5.3 Zielhierarchie	39
	2.5.4 Zielbeziehungen	41
	2.5.5 Verfahren und Methoden der Zielfindung	42
2.6	Projektumfeld und Stakeholder	44
	2.6.1 Projektumfeldanalyse	44
	2.6.2 Stakeholderanalyse	46
2.7	Phasen und Meilensteine	53
2.8	Qualität	60
	2.8.1 Definition und Begriffe	60
	2.8.2 Qualitätsmanagementkreislauf	61
	2.8.3 Grundsätze und Wirkungsbereiche des Qualitätsmanagement	62
	2.8.4 Qualitätsmanagement als Bestandteil der Projektarbeit	63
2.9	Risiko	68
	2.9.1 Definition und Begriffe	68
	2.9.2 Ablauf des Risikomanagement	70
	2.9.3 Risikoidentifikation	71
	2.9.4 Risikobewertung	72
	2.9.5 Risikobehandlung	74
	2.9.6 Risikocontrolling	75
2.10	Konfiguration	77
2.11	Angebot, Vertrag, Auftrag	79
	2.11.1 Funktion des Vertragsmanagements	80
	2.11.2 Zweck, Instrumente und Aufgaben des Vertragsmanagements	80
	2.11.3 Juristische Grundlagen	82
	2.11.4 Verhandlungsführung	85

2. Startprozess

2.1 Kreativitätstechniken

Unter operationaler Kreativität versteht man die Verknüpfung von Phantasie und logischem Denken. In Projekten wird an mehreren Stellen Kreativität verlangt. Insbesondere wenn es darum geht, neue Lösungsansätze zu finden, Problemstellungen zu lösen oder aus Existierendem neue Projektideen zu generieren, ist Kreativität gefragt.

Kreative Menschen sind neugierig, motiviert, risikobereit und haben den Mut zum Abweichen vom „Normalen". Sie verfügen über eine spielerische Ausdauer und sind in der Lage, Probleme oder Aufgabenstellungen aus verschiedenen Blickwinkeln zu betrachten.

Kreativität wird aber in der Praxis mitunter von verschiedenen Blockaden eingedämmt. So existieren Wahrnehmungsblockaden, wenn bestimmte Problemstellungen oder Lösungsansätze nicht erkannt werden (können). Blockaden der Ausdrucksfähigkeit beschreiben das Unvermögen, vorhandene gute (kreative) Ideen darzustellen oder „zu verkaufen", somit bleiben sie im Verborgenen. Letztlich spielen aber auch von außen einwirkende Faktoren bei umweltbedingten Blockaden eine Rolle, zum Beispiel sind die Ideen der Mitarbeiter nicht gefragt – damit geht deren Kreativität über kurz oder lang verloren.

Der Kreativitätsprozess ist komplex und durchläuft dabei mehrere Phasen von der Vorbereitung bis letztlich zur Ausarbeitung der kreativen Ideen. Innerhalb dieser Phasen muss der Projektleiter als Moderator unterschiedliche Aufgaben und Rollen übernehmen: [26]

→ **Präparation**: Moderator sorgt in der Vorbereitungsphase für Klarheit der Problemformulierung und für eine gelungene Einstimmung in den kreativen Prozess, ausgeglichene und lockere Stimmung ist dabei förderlich (Aufgabendefinition, Problemanalyse, Problemformulierung),

→ **Inkubation**: Projektleiter verteilt die in der Vorbereitungsphase gesammelten Informationen mit der Aufforderung zur Entwicklung von Lösungsideen (Loslösen von Problemen , „schöpferischer Gärungsprozess"),

→ **Illumination**: Finden von Teillösungen und Wissenselementen für eine effektive Kombination der Problemlösung („Erleuchtung", Kombinationseffekt → „Heureka – ich hab's gefunden"),

→ **Verifikation/Elaboration**: Bewertung und weitere Bearbeitung der Neuartigkeit, Nützlichkeit und Anwendbarkeit der Ideen (Konkretisierung und Ausarbeitung der Ideen).

Häufig werden im Prozess der Zielfindung Kreativitätstechniken eingesetzt. Zu den wichtigsten Techniken gehören u.a.:

→ Assoziationstechniken (Brainstorming, Brainwriting, Kollektives Notizbuch),
→ Analogietechiken (Synetik, Bionik),
→ Konfrontationstechniken (Reizwortanalyse, Bildkarteien),
→ Analytische Techniken (Mind Mapping),
→ Mapping-Techniken (Moderations-Methode, Galeriemethode).

---

[26] *PM3, Band 3, S.1662*

Nachfolgend werden einige Formen detaillierter erläutert:

Brainstorming

Brainstorming ist eine Kreativitätstechnik zur Förderung innovativer Lösungen im Rahmen einer Gruppensitzung. Bei dieser Kreativitätstechnik geht es im Prinzip darum, die Gedanken fließen zu lassen und jede, auch noch so abwegig scheinende Idee auszusprechen und zu erfassen. Die Gedanken werden in einem ersten Schritt festgehalten und spontan weiterentwickelt. Am Ende der Brainstorming-Sitzung findet eine Systematisierung sowie Bewertung der Ergebnisse statt. Zur Durchführung verwenden Sie am besten einen Flipchart, eine Pinnwand und Moderationskärtchen. Das Problem muss genau beschrieben sein. Am effektivsten funktioniert Brainstorming mit Gruppen zwischen fünf und zwölf Personen, die heterogen zusammengesetzt sind. Der Moderator erläutert zu Beginn die Brainstorming-Regeln, notiert sie am Flip-Chart und achtet während des Brainstormings auf deren Einhaltung.

6-3-5 Methode (Brainwriting)

6-3-5 Methode (Brainwriting) ist eine Weiterentwicklung des Brainstormings. 6 Teilnehmer einer Gruppensitzung erarbeiten 3 Gedanken die 5-mal weitergegeben und weiterentwickelt werden. Daraus ergeben sich 108 Vorschläge in schriftlicher Form. Die Dauer sollte zwischen 30-60 Minuten liegen. Deshalb wird die 6-3-5 Methode auch Brainwriting genannt.

Synektik

Synektik ist eine Kreativitätstechnik, bei der eine Zusammenfassung von Elementen bewirkt wird, die von Natur aus nicht zueinander gehören. Ergebnisse werden i.d.R. durch Bildung von Analogien zu anderen Lebensbereichen erzielt. Die Synektik ist nicht einfach anzuwenden und setzt eine sorgfältige Auswahl geeigneter Personen voraus, zum Beispiel Personen mit hohem Kreativitätspotenzial und logischem Denkvermögen.

Morphologischer Kasten

Morphologischer Kasten ist eine Kreativitätstechnik, bei der strukturanalytisch vorgegangen wird. Ein komplexes Problem wird in Teilprobleme gegliedert. Für jedes Teilproblem werden separat Lösungsansätze festgehalten. Durch geeignete Kombination der Einzelalternativen können für das gesamte Problem geeignete Lösungen entwickelt werden.

Delphi-Befragung

In der Delphi-Befragung werden Experten zur Lösung eines Problems befragt. Danach werden die Experten mit der Einschätzung ihrer Kollegen konfrontiert. Sie haben nun die Möglichkeit, ihre Einschätzung mit den der anderen Experten zu vergleichen und gegebenenfalls anzupassen oder weitere Argumente für ihren Standpunkt einzubringen. Die Delphi-Befragung hat zum Ziel, dass Experten durch gegenseitiges Lehren und Lernen zu einem verbesserten gemeinsamen Lösungsansatz finden.

Ursache-Wirkungs-Diagramm

Siehe Kap. 2.8..

2.2 Projektstart

Mit dem Projektstart beginnt das Projekt. Die nachfolgenden Phasen werden nur bearbeitet, wenn die Bewilligung bzw. Beauftragung des Projektes erfolgt ist. Deshalb ist es nicht zwingend, dass aus jeder Projektplanung tatsächlich ein Projekt entsteht.

Häufig entsteht die Frage: Wann beginnt in unserem Unternehmen ein Projekt? Diese Frage lässt sich nur projektspezifisch beantworten. Zwei tendenzielle Aussagen sind:

→ mit der ersten Idee / der ersten Anfrage eines potenziellen Auftraggebers,
→ mit dem Vorliegen des Auftrags.

Beide Ansätze haben ihre Berechtigung. Natürlich entsteht nach der ersten Idee bereits Aufwand, der dem (künftigen) Projekt zuzurechnen ist. Allerdings besteht, abhängig von Art und Inhalt des Projektes, die Gefahr, dass aus der Idee derzeit kein Projekt wird. Dies passiert aber definitiv, wenn der Auftrag vorliegt. Hilfreich ist also bei der Bestimmung des Zeitpunktes des Projektstarts die Erfahrung: Wie viele Ideen werden zu Projekten und wie viele Ideen werden keine Projekte. Analog verhält es sich z.B. bei Ausschreibungen: Wie hoch ist der Anteil gewonnener Ausschreibungen? Bei diesen Überlegungen ergibt sich oft noch eine andere Handlungsnotwendigkeit: Was können wir tun, um unsere Ideen so zu qualifizieren, damit daraus reale Projekte werden?

Die strukturierte Vorbereitung eines Projektes ist somit ein wesentlicher Erfolgsfaktor. Durch ein individuelles und transparentes Konzept, klar definierte Ziele und eine methodisch konsistente Vorgehensweise kann ein erfolgreicher Projektabschluss gewährleistet werden. Am Anfang der Planung ist eine möglichst genaue Problemanalyse des Projektes vorzunehmen. Dadurch wird sichergestellt, dass nach dem Abschluss des Projektes auch das gewünschte Ergebnis vorliegt.

Inhalte des Projektstarts

Folgende Aufgaben und Aktivitäten müssen im Projektstart geklärt werden:

→ Projektziele und der Projektauftrag,
→ Wirtschaftlichkeit des Projektes,
→ Inhaltliche Klärung des Projektes (Lasten- und Pflichtenheft),
→ Budgetierung und Finanzierung,
→ Projektorganisation und Projektteam,
→ Planung des Projektes,
→ Risiken im Projekt,
→ Projektabwicklung und Projektsteuerung .

Projektstart im engeren und weiteren Sinn

Innerhalb des Projektstartprozesses sollte eine Trennung zwischen Phasen der Projektvorbereitung und Phasen konzeptioneller Arbeit erfolgen. Bei der noch nicht lösungsorientierten Projektvorbereitung spricht man deshalb von Projektstart im engeren Sinn, die darauf folgenden konzeptionellen Phasen mit strukturierten Prozessinhalten als Projektstart im weiteren Sinn (vgl. Tab. 5).

Tab. 5: Projektstart im engeren und weiteren Sinn[27]

Merkmal	Projektvorbereitung (Projektstart im engeren Sinn)	Konzeptionelle Phasen (Projektstart im weiteren Sinn)
Hauptziele	Projektidentität festlegen, grundlegende Freiheitsgrade klären und möglichst erhalten bzw. erweitern	Ziele und Anforderungen definieren, konkretisieren, grobe Lösungsvorstellung entwickeln
Fundamentales Hinterfragen des Projektes in seiner Identität	Regel	Ausnahme
Inhaltliche – auch lösungsorientierte -Arbeit	nein	ja
Fachspezialisierung	nein	Regel
Rolle des Projektleiters	Ausführung, Bearbeitung	Leitung, Koordination, fallweise inhaltliche Mitarbeit
Projektplanung	Verbindlichkeit und Detaillierungsgrad gering	Verbindlichkeit und Detaillierungsgrad hoch
Projektbewertung (Nutzen, Wirtschaftlichkeit, Risiken)	Nein (lediglich Ideensammlung für spätere Arbeit)	Zentrales Element
Projekt-Controlling	nein	ja
Ende des Prozesses	relativ klar definiert	Schwer bestimmbar, weich, im Ermessen der Organisation

Bevor ein Projekt beginnt, sollte zunächst eine Auswahl und Initiierung eines Projektes stattfinden. Der Projektstart hat zum Ziel, eine solide Basis für die Abwicklung des Projekts zu schaffen.

Hauptziele des Projektstarts

→ gesamthafte Betrachtung des Projektes,
→ sicherstellen der exakten und gleich verstandenen Ziele,
→ erarbeiten der ersten Lösungen,
→ gestalten und fixieren des Projektablaufs sowie der Organisation des Projektes,
→ Aufbau der ersten Planung und Steuerungsprozeduren des Projektes,
→ sicherstellen der Zusammenarbeit aller Betroffenen.

Für die Umsetzung des Projektstarts bieten sich in der Praxis (zumindest bei komplexeren Projekten) zwei Formen an:

[27] PM3, Band 2, S. 1170

Start-Workshop

Hier steht noch die Diskussion im Vordergrund: Welche Ziele verfolgen wir? Sind die Anforderungen geklärt? Wer sind die wesentlichen Beteiligten? Gibt es schon ein (grobes) Budget? Im Ergebnis des Start-Workshops sollten diese Fragen geklärt sein. Der Workshop könnte folgendermaßen ablaufen:

→ Begrüßung und Tagesordnung abstimmen,
→ Erwartungen des Auftraggeber, des Projektleiters, des Projektteams und anderer Beteiligter an das Projekt austauschen,
→ Information über Projektauftrag und Ergebnisse der Vorprojektphase sowie gegebenenfalls zusätzlicher Recherche-Ergebnisse,
→ Klärung und Präzisierung der Projektziele und Randbedingungen,
→ Ausarbeitung Projekt-Meilensteinplan,
→ Festlegung Projektorganisation,
→ Planung der nächsten Arbeitsschritte,
→ Abschluss-Präsentation vor dem Auftraggeber.

Kick-Off-Meeting

Hier werden die Informationen über die Ergebnisse des Start-Workshops verteilt und schon konkrete Aufgaben vergeben. Natürlich kann man beides bei überschaubaren Projekten oder erfahrenen und eingespielten Projektteams zusammenfassen. Andererseits kann es auch notwendig werden, z.B. mehrere Kick-Offs durchzuführen (für die Entwicklungsabteilung, für die Fertigung, für die Montage, ...). Ein Kick-Off-Meeting kann wie folgt geplant werden:

→ Begrüßung und Vorstellung von Auftraggeber und Projektleiter,
→ kurzer inhaltlicher Überblick über den Projektauftrag,
→ kurze gegenseitige Vorstellung der Teammitglieder,
→ Informationen über weitere Details zum Projektauftrag durch Projektleiter und/oder Auftraggeber, Information über organisatorische Regelungen durch Projektleiter,
→ Festlegung von Spielregeln für die Zusammenarbeit,
→ Festlegung des weiteren Vorgehens (Arbeitsschritte, Termine).

Typische Probleme bei einem „schlechten" Projektstart

→ Ziele des Projektes entsprechen nicht der tatsächlichen Notwendigkeit,
→ Termine und Kosten werden von Wunschdenken diktiert,
→ unterschiedliche Auffassungen bei den Projektbeteiligten,
→ laufend kommen neue Anforderungen,
→ hohes Änderungsvolumen im Projekt,
→ unklare Verantwortung,
→ mangelndes Entscheidungsverhalten,
→ Hektik im Projekt,
→ Notwendigen und zugesagte Einsatzmittel werden abgezogen,
→ unkoordinierte Ergebnisse,
→ mangelnde Transparenz,
→ Konflikt im Team und mit der Linie.

2.3 Leistungsumfang und Lieferobjekte

Spricht man von Leistungsumfängen und Lieferobjekten eines Projektes, beschreibt man dessen Inhalte. Eine sogenannte Leistungsbeschreibung dient gemäß ICB der Abgrenzung des Projektes. Der Leistungsumfang (engl. scope) definiert dementsprechend den bzw. die Inhalte eines Projekts.

> Nach DIN 69901-5:2009 definiert sich der Projektinhalt als Gesamtheit der Produkte und Dienstleistungen, die durch die Aufgabenstellung eines Projekts als Ergebnis am Ende vorliegen müssen.

Leistungsbeschreibungen stellen eine wesentliche Planungsgrundlage für Arbeitsvorgaben zur Projektrealisierung sowie Controlling-Grundlage für die im Laufe des Projektes vorzunehmenden Fortschrittsmessungen dar.

Für die Leistungsbeschreibung müssen Leistungsumfang und Lieferobjekte separat betrachtet werden, was in einigen Beispielen in folgender Tabelle veranschaulicht wird:

Tab. 6: Leistungsumfang und Lieferobjekte[28]

Leistungsbeschreibung	
Leistungsumfang	**Lieferobjekte**
Spezifikation / Lastenheft / Pflichtenheft	Produktbestandteile
technische und funktionale Eigenschaften	Produktdokumentation
Arbeit (z.B. auch PM)	Prozessdokumentation (auch PM)
Nutzerumgebung	organisatorische Veränderungen
...	...

Lieferobjekte sind also die materiellen und immateriellen Objekte, die dem Kunden als Projektergebnis übergeben werden. Lieferobjekte sollten ähnlich wie die vereinbarten Ziele (Muss / Kann / Wunsch) priorisiert werden, um bei eventuellem Zeitverzug im Projekt eventuell ausgeschlossen werden zu können.

---

[28] *PM3, Band 1, S. 584*

Der Leistungsumfang gliedert sich in: [29]

→ Produktinhalt und -umfang (Eigenschaften und Funktionen, die ein Produkt, eine Dienstleistung oder ein sonstiges Ergebnis kennzeichnen),

→ Projektinhalt und -umfang (Arbeiten, die durchgeführt werden müssen, um ein Produkt, eine Dienstleistung oder ein sonstiges Ergebnis mit den geforderten Eigenschaften und Funktionen zu liefern).

Die Anforderungen an den Leistungsumfang werden vom Kunden (Auftraggeber) im Lastenheft definiert. Die Umsetzung, d.h. die notwendigen Schritte zur Erfüllung dieser Anforderungen werden vom Auftragnehmer im Pflichtenheft umgesetzt. Für die Begriffe Lastenheft und Pflichtenheft wird auch häufig der Begriff „Spezifikation" verwendet.

Die DIN 69901-5:2009 definiert „Lastenheft" als vom Auftraggeber festgelegte Gesamtheit der Forderungen an die Lieferungen und Leistungen eines Auftragnehmers innerhalb eines (Projekt-) Auftrages.

Die DIN 69901-5:2009 definiert „Pflichtenheft" als vom Auftragnehmer erarbeitete Realisierungsvorgaben auf der des Basis vom Auftraggeber vorgegebenen Lastenheftes.

Aufgrund des direkten Zusammenhangs mit den Projektzielen und den vertraglichen Regelungen im Projekt ist eine gesamthafte Betrachtung dieser Thematik notwendig. Sie ist von entscheidender Bedeutung für Auftragnehmer und Auftraggeber und es ist daher sehr wichtig, dass die Definition des Leistungsumfangs so vorgenommen wird, dass er den Anforderungen und Zielen des Auftraggebers (Kunden) gerecht wird.

Ermittlung des Leistungsumfanges

Projektleiter und Projektteam müssen von Beginn an sicherstellen, dass die Definition des Leistungsumfangs den Anforderungen des Auftraggebers gerecht wird und dass jegliche Änderungen (Versionen) des Leistungsumfanges kompatibel, konsistent und machbar bleiben.

Hierbei ist besonders zu beachten: [30]

→ Definition des Leistungsumfanges muss auf eindeutigem Verständnis dessen basieren, was getan werden muss, um den Anforderungen und Zielen zu entsprechen,

→ Budget und Zeitplan müssen der Aufgabe angemessen sein, sodass der definierte Leistungsumfang realisiert werden kann,

→ Es werden eindeutigen Kriterien für die endgültige Abnahme eines Projektergebnisses definiert,

→ Qualitätskriterien für Projektergebnis (Produkt) und Projektmanagement (Prozess) sind integraler Bestandteil des Leistungsumfangs,

---

[29] PM3, Band 1, S. 586
[30] PM3, Band 1, Seite 589, 592, 597

→ Änderungen des Leistungsumfanges sollten nicht auf Kosten der Ziele und Anforderungen gehen (Änderungen sollten systematische durch konsequentes Änderungsmanagement verfolgt werden),

→ Vertragsbestimmungen sollten nicht auf Kosten der Ziele und Anforderungen gehen (Vertrag darf Zielen nicht widersprechen),

→ was nicht explizit als Teil des Leistungsumfangs definiert ist, ist vom Leistungsumfang ausgeschlossen,

→ problematisch sind „schleichende" Änderungen (Anstiege) des Leistungsumfanges (engl. scope creep), die aufgrund abweichender Verständnisse der Projektparteien zu den Charakteristika der Projektergebnisse vorliegen.

2.4 Projektdefinition

Unter der Projektdefinition wird eine Kurzbeschreibung des Projektes verstanden. Die Projektbeschreibung sollte dabei prägnant formuliert werden und die projektrelevanten Zusammenhänge darstellen.[31] Hilfreich ist hier die Begrenzung auf max. eine A4 Seite.

Für einen reibungslosen Projektablauf ist eine klare und vollständige Projektdefinition, bestehend aus technischen Spezifikationen, konkreten Kriterien (z.B. Pflichtenheft) sowie den dazugehörenden Termin- und Kostenplänen zwingend notwendig.[32]

Eine wichtige Voraussetzung für eine klar gestaltete Projektdefinition ist ein verbindliches Basiskonzept. In der Praxis hat sich dafür die Dokumentation in einem Projektsteckbrief (max. 1 Seite) bewährt.

Tab. 7: Projektsteckbrief

Projektsteckbrief	
Projektname:	**Projekt-.Nr.:**
Ausgangssituation:	
Projektziele:	
Projektbeschreibung:	
Projekttermine:	
Projektbudget:	
Projektorganisation:	
Voraussichtliche Behinderungen, Risiken, Störungen:	

---

[31] *Patzak, G.; Rattay G.: Projektmanagement, S.91*
[32] *Schelle, Reschke, Schnopp, Schub: Madauss, B.: „Projektdefinition" in Projekte erfolgreich managen, S.17*

2.5 Projektziele

Im Rahmen der Projektplanung hat der Zielfindungsprozess eine zentrale Bedeutung, hier werden fundamentale Grundlagen für die Projektumsetzung getroffen.[33]

2.5.1 Definition von Projektzielen

Am Anfang der Planung steht die genaue Entwicklung einer Zielstellung im Projekt. Dadurch wird während der Projektarbeit sowie nach dem Projektabschluss sichergestellt, dass das gewünschte Ergebnis vorliegt. Projektziele beschreiben damit jenen Zustand, der am Ende des Projektes vorliegen soll. Ausgehend von einer visionären unscharfen Vorstellung des Projektergebnisses müssen Ziele so konkret aufbereitet werden, dass sie als Orientierungshilfe bei der Projektarbeit dienen können. Als Basis für die Zielfindung dienen die Elemente des „Magischen Dreiecks" des Projektmanagements – einzuhaltende Kosten und Termine sowie die zu erbringende Leistung.

Der Begriff „Projektziel" lässt an die Projektdefinition der DIN 69000 denken, in der die Zielvorgabe als eines der Merkmale eines Projekts beschrieben wird. Eine zusätzliche Erläuterung findet man in zwei weiteren DIN-Normen:

> Projektzielstellung: Nach DIN 69901 werden durch das Projektziel die Aufgabenstellungen und der Durchführungsrahmen des Projektes festgelegt.

> Projektziel: Nach DIN 69905 ist das Projektziel ein nachzuweisendes Ergebnis und/oder eine vorgegebene Realisierungsbedingung der Gesamtaufgabe des Projektes.

2.5.2 Funktion von Projektzielen

Ein Ziel kann auch als gedanklich vorweggenommener Zustand beschrieben werden. Betriebswirtschaftlich kann man allgemein unter einem Ziel einen Zustand der realen Umwelt (Sollzustand), der von den wirtschaftspolitischen Entscheidungsträgern als wünschenswert angesehen wird, verstehen.

Die festgelegten Projektziele müssen zwischen Auftraggeber und Projektleiter abgestimmt, von beiden Seiten akzeptiert und schriftlich fixiert werden!

---

[33] Möller, T.; Dörrenberg, F.: Projektmanagement, S.42f.

Projektziele üben unterschiedliche Zielfunktionen aus, beispielsweise

→ Kontroll-,
→ Orientierungs-,
→ Verbindungs-,
→ Koordinations- und
→ Selektionsfunktion.

Die Zielformulierung soll:

→ Zielvorstellungen bereinigen, systematisch strukturieren, auf Vollständigkeit prüfen und verbindlich fixieren,
→ keine möglichen Lösungen beschreiben, d.h. lösungsneutral sein,
→ möglichst messbar sein,
→ von allen Beteiligten als klar und verständlich akzeptierbar sein,
→ nicht nur positive, sondern auch negative Wirkungen (Ausschlüsse) enthalten,
→ anspruchsvolle aber erreichbare Aufgaben enthalten.

Wichtig ist es dabei, dass die Ziele realistisch formuliert werden. Dies sorgt für eine sichere Planungsgrundlage, verhindert falsche Erwartungen beim Auftraggeber und ist Gradmesser für Erfolg und Misserfolg des Projektes!

Man spricht von einer wirksamen Aufstellung der Ziele, wenn sie bestimmten Kriterien entsprechen und z.B. „s.m.a.r.t." formuliert sind:

S – pezifisch-konkret (präzise und eindeutig formuliert)

M – essbar (quantitativ oder qualitativ)

A – ttraktiv (positiv formuliert, motivierend)

R – ealistisch (das Ziel muss für mich erreichbar sein)

T – erminiert (bis wann...?)

Alternativ kann man sich auch der Eselsbrücke „AROMA" bedienen:

A – nnehmbar

R – ealisierbar

O – bjektiv

M – messbar

A – ussagefähig.

2.5.3 Zielhierarchie

Die Gesamtheit der Ziele in einem Projekt kann nach unterschiedlichen Kriterien unterschieden werden.

Gliederung in Ergebnis- und Vorgehensziele (Zielbaum)

Im Allgemeinen können Ziele in Ergebnis- und Vorgehensziele unterteilt werden. Die Ergebnisorientierung des Projektes führt oft dazu, dass nur die erwarteten Ergebnisse definiert und geprüft werden. Allgemein wird hier von Ergebniszielen gesprochen. Dies entspricht dem traditionellen Vorgehen im Bereich der Qualitätskontrolle.

Vorgehensziele zeigen den Weg zur Erreichung der Projektziele auf und beschreiben die Anforderungen an die Projektdurchführung. Typischerweise können dies die Mitglieder des Betriebs- oder Personalrates, Kunden, Außendienstmitarbeiter etc. sein. Die folgende Abbildung zeigt die Darstellung einer Zielhierarchie. Zum Vorgehensziel kann zum Beispiel die Forderung gehören, bestimmte Personen oder Gruppen am Projekt zu beteiligen.

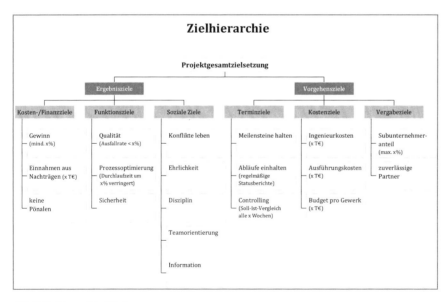

Abb. 7: Zielhierarchie / Zielbaum

Gliederung in Muss-, Kann- und Wunsch-Ziele

Nach Festlegung der Ergebnis- und Vorgehensziele sollten die Ziele noch kategorisiert werden hinsichtlich deren Bedeutung und Auswirkung. Dabei definiert man Muss-, Kann- und Wunsch-Ziele.

Werden Muss-Ziele nicht erreicht, gilt das Projekt als gescheitert (Hauptziele). Die Erfüllung von Kann-Zielen fördert und begünstigt die Gesamtzufriedenheit mit dem Projekt. Dabei sollte im Einzelnen für jedes Kann-Ziel der Aufwand und der Einfluss auf die Erreichbarkeit anderer Ziele ermittelt werden.

Wunsch-Ziele sind eher sekundär und sollten daher nur angestrebt werden bei angemessenem Aufwand und Nichtbehinderung anderer Ziele. Kann- und Wunsch-Ziele sind Nebenziele.

Zur praktischen Strukturierung empfehlen wir die Zielmatrix nach Tabelle 8:

Tab. 8: Zielmatrix

Arten / Prioritäten	Ergebnisziele Projektergebnis, Produkt, Leistung, …	Vorgehensziele Prozessschritte, Meilensteine, …	Nicht-Ziele Was gehört nicht mehr zum Projekt (Abgrenzung)?
Muss – Ziele entscheidend für den Erfolg (k.o.)!			
Kann – Ziele zur Steigerung der Zufriedenheit; Aufwand prüfen!			
Wunsch – Ziele „nice to have"			

Formulierung operationaler Ziele

Operationale Ziele sind messbare Ziele. Denn Ziele sind erst nützlich, wenn quantifizierte Zielvorgaben umgesetzt werden können. Nicht operationale Ziele sind nicht messbar und daher ungünstig für die Projektarbeit.

Um daher eine geeignete Zieldefinition zu formulieren, ist es notwendig:

→ relevante Zielgrößen zu ermitteln und festzulegen,
→ Zahlen oder zumindest Größenordnungen, Zahlenintervalle, Minimal- oder Maximalziele hierfür zu vereinbaren.

Folgende Tabelle soll „falsche" und „richtige" Zieldefinitionen verdeutlichen:

Tab. 9: Beispiele für die Operationalisierung von Zielen

„falsche" Zieldefinition	„richtige" Zieldefinition
Die Rationalisierung der Büroorganisation ist abgeschlossen.	Die realisierte neue Büroorganisation spart monatlich 4.000 EUR.
Die Anwender sind mit dem neuen Programm zufrieden.	Die Anwendergruppe hat in einer Zufriedenheitsumfrage das Programm mit mindestens der Note „gut" bewertet.

2.5.4 Zielbeziehungen

Ziele können sich gegenseitig beeinflussen, man unterscheidet nach Maß der Zielverträglichkeit (vgl. Abb. 8):

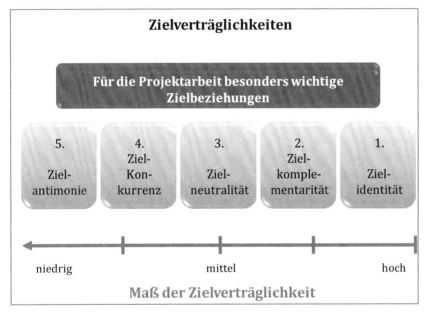

Abb. 8: Zielverträglichkeiten[34]

→ **Zielidentität**
Man spricht von identischen Zielen, wenn diese vollständig deckungsgleich sind.

→ **Zielkomplementariät**
Maßnahmen zur Erreichung eines Zieles wirken sich positiv auf die Förderung bzw. Erreichung eines anderen Zieles aus.

→ **Zielneutralität**
Die Erfüllung eines Zieles verhält sich neutral auf den Zielerreichungsgrad eines anderen Zieles.

---

[34] RKW/GPM: Projektmanagement-Fachmann, S. 161

→ **Zielkonkurrenz**

Maßnahmen zur Erreichung eines Zieles haben negative Konsequenzen für den Zielerreichungsgrad bei einem anderen Ziel.

→ **Zielantimonie**

Man spricht von Zielantimonie, wenn sich die Ziele vollständig ausschließen.

2.5.5 Verfahren und Methoden der Zielfindung

Zur Zielsuche und Zieldetaillierung stehen folgende Verfahren zur Verfügung. Vergleiche dazu auch die aufgeführten Kreativitätstechniken im Kapitel 2.1.

Bottom-Up-Verfahren (Zielsuche)

Eine Zielhierarchie entsteht hier nicht durch konsequentes Auflösen des Oberzieles, sondern Einzelziele werden von unten nach oben strukturiert und zu Oberzielen zusammengefasst. Durch Erfahrungen können verschiedene Verbesserungsvorschläge entstehen, die dann durch weitere Teilziele ergänzt werden.

Top-Down-Verfahren (Zieldetaillierung)

Die Ziele werden von oben nach unten vorgegeben und dabei immer weiter aufgegliedert. Traditionelle Methoden der Zielfindung in programmierten Situationen sind etwa Gewohnheit, Büroroutine oder standardisierte, überlieferte Arbeitsverfahren. Zeitgemäßer sind zumeist auf der mathematischen Optimierungsrechnung basierende Auswertungsverfahren, die ein gegebenes Gleichungssystem auf eine Zielvariable hin optimieren.

Nach der Festlegung von Zielen sollten diese bewertet werden. Dazu stehen verschiedene Instrumente zur Auswahl z.B.:

→ Nutzwertanalyse,
→ Wirtschaftlichkeitsrechnungen (Statische und Dynamische Investitions-Rechnung),
→ Portfolioanalyse.

Nutzwertanalyse

Die Nutzwertanalyse ist ein vielfach eingesetztes Verfahren zur Beurteilung der „sinnvollsten" Entscheidung. Dabei werden quantifizierbare sowie auch nicht bzw. schwer quantifizierbare Kriterien berücksichtigt. Die Vorgehensweise soll kurz am Beispiel der Erstellung einer Internetpräsentation erläutert werden.

1. Schritt: Zielkriterienbestimmung (Design, Informationsgehalt, Übersichtlichkeit, Aktualität, Suche/Navigation, zusätzlicher Service)

2. Schritt: Zielkriteriengewichtung (Nicht alle Ziele tragen dasselbe zum Gesamtnutzen bei. Jedem Ziel wird eine Gewichtung mit einem Wert zwischen null und eins zugeordnet. Die Summe muss 1 betragen. Analog ist die Summe der prozentualen Gewichtung 100 Prozent.)

Tab. 10: Nutzwertanalyse

Bewertungs-kriterien	Prozentuale Gewichtung	Gewicht	Bewertung	Teilnutzen
Design	30 %	0,3	5	1,5
Informationsgehalt	25 %	0,25	4	1
Übersichtlichkeit	20 %	0,2	3	0,6
Aktualität	10 %	0,1	2	0,2
Suche / Navigation	10 %	0,1	2	0,2
Zusätzlicher Service	5%	0,05	4	0,2
Summe	**100 %**	**1**		**3,7**

Die Bewertung erfolgt mit einer Skala von 0-5, wobei 0 eine ungenügende Zielerreichung darstellt und 5 die optimale Variante ist. Die Bewertung findet durch subjektive Einschätzungen statt. Die ermittelten Werte werden in eine Matrix übertragen.

1. Schritt: Nutzwertermittlung

→   Teilnutzen = Gewicht x Bewertung
→   Nutzwert = Summe aller Teilnutzen

Der Nutzen ist das Produkt aus der Gewichtung des Ziels und Bewertung der Handlungsalternative. Die Summe der einzelnen Nutzen ergibt den Nutzwert.

2. Schritt: Beurteilung der Vorteilhaftigkeit

Die Alternative mit dem größten Nutzwert ist zu wählen. Die Nutzwertanalyse trifft in der Regel keine Aussage über wirtschaftliche Aspekte.

Die Nutzwertanalyse ist gut geeignet für mehrdimensionale Entscheidungsprobleme. Nachteile ergeben sich aus der Bewertung mit Hilfe subjektiver Kriterien. Die Kosten einer Handlungsalternative gehören nicht in die Nutzwertanalyse. Somit besteht die Gefahr, die beste von an sich ungeeigneten Alternativen auszuwählen. Deshalb stellt die Nutzwertanalyse in erster Linie eine Hilfe zum Finden einer Handlungsalternative dar. Daher sollte man bei der Nutzwertanalyse beachten, dass sie nur der Entscheidungsfindung dient – und nicht die Entscheidungsfindung ist. Sie ist also nur ein Mittel, mit dessen Hilfe man die scheinbar „richtige" Handlungsalternative auswählt.

Kritiker der Nutzwertanalyse merken an, das mitunter die Wichtung der Kriterien missbraucht wird, um die „gewünschte" Alternative zu bevorzugen (überproportionale Wichtung einer herausragenden Eigenschaft einer Alternative). Ebenso kann ein stark gewichtetes Kriterium (z.B. der Preis) bedeutungslos werden, wenn die Angebote preislich nahezu identisch sind.

2.6 Projektumfeld und Stakeholder

Die vielfältigen Schnittstellen zu anderen Aufgaben im Unternehmen sowie das Auftreten von Störungen im Projektablauf machen es notwendig, nicht nur interne Strukturen und Pläne zu entwickeln, sondern auch das Projektumfeld zu berücksichtigen und zu koordinieren.[35]

> Unter dem Projektumfeld werden alle äußeren Einflüsse auf ein Projekt verstanden.

„Das System ‚Projekt' ist in ein bestimmtes Umfeld eingebettet. Hierzu zählt eine breite Palette von möglichen Einflussfaktoren, die von technischen Normen bis hin zu kulturellen Gegebenheiten bei internationalen Projektpartnern reichen."[36]

> Die DIN 69904 definiert das Projektumfeld als das Umfeld, in dem ein Projekt entsteht und durchgeführt wird, welches das Projekt beeinflusst und von dessen Auswirkungen beeinflusst wird.

Die ICB benennt zusätzlich, dass das Umfeld das Projekt formuliert und bewertet, d.h. gleichzeitig Ursprung und Assessor des Projekts ist. Für die Wechselwirkungen zwischen Projekt und Projektumfeld gibt die ICB eine lange Reihe von möglichen Faktoren an: "physische, ökologische, gesellschaftliche, psychologische, kulturelle, politische, wirtschaftliche, finanzielle, juristische, vertragliche, organisatorische, technologische und ästhetische Faktoren".

2.6.1 Projektumfeldanalyse

„Die genaue Betrachtung des Umfeldes, in dem das Projekt stattfindet, sollte noch vor Beginn der Projektplanung stehen. Ziele einer solchen Projektumfeldanalyse sind:

→ Erkennung und Erfassung aller Randbedingungen und Einflussfaktoren für das Projekt,
→ Erfassung aller Interessensgruppen am Projekt (Stakeholder) und der Art ihrer Interessen,
→ Früherkennung von Projektrisiken,
→ Erkennung der Anknüpfungspunkte für die Einbettung des Projekts in das Unternehmen,
→ Erkennung von Chancen und Potenzialen,
→ Aufzeigen von Handlungsmöglichkeiten zur Beeinflussung des Projektumfelds,
→ Dokumentation dieser Erkenntnisse für die Projektplanung.

---

[35] Patzak, G.; Rattay, G.: Projektmanagement, S.70
[36] Projektmagazin – Glossar, http://www.projektmagazin.de/glossar (verfügbar Sep. 2007)

Im Wesentlichen besteht die Projektumfeldanalyse aus den Phasen:

→ Identifikation / Erfassung,

→ Strukturierung,

→ Analyse / Bewertung / Priorisierung,

→ Entwicklung von Empfehlungen für das Projekt,

→ laufende Beobachtung der veränderlichen Randbedingungen."[37]

Zum Projektumfeld gehören alle äußeren, d.h. alle internen und externen Einflüsse auf ein Projekt. Dabei werden die Umfeldfaktoren in die Klassifizierungen direkt, indirekt, sachlich und sozial eingeordnet.

Direkte Faktoren

Umfeldfaktoren mit unmittelbarer Verbindung zur Projektorganisation oder direktem Einfluss auf die Projektziele werden als direktes Umfeld bezeichnet (Trägerorganisation des Projektes, Auftraggeber, Kunde usw.).

Indirekte Faktoren

Zum indirekten Umfeld gehören alle Faktoren, die nur mittelbar vom Projekt tangiert sind (Politik, öffentliche Meinung, Interessenverbände usw.). Diese gestalten das Projekt nicht direkt, sondern reagieren auf das Projekt entsprechend ihrer individuellen Betroffenheit.

Sachliche Faktoren

Bei der Betrachtung sachlicher Faktoren spricht man auch vom Handlungsobjektbezogenen Umfeld. Dazu zählen alle technisch-objektiven Einflüsse auf das Projekt, wie z.B. „Änderungen von Marktverhältnissen für die Projektergebnisse, technische Fortschritte mit Einfluss auf die Leistungserstellung im Projekt oder Änderungen von Gesetzen, die für die Leistungserstellung oder das Projektergebnis bedeutsam sind"[38].

Soziale Faktoren

Bei der Betrachtung sozialer Faktoren spricht man auch vom Handlungsträgerbezogenen Umfeld. Das heißt, hier spricht man von den beteiligten Personen, Personengruppen und beteiligten Organisationen. In diesem Fall spricht man bei sozialen Faktoren auch von „Stakeholdern".

---

[37] *Projektmagazin – Glossar, http://www.projektmagazin.de/glossar (verfügbar Sep. 2007)*
[38] *RKW/GPM: Projektmanagement-Fachmann, S.64f*

Das Zusammenwirken sozialer und sachlicher, direkter und indirekter sowie interner und externer Faktoren wird in der folgenden Abbildung veranschaulicht.

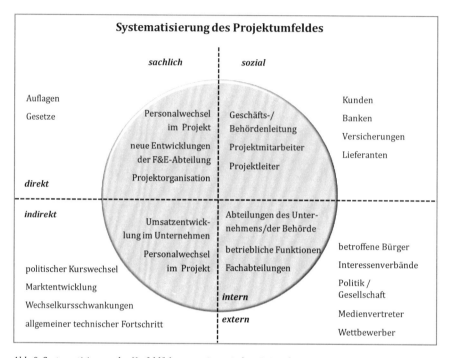

Abb. 9: Systematisierung der Umfeldfaktoren mit typischen Beispielen[39]

2.6.2 Stakeholderanalyse

Ein Schwerpunkt der Voruntersuchungen innerhalb der Untersuchungen des Projektumfeldes ist die Stakeholderanalyse. Durch sie werden alle Personen und Interessengruppen am Projektprozess und -ergebnis sowie deren Interessen und Machtstellungen identifiziert.

> Nach DIN ISO 10006 sind die Stakeholder eines Projektes alle Personen oder Personengruppen, die ein Interesse am Projekt haben oder vom Projekt in irgendeiner Weise betroffen sind.

Ein Stakeholder ist jemand, der Interesse am Projekt hat oder davon betroffen ist.

*Stock**holder*** = *Aktionär*

*to have a **stake** in* = *Interesse haben*

---

[39] *in Anlehnung an RKW/GPM: Projektmanagement-Fachmann, S. 65*

Die Berücksichtigung von Motiven und Zielen aller am Projekt Beteiligten oder Betroffenen stellt einen zentralen Erfolgsfaktor für die Projektarbeit dar. Als Beteiligte werden diejenigen Personen und Institutionen bezeichnet, die aktiv in das Projekt eingebunden sind. Betroffene dagegen sind direkt oder indirekt von den Auswirkungen des Projektes betroffen.

Die Zielsetzungen des Projektes und der Stakeholder können in unterschiedlicher Weise ausgeprägt sein (vgl. Abb. 10):

Abb. 10: Klassifizierung der Zielkonsistenz von Projekt- und Stakeholder-Zielen[40]

Alle aus dem zuvor analysierten Projektumfeld identifizierten Stakeholder des Projektes müssen hinsichtlich Ihrer Betroffenheit, ihrer Interessen, ihres Machteinflusses im Projektkontext sowie hinsichtlich der Wahrscheinlichkeit des zu erwartenden Konfliktpotenzials bewertet werden, um geeignete Maßnahmen für den Umgang mit diesen zu klären. Prinzipiell können diese Maßnahmen den partizipativen, diskursiven oder repressiven Strategien entsprechen:

---

[40] *Vortrag Stakeholdermanagement, http://www.spol.ch (verfügbar Jan. 2010)*

Partizipative Strategie

„Die partizipative Strategie zielt darauf ab, die Stakeholder in unterschiedlicher Intensität am Projekt zu beteiligen. Die Beteiligungsintensität reicht von der Information, Kommunikation und Diskussion der Ziele, Aufgaben und des Projektstandes über die aktive Beteiligung bis hin zur Übertragung von Verantwortung durch die Einbindung in den Entscheidungsprozess. Hier lautet das Motto: Betroffene zu Beteiligten machen.

Diskursive Strategie

Die diskursive Strategie beschäftigt sich mit dem Umgang mit Konflikten, die aus den Umfeldbeziehungen resultieren können. Sie zielt auf eine faire und sachliche Auseinandersetzung zwischen den Konfliktparteien ab und strebt bei unvermeidbaren Konflikten Ausgleichsmaßnahmen an. Bei der Verfolgung dieser strategischen Ausrichtung steht der Einsatz der Instrumente des Konfliktmanagements im Vordergrund.

Repressive Strategie

Im Gegensatz dazu besteht die Vorgehensweise der repressiven Strategie darin, über andere Akteure, z.B. die Geschäftsleitung oder vorgesetzte Dienststellen, das Umfeld zu beeinflussen und zu steuern. Dies kann u.a. durch direkte Weisungen und Vorgaben der Geschäftsleitung oder durch selektive Verbreitung von Informationen an das Umfeld geschehen."[41]

Stakeholder können aufgrund ihrer unterschiedlichen Rollen, Ansprüche und Zielsetzungen in verschiedene Kategorien unterteilt werden (vgl. Abb. 11):

---

[41] *Volkswagen Coaching GmbH Projektmanagement: Stand und Trend des Projektmanagements im globalen Zusammenhang*

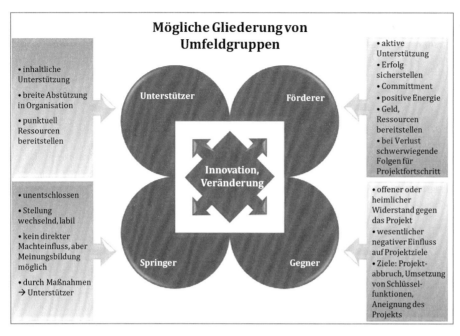

Abb. 11: Mögliche Gliederung von Umfeldgruppen / Stakeholdern[42]

Mögliches Vorgehen bei der Stakeholder-Analyse sollte die Identifizierung der

→ Betroffenheit,

→ Interessen,

→ Machteinflüsse,

→ internen Stakeholder und

→ externen Stakeholder sein.

In einer Tabelle werden alle aus dem zuvor identifizierten Projektumfeld abgeleiteten Stakeholder des Projektes dargestellt und hinsichtlich Ihrer Betroffenheit, ihrer Erwartungen und Befürchtungen, ihres Machteinflusses auf das Projekt sowie hinsichtlich der Wahrscheinlichkeit eines zu erwartenden Konfliktes bewertet (vgl. Tab. 11).

---

[42] *eigene Abbildung nach Inhalten eines Vortrags von Dipl.-Hdl. Ernst Tiemeyer (ANUBA Geschäftsführer NRW) und Dipl.-Hdl. Claudia Hamm (ANUBA Uni Köln) „Theoretische Grundlagen zur Projektumfeldanalyse im Rahmen einer Lernortkooperation" (verfügbar Okt. 2007)*

Tab. 11: Stakeholder-Übersicht[43]

Nr.	Stakeholder	Erwartungen/Befürchtungen	Einfluss	Konflikt-potential
1	Auftraggeber / Kunde	maximales Ergebnis mit minimalem Einsatz	sehr hoch	mittel
2	Geschäftsführung	Kundenzufriedenheit, hohe Einnahmen, niedrige Kosten	sehr hoch	mittel
3	Gesellschafter	hoher Gewinn	hoch	mittel
4	beteiligte Mitarbeiter	Entwicklung, Karrierechancen, Genugtuung	hoch	mittel
5	Anwohner	wenig Verkehr und Emissionen	gering	hoch
6	Öffentlichkeit/ Initiativen	Arbeitsplätze, Umweltgerechtigkeit, Ressourcenschonung	mittel	Hoch
7	Lieferanten	Einnahmen, Kundenbindung, Referenzen	gering	gering

Nach erfolgter Bewertung der Stakeholder kann eine mögliche Einordnung dieser Stakeholder in ein Portfolio erfolgen (vgl. Abb. 12).

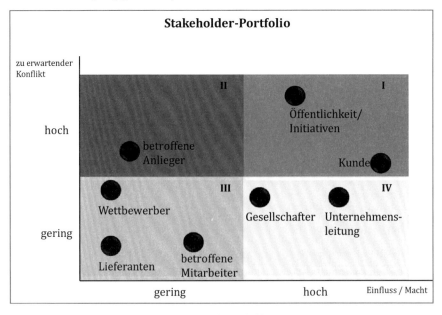

Abb. 12: Mögliche Gliederung von Umfeldgruppen / Stakeholdern[44]

---

[43] Möller, T.; Dörrenberg, F.: Projektmanagement, S.41 (modifiziert)
[44] RKW/GPM: Projektmanagement-Fachmann, S.74 (modifiziert)

Aus diesen ermittelten Informationen müssen dazu geeignete Maßnahmen entwickelt werden. (vgl. Tab. 12).

Tab. 12: Strategien und beispielhafte Maßnahmen für den Umgang mit Stakeholdern

Nr.	Stakeholder	Strategie	Maßnahmen
1	Auftraggeber / Kunde	partizipativ	Vereinbarung zu Schnittstellen und Mitwirkung, regelmäßige Information und Statusberichte
2	Geschäftsführung	partizipativ	Entscheidungen, regelmäßige Statusberichte
3	Gesellschafter	partizipativ	Entscheidungen, Informationsbereitstellung durch die Geschäftsleitung
4	beteiligte Mitarbeiter	partizipativ	regelmäßige Information und geeignete Kommunikation, Übertragung von Verantwortung
5	Anwohner	diskursiv	rechtzeitige Information zum Projektvorhaben, regelmäßige Information
6	Öffentlichkeit/ Initiativen	diskursiv	rechtzeitige und regelmäßige Information zu Projektinhalten, -zielen und -nutzen
7	Lieferanten	partizipativ	regelmäßiger Austausch zum Arbeitsstand, rechtzeitige Kommunikation eventueller Änderungen
		repressiv	Vertragsgestaltung, Pönale

Zur Planung und Umsetzung der Stakeholder-Maßnahmen kann folgende Tabelle für die Praxis hilfreich sein:

Tab. 13: Stakeholder-Maßnahmen-Matrix[45]

Stake-holder	Regel-mäßige Besuche	Einbindung in Jour Fixe	E-Mail-Verteiler	Newsletter	...
Stakeholder 1	Zuständig-keit	Zuständig-keit	Zuständig-keit	Zuständig-keit	Zuständig-keit
	Frequenz	Frequenz	Frequenz	Frequenz	Frequenz
Stakeholder 2	Zuständig-keit	Zuständig-keit	Zuständig-keit	Zuständig-keit	Zuständig-keit
	Frequenz	Frequenz	Frequenz	Frequenz	Frequenz
Stakeholder n	Zuständig-keit	Zuständig-keit	Zuständig-keit	Zuständig-keit	Zuständig-keit
	Frequenz	Frequenz	Frequenz	Frequenz	Frequenz

---

[45] PM3, Band 1, S. 98

Projektportfolio

Die Portfolio-Analyse ist ein Verfahren, mit dem mögliche Projekte in einem Portfolio zusammengestellt und daraufhin untersucht werden, welchen Beitrag sie zum Erreichen der Unternehmensziele erbringen. Es handelt sich hierbei also um ein Werkzeug, mit dem die Auswahl geeigneter Projekte und damit die Projektentscheidung unterstützt werden kann.

Projekte entstehen aus Veränderungen im Unternehmensumfeld, auf die nach außen hin reagiert werden muss oder durch einen im Unternehmen empfundenen Leidensdruck, der interne Verbesserungsmaßnahmen notwendig macht. Nicht selten konkurrieren zahlreiche Projektideen gleichzeitig um die knappen Ressourcen zu deren Realisierung. Da nicht alle potenziellen Projekte durchgeführt werden können, ist es erforderlich, die Projekte herauszufiltern, die vor dem Hintergrund der Unternehmensziele den höchsten Nutzen versprechen. Dabei hilft die Portfolio-Analyse diese Projekte zu lokalisieren. Die potenziellen Projekte müssen für das Entscheidungsgremium konzeptionell soweit ausgearbeitet sein, dass sie beurteilt werden können.

Die vorliegenden Vorschläge werden sowohl auf ihre Durchführbarkeit als auch auf ihre Übereinstimmung mit der Unternehmensstrategie untersucht. Alle danach verbleibenden Projektideen werden priorisiert. Da dies bei den meisten, heute sehr komplexen Vorhaben schwierig ist, wird hier die Portfolio-Analyse eingesetzt.

Hierzu werden die zu untersuchenden Projekte in einer Matrix dargestellt. In den meisten Fällen wird dabei der Beitrag des Projekts zum Erreichen der Unternehmensziele über dem Projektaufwand abgetragen. Anhand der Positionierung eines Projekts in dem Graphen ist es dann möglich, Prioritäten zu verteilen.

Alle vorliegenden Projektvorschläge können nach verschiedenen Kriterien bewertet werden, beispielsweise nach dem Unternehmenserfolg und der Ressourcenbelastung.

Die Portfolio-Darstellung wird in der Projektarbeit auch im Risikomanagement (siehe Kapitel 4.6), im Multiprojektmanagement (siehe Kapitel 4.9) oder als Hilfsmittel zur Bewertung von Zielen (siehe Kapitel 2.3) eingesetzt.

2.7 Phasen und Meilensteine

Innerhalb seines Lebenszyklus durchläuft ein Projekt, unabhängig welcher Art, zwischen Projektbeginn und -ende verschiedene Phasen.

> Die DIN definiert eine Projektphase als einen zeitlichen Abschnitt eines Projektverlaufs, der sachlich gegenüber anderen Abschnitten getrennt ist.

Ziel der Phasenplanung ist es, komplexe Aufgaben in überschaubare Abschnitte zu zerlegen und in der zeitlichen Abfolge darzustellen. Als Grundlage dafür sind Phasen- oder auch Vorgehensmodelle nutzbar.

Meilensteine

Die Abgrenzung der Phasen erfolgt durch Meilensteine.

> Meilensteine sind wichtige Bestandteile der Phasenplanung, denn Meilensteine sind gemäß DIN 69900 Ereignisse besonderer Bedeutung.

Typische Meilensteine sind:

- → Ende einer Phase,
- → Beginn einer Phase,
- → Freigabe der Folgephase.

Meilensteine dienen als Orientierungshilfe und Motivationsgrundlage. So sind die Schnittstellen der Phasen Meilensteine und dementsprechend Entscheidungspunkte über die Freigabe und Abschluss einer Phase und der Beginn einer neuen Phase. Entscheidend ist hier, dass alle dazu notwendigen Informationen vorliegen und die entsprechenden Entscheidungskriterien rechtzeitig (nämlich spätestens zu Beginn der endenden Phase) und eindeutig formuliert sind. Dabei können Kunden, interne Auftraggeber und / oder eine neutrale übergeordnete Organisation die Entscheider sein. Am Ende jeder Phase müssen Projektdokumente über Ergebnisse der Phase vorliegen. Die Dokumente haben als Projektzwischenergebnis der vorangegangenen Phasen verbindlichen Charakter.

Die zu erfüllenden Kriterien bei Meilensteinen sind in Form von Quality-Gates detailliert zu beschreiben.

Die DIN 69901-2:2009 grenzt den Begriff "Projektmanagementphase" vom Begriff der "Projektphase" ab.

Projektmanagementphasen sind gemäß DIN 69901-2 "logisch zusammenhängende Aktivitäten des Projektmanagements", man versteht hierbei nicht die fachlich bedingten Aktivitäten der Projektdurchführung.

Die DIN 69901-2 definiert dabei fünf Projektmanagementphasen (vgl. Abb. 13):

→ Initialisierung,
→ Definition,
→ Planung,
→ Steuerung,
→ Abschluss.

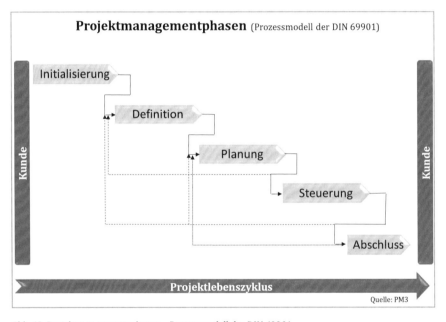

Abb. 13: Projektmanagementphasen – Prozessmodell der DIN 69901

„Eine Besonderheit der Projektmanagementphasen nach DIN ist, dass sie nicht als sequentiell ablaufende Abschnitte des Projektlebenszyklus verstanden werden, sondern als Menge von Projektmanagementprozessen definiert sind. Dadurch können Projektmanagementphasen in gleicher Weise wie die in ihnen enthaltenen Prozesse mehrfach durchlaufen werden." [46]

---

[46] *www.projektmagazin.de/glossar/gl-1051.html (verfügbar 31.01.11)*

Projektphasen

Es existiert eine Vielzahl verschiedener Phasenmodelle, welche alle darauf ausgerichtet sind, den Projektablauf grob zu strukturieren. Dabei wird das Gesamtvorhaben in mehrere logische und inhaltliche Phasen gegliedert, die zeitlich aufeinander folgen.

Unabhängig von der Projektart und -größe oder von branchentypischen sowie unternehmensspezifischen Besonderheiten lassen sich in einem Projekt grundsätzlich vier Hauptphasen ableiten (vgl. Abb. 14). Die Einteilung erfolgt in:

→ Konzeptions-(Vorbereitungs-)phase,
→ Planungsphase,
→ Realisierungsphase (Durchführung),
→ Abschlussphase.

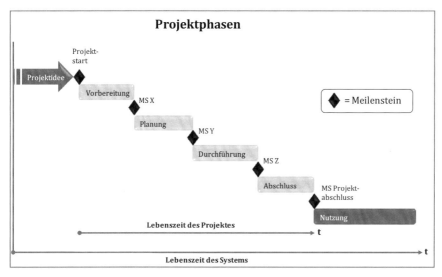

Abb. 14: Prinzip der Phasenplanung

Produkt-/Projektlebensweg

Die Betrachtung des Projektlebensweges ist aufgrund weitreichender Geschäftsaktivitäten auch nach dem Ende des Projektes nicht ausreichend. Es sollte eine gesamthafte Betrachtung des Produktlebensweges erfolgen, welcher nicht beim Projektende aufhört sondern meistens in eine aktive Betriebs- oder Vermarktungsphase übertritt. Die folgende Abbildung soll den Zusammenhang bzw.- Übergang von Projekt- und Produktlebenswegphasen verdeutlichen.

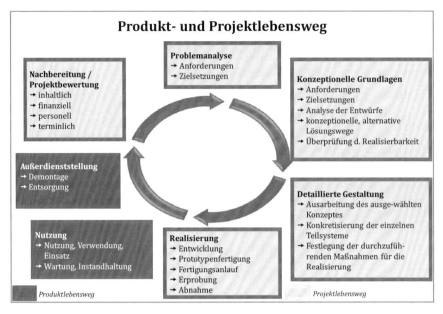

Abb. 15: Produkt- und Projektlebensweg

Für die verschiedenen Projektarten lassen sich spezifische Modelle herausarbeiten (vgl. Abb.16), die für unterschiedliche Branchen, Unternehmen sowie Projektgruppen angepasst werden.

Spezifische Phasenmodelle

Typische Phasenmodelle

Investitionsprojekt		Entwicklungsprojekt	Organisationsprojekt	
Anlagenbau Bauwirtschaft	Einzelprodukt	Produktentwicklung	Verwaltungs-projekt	EDV-Projekt
Grundlagen-ermittlung	Ideenfindung	Problemanalyse	Vorstudie	Problemanalyse
Vorplanung	Konzeption	Konzeptfindung	Konzeption	Systemplanung
Entwurfsplanung	Durchführbar-keitsstudie	Produktdefinition		
Genehmigungs-planung	Entwurf		Detailplanung	Detailorganisation
Ausführungsplanung	Ausführungsplanung	Produktentwicklung		
Ausschreibung, Vergabe			Realisierung	Realisierung
Bauausführung	Herstellung	Realisierung	Einführung	Installation
			Abnahme	Abnahme

Abb. 16: Übersicht einiger Phasenmodelle[47]

---

[47] *RKW/GPM: Projektmanagement-Fachmann, S. 222*

Durch eine solche Strukturierung in Projektphasen bleibt der Überblick im Projekt gewahrt, außerdem erfolgt eine Konzentration auf die unmittelbar bevorstehende Phase, spätere Phasen werden in der Regel noch nicht im Detail geplant. Für spezifische Aufgabenstellungen haben sich in der Praxis u.a. folgende Vorgehensmodelle bewährt:

Wasserfallmodell[48]

Das Wasserfallmodell ist ein iteratives Vorgehensmodell (sequentielles Modell) in der Softwareentwicklung, bei dem der Softwareentwicklungsprozess in Phasen organisiert wird. Dabei gehen die Phasenergebnisse wie bei einem Wasserfall immer als bindende Vorgaben für die nächste tiefere Phase ein. Im Wasserfallmodell hat jede Phase wohldefinierte Start- und Endpunkte mit eindeutig definierten Ergebnissen. In Meilensteinsitzungen am jeweiligen Phasenende werden die Ergebnisdokumente verabschiedet. Zu den wichtigsten Dokumenten zählen dabei das Lastenheft sowie das Pflichtenheft. In der betrieblichen Praxis gibt es viele Varianten des reinen Modells. Es ist aber das traditionell am weitesten verbreitete Vorgehensmodell. Das "reine" Wasserfallmodell leitet den Namen daraus ab, dass die Ergebnisse einer Phase wie bei einer Wasserkaskade zur nächsten Phase "herunterfallen". Wie bei einem Wasserfall besteht dabei nicht die Möglichkeit einer Rückkopplung zur vorhergehenden Phase. Eine solche Rückkopplung kann aber z.B. im Fehlerfall notwendig sein. Dieses ist ein entscheidender Nachteil des "reinen" Wasserfallmodells. Deshalb werden in der Praxis die Wasserfallmodelle mit wenigstens einer einstufigen Iteration (Rückkopplung) eingesetzt. Das Wasserfallmodell wird allgemein dort vorteilhaft angewendet, wo sich Anforderungen, Leistungen und Abläufe in der Planungsphase relativ präzise beschreiben lassen.

Folgende Abbildung zeigt die grafische Darstellung des Wasserfallmodells.

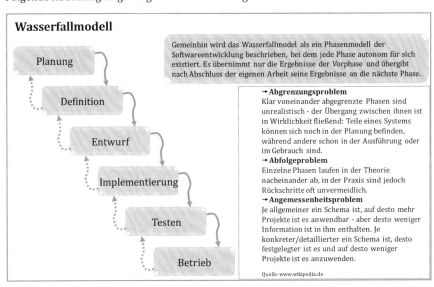

Abb. 17: Wasserfallmodell[49]

---

[48] Wikipedia – http://www.wikipedia.de (verfügbar Sep.2007)
[49] eigene Abbildung nach Wikipedia – http://www.wikipedia.de (verfügbar Jan. 2011)

Neben dem Wasserfallmodell existieren noch eine Reihe weitere Vorgehensmodelle, z.B.:

V-Modell (Erweiterung des Wasserfallmodells) [50]

Eine Besonderheit unter den Phasenmodellen stellt das V-Modell dar, das als Phasenmodell bei Softwareentwicklungsprojekten zum Einsatz kommt. Das V-Modell beschreibt die notwendigen Phasen (vgl. Abb. 18) zur Realisierung von Softwareentwicklungsprojekten. Dabei wird neben einer Zeitachse auch eine Detaillierung beschrieben, wodurch sich das charakteristische V ergibt. In den einzelnen Phasen wiederum werden die Aktivitäten beschrieben, die sich ihrerseits wieder in Arbeitspakete gliedern.

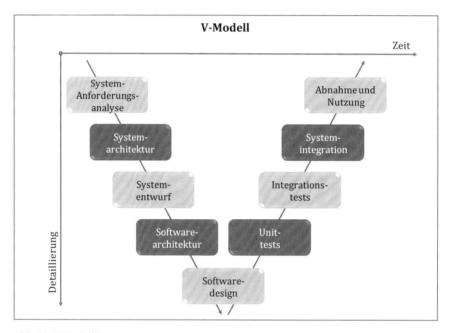

Abb. 18: V-Modell[51]

Prototyping – Ansatz[52] (einsetzbar bei der Entwicklung materieller Produkte)

Bei einigen Anwendungsgebieten, z.B. in der Software-Entwicklung, wird der Leistungsumfang häufig durch eine Serie von Iterationen definiert, in deren Verlauf ein Teil eines realen, funktionierenden Produkts entwickelt und dann vom Kunden durch tatsächliche Anwendung bewertet wird („Prototyping"). Wenn das Teilprodukt die geforderten Charakteristika aufweist, wird es beibehalten, wenn nicht, wird es entweder modifiziert oder abgelehnt. Obwohl derartige Iterationen konzeptionell den Phasen eines Projektlebensweges ähneln, unterscheiden sie sich

---

[50] *Projektmanagementhandbuch, www.projektmanagementhandbuch.de/cms/projektplanung/projektphasen-und-meilensteine/ (verfügbar 30.05. 2011)*
[51] *Projektmanagementhandbuch, www.projektmanagementhandbuch.de/cms/projektplanung/projektphasen-und-meilensteine/ (verfügbar 30.05. 2011)*
[52] *PM3, Band 1, S.591)*

dadurch, dass aus ihnen ein tatsächliches Produkt entsteht, anstatt dass nur ein allmählich immer weiter detailliertes Dokument übergeben wird, das schließlich den endgültigen Leistungsumfang beschreibt.

Evolutionäres und Inkrementelles Vorgehensmodell

Diese Modelle sind wiederholende Modelle, deren Grundidee im Gegensatz zu sequentiellen Modellen (wie z.B. Wasserfallmodell), daraus besteht, dass nicht die vollständige Phase (z.B. Analyse, Entwurf, Einführung etc.) abgearbeitet wird, sondern in Teilmengen, sogenannten „Inkrementen (lat. incrementum = Wachstum) geschieht. Bevor nicht ein Inkrement abgearbeitet ist, kann keine weitere Teilmenge bearbeitet werden. Das Produkt bzw. das Projektergebnis wächst mit jedem Inkrement und beruht auf dem schrittweisen Erfahrungsaufbau, dem direkten Lerneffekt und einer damit verbundenen Komplexitätsreduzierung.

Neben den inkrementellen und evolutionären Modellen gehören auch iterative und rekursive Modelle zu den wiederholenden Modellen.

2.8 Qualität

Unternehmen sind angehalten, die tägliche Erfüllung der Kundenforderungen unter wirtschaftlichen Bedingungen zu realisieren. Dabei sind Produkt-, Leistungs- und Prozessqualität im umfassenden Sinn Garanten für den Erfolg und die Beständigkeit eines Unternehmens am Markt.

Die Entwicklung bzw. Weiterentwicklung, Gestaltung und Aufrechterhaltung nach innen und außen transparenter Prozesse zur Produktherstellung oder Leistungserbringung sind dazu unbedingte Notwendigkeit. Dies betrifft alle Prozesse zur Produkt- / Leistungsentwicklung, der Beschaffung von Zukaufmaterialien / -leistungen, der Herstellung von Produkten, der Erbringung von Dienstleistungen, der Wartung, des Vertriebs, von Buchführung, Controlling etc.

2.8.1 Definition und Begriffe

Nach DIN EN ISO 9000:2005 werden die Begriffe Qualität und Qualitätsmanagement wie folgt definiert:

 Gemäß DIN ist Qualität ein Grad, in dem ein Satz inhärenter Merkmale Anforderungen erfüllt.

 Gemäß DIN ist Qualitätsmanagement das Lenken und Leiten einer Organisation bezüglich der Qualität durch Festlegen der Qualitätspolitik, Qualitätsziele sowie Planung, Lenkung und Sicherung der Qualität einschließlich kontinuierlicher Verbesserung.

 Gemäß DIN ist ein QM-System ein System zum Festlegen von Politik und Zielen sowie zum Erreichen dieser Ziele durch Leiten und Lenken einer Organisation bezüglich der Qualität.

 Projektqualität beinhaltet sowohl die Qualität des Projektergebnisses als auch die Qualität des Managements des Projektes.

Konkret messbare Zielstellungen für diese einzelnen Prozesse bilden dabei die Grundlage für einen permanenten Verbesserungsprozess.

Das Modell für Qualitätsmanagement-Systeme nach DIN EN ISO 9001:2000 als allgemeines System des Betriebsmanagements zeigt Abb. 19. Die hier dargestellte Wertschöpfungskette der Produktrealisierung wird von der Zufriedenheit der Kunden bestimmt und veranschaulicht den kontinuierlichen Verbesserungsprozess im Unternehmen (=prozessorientiertes QM-System).

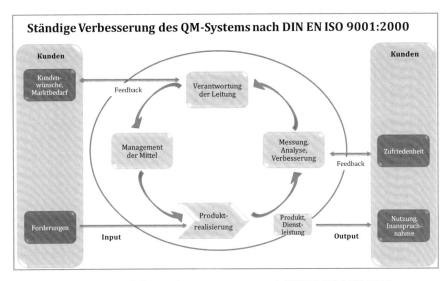

Abb. 19: KVP - Kontinuierlicher Verbsserungsprozess nach DIN EN ISO 9001:2000

2.8.2 Qualitätsmanagementkreislauf

Die präventive und operative Vermeidung von Fehlern und Verlusten ist im gesamten Qualitätsmanagement-Kreislauf zu organisieren. Im Projektkontext ist damit die Beachtung und Etablierung des Qualitätsgedankens ein zentraler Aspekt. Die Qualität der in Projekten entstehenden Produkte, Verfahren, Systeme oder Dienstleistungen sind schon beginnend mit der frühen Phase der Projektarbeit durch angemessene Qualitätssicherung zu gewährleisten sowie über die gesamte Projektabwicklung zu verfolgen. Einen möglichen Qualitäts-Kreislauf zeigt die folgende Abbildung:

Abb. 20: Qualitätsmanagementkreislauf in der Projektarbeit

2.8.3   Grundsätze und Wirkungsbereiche des Qualitätsmanagement

Acht Grundsätze des Qualitätsmanagements

1. Kundenorientierung,
2. Führung,
3. Einbeziehung der Personen,
4. Prozessorientierter Ansatz,
5. Systemorientierter Managementansatz,
6. Ständige Verbesserung,
7. Sachbezogener Ansatz zur Entscheidungsfindung,
8. Lieferantenbeziehungen zum gegenseitigen Nutzen.

Wirkungsbereiche des Qualitätsmanagements

Das Qualitätsmanagement hat direkten Einfluss auf die verschiedenen Teilbereiche des Projektmanagements und sollte daher entsprechend angewendet werden (vgl. Abb. 21):[53]

Produktqualität

- Branchenbedingte Anforderungen
- Umsetzung von Kundenanforderungen
- Vermeidung von Risiken und Fehlern

Qualität der Produktrealisierungsprozesse

- Planung der Produktrealisierung, kundenbezogene Prozesse
- Entwicklung, Beschaffung, Produktions- und Dienstleistungserbringung
- Lenkung von Überwachungs- und Messmitteln
- Verifizierung (Überprüfung der Erfüllung der Spezifikation), Validierung (Nachweisführung zur Erfüllung der Anforderungen in der Praxis)

Qualität der Projektmanagement-Prozesse

- „Sicherung" des Projekterfolges
- Einhaltung der Kosten-, Termin- und Leistungsziele sowie Zufriedenstellung der Stakeholder
- Lieferantenmanagement

Qualität des Projektteams

- entsprechende Qualifikation der Team-Mitglieder (Fach-, Methoden- und Sozialkompetenz)
- Qualität der Teamarbeit (Spielregeln)

Überprüfung und Bewertung der Projektqualität

- Projekt-Audit (=Projektanalyse an einem Stichtag von einem unabhängigen Auditor)
- Projektmanagement-Audits (=Audit der Projektmanagementprozesse, z.B. gemäß Projektmanagement-Handbuch)

Einsatz von QM-Werkzeugen

- Ursache-Wirkungs-Diagramm
- Qualitätsregelkarte
- Flussdiagramm, Histogramm, Pareto-Diagramm, ...

Abb. 21: Wirkungsbereiche des Qualitätsmanagements

---

[53] eig. Abbildung (nach PM3, Band 1, S. 254)

2.8.4 Qualitätsmanagement als Bestandteil der Projektarbeit

Aufbau- und Ablauforganisation eines Unternehmens bilden die Ausgangsbasis für ein funktionierendes Qualitätsmanagement-System. Die Aufbauorganisation kann dabei die prozessorientierte Organisation und Darstellung der Abläufe unterstützen.

Die zu benennenden Process-Owner (Prozess-Eigner) tragen die Verantwortung für die erfolgreiche und effiziente Gestaltung ihrer Leistungsprozesse.

Dies betrifft die Führungsprozesse, wie z.B. Strategieentwicklung, Unternehmensplanung und Management von Ressourcen, genau so wie die eigentlichen Prozesse zur Leistungs- und Produktrealisierung sowie die unterstützenden Prozesse wie z. B. Informationsverarbeitung und Kommunikation, Datenschutz, Buchführung und Controlling.

In Unternehmen, die Projekte entwickeln und bearbeiten, spielen dabei die Verfahren der Projektabwicklung bzw. das Projektmanagement als Ganzes eine entscheidende Rolle. Daher erscheint es ratsam, das Projektmanagement als integralen Bestandteil im Qualitätsmanagement zu berücksichtigen. Größere Unternehmen „leisten" sich ein eigenständiges Projektmanagement-System. Manche Unternehmen nennen ihr System „Integriertes Management-System". Darin sind dann alle für sie wichtigen Teilsysteme wie z.B. für Qualitätsmanagement, Umweltmanagement, Sicherheit, Projektmanagement und Gesundheitsschutz involviert.

Der Projektleiter als Qualitätsmanager des Projektes

Auf den Projektleiter kommen dabei eine Vielzahl von Aufgaben zu (siehe auch Kapitel 3.2). Er trägt die Hauptverantwortung für die qualitätsgerechte Abwicklung „seines" Projektes. Er sorgt für:

→ eine klare Organisation,
→ eindeutige Aufgabendefinition und -zuordnungen,
→ zielgerichtete Informationsflüsse und
→ Transparenz im Projekt.

Ziel seiner Arbeit ist die optimale Umsetzung der durch den Kunden geforderten Anforderungen.

Neben dem Einsatz der Methodik des Projektmanagements kann er ebenfalls die Methoden und Werkzeuge des Qualitätsmanagements nutzen, z.B. Paretoanalyse, FMEA, Ursache-Wirkungs-Diagramme, Benchmarking, QFD (Quality Function Deployment) u.a., denn jedes Projektziel soll „auf Anhieb" zu 100 % erreicht werden.

Auch das Lieferantenmanagement, u.a. beim Zukauf externer Ressourcen (z. B. Ingenieur-, Fertigungs-, Montage-, Prüf-, Dienstleistungen) ist eine wichtige Aufgabe des Projektleiters. Dafür sollte u.a. eine Lieferantenbewertung durchgeführt werden, die Lieferantenprozesse überprüft und überwacht werden, Lieferanten zur Anwendung der Projektmanagement-Methoden verpflichtet werden und Lieferanten in der Nachbereitung des Projekts bewertet werden („lessons learned"). Mit einem Lieferantenfragebogen können Informationen über Lieferanten (z.B. wirtschaftliche Situation, Produkt-Portfolio, Marktanteile) erhoben werden.

Ferner obliegt dem Projektleiter die Koordination von Funktionen und Gewerken intern und extern, wobei qualitätssichernde Anstrengungen ein besonderes Ausmaß annehmen können.

Ursache-Wirkungs-Diagramm

Die folgende Abbildung zeigt als Beispiel die Nutzung eines Ursache-Wirkungs-Diagramms (auch als 5M-, Fischgrät- oder Ishikawa-Diagramm bezeichnet) zur Identifikation der Einflussfaktoren auf die Projektqualität. Das Diagramm hilft bei der Strukturierung und legt die Basis für abzuleitende Maßnahmen.

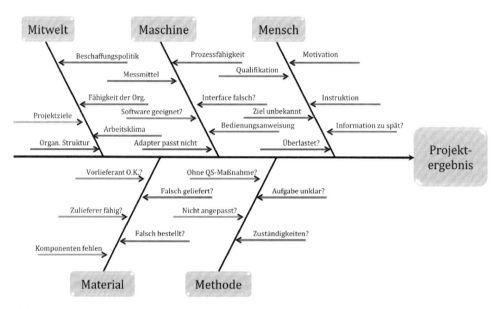

Abb. 22: Ursache-Wirkungsdiagramm (Ishikawa/5M)

FMEA (Fehler-Möglichkeits- und Einflussanalyse)

Die FMEA - Methode dient der analytischen Erkennung und Vermeidung von möglichen Produktfehlern in allen Phasen des Produktlebenszyklus.

Ziel ist in verschiedenen Phasen der Produktentstehung und Prozessdefinition möglichst frühzeitig erkennen,

→ welche potenziellen Fehler existieren,
→ welche Fehlerfolgen entstehen können und
→ diese Risiken bewerten und sicher beherrschen (Risikomanagement).

QFD (Quality Function Deployment)

Folgende Abbildung zeigt eine QFD-Darstellung:

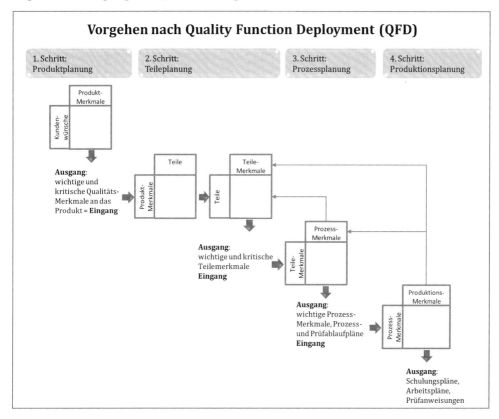

Abb. 23: Vorgehen nach Quality Function Deployment (QFD)

Benchmarking – Analyse der besten Praktiken

Ablauf:

1. Schwachstellen im Unternehmen suchen,
2. Benchmarking-Team benennen,
3. Prozess analysieren,
4. Benchmarking-Partner auswählen,
5. Partner anschreiben und Benchmarking-Projekt anbieten,
6. Kennzahlen vergleichen,
7. Ergebnisse fixieren,
8. Maßnahmen ableiten, Verantwortung und Termin festsetzen,
9. Maßnahmen umsetzen.

Qualitätsmanagement ist also ein integraler Bestandteil der Projektplanung. Aufgrund dessen müssen Teilaufgaben und Arbeitspakete im Projektstrukturplan sowie Aufgaben zur Qualitätsplanung, Qualitätslenkung, Qualitätssicherung und Qualitätsverbesserung in die Projektplanung einbezogen werden.

Die dabei anfallenden Qualitätskosten sind in der Kostenplanung zu berücksichtigen, z.B.:

→ Präventionskosten,
→ Prüfkosten,
→ interne Fehlerkosten,
→ externe Fehlerkosten.

Regelungen und Arbeitsmittel

→ PM-Handbuch und Projektakte,
→ Durchführen von Projektreviews; Quality Gates,
→ Einsatz von QM-Methoden in der Projektarbeit (z.B. FMEA, QFD, 5M, Benchmarking),
→ Bewertung der Projektqualität mit dem GPM-Modell Project Excellence (Analogie zum EFQM-Modell),
→ PM-Assessments mit PM-Delta.

Dokumentation

Um die Qualität im Projekt zu dokumentieren, stehen verschiedene Möglichkeiten zur Verfügung. Einen integrativen Ansatz des Projektmanagements im Qualitätsmanagementsystem verdeutlicht folgende Abbildung:

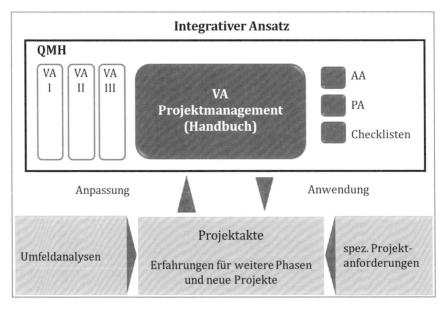

Abb. 24: Integrativer Ansatz des Projektmanagements im Qualitätsmanagementsystem

Projektmanagement-Handbuch

Im Projektmanagement-Handbuch werden folgende Inhalte geregelt:

→ Aufgaben, die als Projekt geführt werden,
→ Definition der Schnittstellen (Routine – Projekt),
→ Dokumente,
→ Anweisungen,
→ Checklisten/ Formblätter,
→ Projektorganisation,
→ Projektinstrumente/ methodische Hilfsmittel,
→ Projektverantwortung/ Zuständigkeiten,
→ Richtlinien für Projektmitarbeiter,
→ wesentliche fachliche Abläufe,
→ standardisierte Projektprozesse (Planung, Umsetzung, Steuerung).

Projekt-Akte

Projektdokumente müssen zur richtigen Zeit, in der richtigen Form am richtigen Platz jederzeit verfügbar und auffindbar sein. Grundsätzlich gilt dabei:

→ Dokumente müssen jederzeit eingesehen werden können,
→ Dokumente müssen den aktuell gültigen Stand wiedergeben,
→ Dokumente müssen auffindbar sein,
→ Projektschritte und Projektergebnisse müssen nachvollziehbar sein.

2.9 Risiko

Insbesondere das Projektgeschäft beinhaltet hohe Risikopotenziale (vgl. Abb. 24), resultierend aus den typischen Merkmalen von Projekten. Deshalb ist das Aufgabengebiet des Risikomanagements eine nicht vernachlässigbare Teildisziplin des Projektmanagements, und die oft fehlende Akzeptanz in der Praxis ist nicht nachvollziehbar. Risikomanagement sorgt für eine Reduktion von Unsicherheiten im Planungs- und Steuerungsprozess von Projekten, macht Risiken kalkulierbar und stellt einen Risikoausgleich innerhalb des Projektes her. Das Risikomanagement ist eine fortlaufende Aktivität, die parallel zum gesamten Projektverlauf durchgeführt wird.

Abb. 25: Beispiele für Risiken im Projektverlauf[54]

2.9.1   Definition und Begriffe

 Risiko ist die Gefahr, auf eine bestimmte Zielsetzung hin durch Zufall oder falsche Entscheidungen Schaden zu erleiden.[55]

 Projektrisiken sind mögliche Ereignisse oder Situationen mit negativen Auswirkungen (Schäden) auf das Projektergebnis insgesamt, auf beliebige einzelne Plangrößen oder Ereignisse, die neue unvorhergesehene und schädliche Aspekte aufwerfen können.

---

[54] Freund, D.: Management als Projektmanagement-Disziplin in Projektmanagement 04/2000, S. 52
[55] RKW/GPM: Projektmanagement-Fachmann, S.1089f.

Risikomanagement ist das Erkennen und Umgehen mit Bedrohungen aus Risikopotenzialen durch Abwehr, umgehen oder mindern negativer Auswirkungen.

Das Gegenstück zu Risiken sind Chancen:

„Rein mathematisch betrachtet heißt Chance, dass die Wahrscheinlichkeit, dass ein günstiges Ereignis passiert, irgendwo zwischen 0 und 1 liegt. … Im Projektmanagement sollte man den Begriff der Chance jedoch über die sachliche Mathematik hinaus verstehen: Chance ist die erkannte Möglichkeit, durch gezieltes Handeln einen Zustand zu erreichen, der den eigenen Interessen entspricht. Chance bezieht sich auf einen bestimmten Gegenstand, ihre Wahrnehmung geschieht jedoch innerhalb eines Subjekts, sei es eine Einzelperson oder ein Unternehmen, und wer eine Chance nutzen will, sollte seiner Erkenntnis eine zielgerichtete Aktion folgen lassen."[56]

Man unterscheidet drei Primärrisiken:

→ Terminrisiko,
→ Kostenrisiko,
→ Qualitätsrisiko.

Das Terminrisiko wird durch die Ausführungsdauer und durch bestimmte Ecktermine determiniert.

Zum Kostenrisiko zählen Budgetüberschreitungen aber auch Risiken im Mengengerüst (Aufwand) und bei den Fremdleistungen.

Natürlich spielen in gewissen Fällen auch Währungsrisiken und andere Finanzrisiken eine Rolle. Qualitätsrisiken beziehen sich auf die Erbringung der eigentlichen Leistung, sowohl vom Umfang als auch von der Ausführungsqualität her. Vertragsrisiken, Ressourcen- und andere Risiken lassen sich auf diese drei Grundrisiken reduzieren.

Nicht tolerierbare Risiken sind aus moralischen und/oder wirtschaftlichen Gründen existentiell, d.h. es besteht Gefahr für Leben und Gesundheit, Umwelt oder Existenz des Unternehmens (Elementarrisiken).

Was spricht für Risikomanagement?[57]

Risikomanagement

→ ermöglicht es, auf Risiken gezielt einzugehen,
→ verhindert, blind für Risiken zu werden,
→ grenzt Unsicherheiten ein,
→ minimiert Kosten für Schutzmaßnahmen,
→ verhindert eine unbemerkte Verlagerung von Verantwortung,
→ lenkt die Aufmerksamkeit dorthin, wo sie gebraucht wird.

---

[56] www.projektmanagement-definitionene.de/glossar/chance (verfügbar 31.1.11)
[57] Möller, T.; Dörrenberg, F.: Projektmanagement, S.105ff.

2.9.2   Ablauf des Risikomanagements

Risiken müssen möglichst früh abgeschätzt werden, damit sie nicht zu schwerwiegenden Problemen führen und zu einer Störung des gesamten Projektes werden. Dabei genügt es nicht, nur die anfänglichen determinierten Gefahren zu analysieren und zu überwachen. Vielmehr müssen auch während des Projektverlaufes neu auftretende Risiken erkannt werden.

Die folgende Abbildung zeigt die Methodik des Risikomanagements.

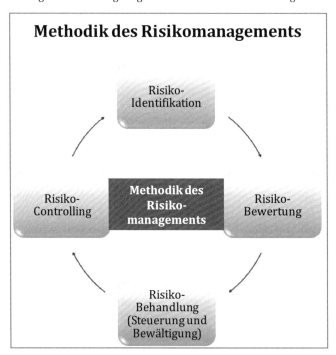

Abb. 26: Methodik des Risikomanagement nach DIN ISO 10006

Nachfolgende Schrittfolge für den Ablauf des Risikomanagements hat sich in der Praxis bewährt:

→ Risiken im Vorfeld identifizieren, analysieren und bewerten,
→ Risiken eliminieren oder ansonsten minimieren,
→ Gegenmaßnahmen für eventuellen Risikoeintritt entwickeln,
→ identifizierte Risiken während des Projektverlaufs genau überwachen und bei Eintritt die festgelegten Maßnahmen einleiten,
→ unbekannte Risiken, die sich während des Projektablaufs ergeben, sollten möglichst schnell bearbeitet werden.

Durch laufende Anwendung der Risikoanalyse, Risikobewertung, Maßnahmenplanung und -verfolgung sowie Erstellung projektindividueller Checklisten wird die Möglichkeit geschaffen, Risiken und deren mögliche Folgen abzuwehren und das geplante Projektergebnis zu erreichen.

Wo auch immer Projekte zu organisieren und zu managen sind, ist die Anwendung des Risikomanagements dringend zu empfehlen. Ein konsequentes Risikomanagement sollte als Teil einer offenen Unternehmenskultur verstanden werden.

2.9.3 Risikoidentifikation

Unter Risikoidentifikation versteht man die Erfassung potenzieller Risikofaktoren. Die Risikoidentifikation sollte bei Projektstart, bei Fortschrittsbeurteilungen und vor wichtigen Entscheidungen durchgeführt werden.

Um Risiken zu identifizieren, werden alle Informationsquellen eingesetzt, die potenzielle Probleme zu erkennen. Dazu gehören beispielsweise die folgenden Instrumente:

→ Analyse des Projektstrukturplans,
→ Terminplananalyse,
→ Dokumentation der Anforderungen,
→ Lessons-Learned-Archive,
→ Analyse der Annahmen,
→ Kreativitätstechniken (z.B. Brainstorming),
→ Expertenmeinung,
→ Analyse des Projektumfeldes / der Stakeholder.

Um eine gezielte Risikoidentifikation zu betreiben, sollte man sich folgende Fragen stellen:

→ Wo kommen im Projektablauf Aktivitäten mit besonders hohem Innovationsanteil vor?
→ Gibt es Konzentrationen von Aktivitäten?
→ Existieren kritische Termine im Ablauf?
→ Bei welchen Arbeitspaketen oder Vorgängen ist die Abhängigkeit von bestimmten Ressourcen besonders groß?
→ Wer sind die Schlüsselpersonen im Projekt?
→ Bei welchen Aktivitäten ist ein besonderes Know-how nötig?
→ Bei welchen Teilergebnissen bzw. Meilensteinen werden besonders hohe Qualitätsansprüche gestellt?

Nachfolgende fünf Kernrisiken sind typisch:[58]

→ fehlerhafter Zeitplan (der Umfang des Projektes wurde falsch eingeschätzt),
→ ausufernde Anforderungen (Anforderungen am Projektbeginn werden im laufenden Projekt immer weiter erhöht),
→ Mitarbeiterfluktuation (Kündigung von Mitarbeitern während der Projektlaufzeit),
→ Spezifikationskollaps (einzelne Stakeholder können sich nicht über das zu entwickelnde Produkt einigen),
→ geringe Produktivität (mangelnde Arbeitsleistung des Projektteams).

---

[58] Lenz, R.: Risikoanalyse & Risikomanagement – Einführung (2004); http://www.2cool4u.ch/business_it/risikoanalyse_risikomgmt/risikoanalyse_management.pdf (verfügbar Sep. 2005)

2.9.4 Risikobewertung

Risikobewertung ist der Prozess, bei dem die identifizierten Risiken der Projektprozesse analysiert und beurteilt werden. Alle identifizierten Risiken sind unter Beachtung von Erfahrungen und Vergangenheitsdaten zu bewerten.

Ziel der Risikobewertung ist es, genügend Informationen über die Risikofaktoren zu sammeln, die Eintrittswahrscheinlichkeit von Risiken zu beurteilen sowie leistungs-, kosten- oder terminbezogene Konsequenzen einzuschätzen.

Die Bewertung der identifizierten Risiken erfolgt hinsichtlich ihrer Wahrscheinlichkeit (W in %) und ihrer Tragweite (TW in €). Das Produkt aus diesen beiden Größen ergibt das Maß des jeweiligen Risikos (R).

$$R_n = TW_n \, (€) \times W_n \, (\%)$$

Die Summe der einzelnen Risikobewertungen stellt ein Maß für die Größe des Gesamtrisikos des Projektes dar. Mit dieser Vorgehensweise gelingt es, Qualitäts-, Termin- und Koste nrisiken einheitlich zu bewerten und entsprechende Vorsorge zu treffen.

$$\text{Gesamtrisiko } R_{gesamt} = R_1 + R_2 + \dots + R_n$$

Allerdings ist eine differenzierte Betrachtung notwendig, sobald Verbundrisiken (wenn Risiko A eintritt, tritt auch Risiko B ein) oder sich ausschließende Risiken (wenn Risiko A eintritt, kann nicht Risiko B eintreten) identifiziert werden.

Risiken können sich gegenseitig verstärken (A erhöht die Wahrscheinlichkeit von B) oder auch schwächen.

In der Praxis haben sich die beiden Begriffe Bruttorisiko und Nettorisiko etabliert, die einen Risikowert ohne jegliche Gegenmaßnahmen (Brutto) bzw. einen durch präventive Maßnahmen reduzierten Risikowert (Netto) beschreiben.

Die folgende Tabelle zeigt eine beispielhafte quantitative Risikobewertung.

Tab. 14: Beispielhafte Berechnung des Gesamtrisikos (Quantitative Risikobewertung)

Beschreibung des Risikos	Arbeits-paket	Wahr-scheinlich-keit (in %)	Tragweite (in €)	Risikozahl R=W*TW
R1: Verzögerung der Erteilung der Baugenehmigung	1.4	10	148.000	14.800
R2: Probleme bei noch zu klärenden technischen Detailanforderungen	2.1	15	85.000	12.750
R3: mangelnde Qualität und Zu-verlässigkeit von Subunternehmen	Fremd-leistung	20	450.000	90.000
R4: technische Probleme mit neuen Anlagen	6.1; 6.2	15	275.000	41.250
R5: technische Probleme mit neuen Baueinheiten	3.1 - 3.5	15	330.000	49.500
R6: nochmalige Verhandlung auf Grund unklarer Vertragsbedingungen	1.6; 2.3	10	75.000	7.500
Gesamtrisiko (Summe R1 bis R6)				**215.800**

Risiken, deren Eintrittswahrscheinlichkeit über 50% liegt, sollten auf jeden Fall in die Projektplanung aufgenommen werden. Ausgenommen von dieser Einschränkung sind Elementarrisiken; denn sind Leben und Gesundheit, Umwelt oder Existenz des Unternehmens bedroht, müssen diese Risiken immer der Projektplanung berücksichtig werden.

Diese bewerteten Risiken können in einem qualitativen Risiko-Portfolio anschaulich dargestellt werden (vgl. Abb. 27):

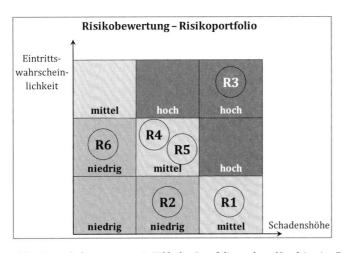

Abb. 27: Risikobewertung mit Hilfe der Portfolioanalyse (Qualtitative Risikobewertung)

Für Risiken der Kategorie „hoch" müssen auf jeden Fall Maßnahmen ergriffen werden, bei Risiken der Kategorie „mittel" sollten Maßnahmen ergriffen werden, und für Risiken, die als „niedrig" eingestuft werden, reicht eventuell deren Beobachtung.

Werden Risiken monetär bewertet, sprechen wir von der quantitativen Bewertung, werden sie in Kategorien (niedrig, mittel, hoch) gewertet von qualitativer Bewertung.

2.9.5   Risikobehandlung

Die Risikobehandlung beinhaltet Lösungen, um Risiken auszuschalten, zu vermindern, zu übertragen, zu teilen oder zu akzeptieren. Ziel ist es, Risiken auf ein akzeptables Niveau zu reduzieren.

Folgende Instrumente stehen bei der Risikobehandlung zur Verfügung[59]:

Risikovermeidung

Die Eintrittswahrscheinlichkeit eines Risikos wird auf den Wert „null" gesetzt („sich dem Risiko gar nicht aussetzen"). Dadurch erreicht man maximale Sicherheit - allerdings unter Preisgabe aller Chancen.

> *Beispiele:*
> → *Ablehnen von Aufträgen aus bestimmten Ländern, mit bestimmten Partnern etc.*
> → *Vermeidung von Arbeitspaketen innerhalb eines Projektes*

Risikoverringerung

Die Risikoverringerung umfasst alle Aktivitäten zur Verringerung der Auswirkungen von Risiken (Eintrittswahrscheinlichkeit, Schadenshöhe)

> *Beispiele:*
> → *Technik:*
> *verfahrenstechnische Maßnahmen, Wahl spezieller Werkstoffe, Einsatz besonderer Maschinen, Vermeidung zu vieler neuer Systemkomponenten*
> → *Personal:*
> *sorgfältige Auswahl und Schulung eigener Projektmitarbeiter, Motivation, Einbindung von Fachleuten in die Projektplanung und -ausführung*

Risikoüberwälzung

Das Risiko wird auf Dritte übertragen, dadurch wechselt allerdings nur der Risikoträger. Der Gewinn der Sicherheit ist mit einer Erhöhung der Projektkosten verbunden.

---

[59] *vgl. Patzak, G.; Rattay G.: Projektmanagement, S.242ff.*

Folgende Tabelle verdeutlicht Arten und Beispiele der Risikoüberwälzung:

Tab. 15: Arten und Beispiele Risikoüberwälzung

Überwälzung ohne Versicherung (Non-Insurance-Risk-Transfers)	Überwälzung mit Versicherung (Insurance-Risk-Transfers)
Outsourcing	Sachversicherungen
vertragliche Regelungen	Ertragsversicherungen
Regelungen in AGB	Haftpflichtversicherungen
Bonitätsprüfungen (Referenzen)	
Factoring	

Risiko selbst tragen

Alle nach Vermeiden, Vermindern und Abwälzen verbleibenden Projektrisiken müssen selbst getragen werden. Zu den Risiken die beim Projektträger verbleiben, gehören:

→ Projektrisiken deren Selbsttragen beabsichtigt wurde,
→ Projektrisiken die vermieden werden sollten, die aber aufgrund von Problemen bei risikopolitischen Maßnahmen dennoch dem Projektträger zufallen,
→ Projektrisiken die nicht erkannt wurden.

Beispiele:
→ Bildung von Rücklagen,
→ Tragen von Risikofolgen aus dem Cash-Flow,
→ Risikoausgleich zwischen Projekten.

2.9.6 Risikocontrolling

Das Risikocontrolling muss die Risiken während der Projektdurchführung kontinuierlich überwachen und kontrollieren. Die Risiken sollten in einem festgelegten Rhythmus ständig überprüft werden. Damit soll einerseits die Risikoentwicklung überwacht und andererseits der Einsatz und die Eignung der gewählten Aufgaben der Risikogestaltung überprüft werden.

Auslöser für Risikoevaluierungen

→ Meilenstein-Review,
→ vor wichtigen Entscheidungen im Projekt,
→ bei Änderungen wesentlicher Rahmenbedingungen im Projekt.

Aufgaben des Risikocontrollings

→ bestehende Risiken auf Aktualität bewerten,

→ umgesetzte Maßnahmen auf ihre Wirksamkeit überprüfen,

→ neue Risiken identifizieren sowie passende Maßnahmen definieren und einplanen,

→ nicht mehr existente Risiken aus der Projektplanung streichen.

Tipps für ein wirksames Risikomanagement[60]

→ Definieren Sie, wer für das Risikomanagement verantwortlich ist!

→ Alle Beteiligten müssen gefahrlos auf Risiken hinweisen können!

→ Lassen Sie auch Aufgaben zu, die möglicherweise gar nicht anfallen!

→ Es muss wahrscheinlich sein, dass der Fertigstellungstermin um mindestens 20 Prozent unterschritten werden kann!

→ Veröffentlichung einer Liste mit den wichtigsten Risiken und Auflistung ihrer Konsequenzen und Wahrscheinlichkeiten in Bezug auf Termine und Kosten!

Zum Projektabschluss sollte die Risikobetrachtung des abgeschlossenen Projektes Bestandteil des Projekt-Lernprozesses sein, um wichtige Informationen für künftige Projektrisiken festzuhalten.

---

[60] nach DeMarco ,T.: Spielräume, S.207ff.

2.10 Konfiguration

Die Projektkonfiguration beschreibt die Zusammenstellung der notwendigen Elemente in Bezug auf das Produkt (z.B. Spezifikationen, Zeichnungen, Stücklisten, Fertigungsunterlagen,...) und den Prozess (z.B. PSP, Ablauf- und Terminpläne, Ressourcenpläne,...) im Gegensatz zum klassischen Konfigurationsmanagement, welches sich nur auf das Produkt bezieht. So entsteht zum Projektbeginn eine Basiskonfiguration.

Im Projektverlauf kommt es in der Regel zu Störungen während der Projektbearbeitung, bedingt durch unzureichende Voruntersuchungen in der Planungsphase oder Änderungen während der Durchführungsphase. Damit werden aus der ursprünglichen Basiskonfiguration durch Änderungen neue Konfigurationen (Versionen). Hier liegt der Ansatzpunkt des Konfigurations- und Änderungsmanagements.

Konfiguration nach (DIN EN ISO 10007): Funktionelle und physische Merkmale eines Produkts, wie sie in seinen technischen Dokumenten beschrieben und im Produkt verwirklicht sind.

Bezugskonfiguration (vgl. PM3, Band 2, S. 928): Die formell zu einem Zeitpunkt festgelegte Konfiguration eines Produkts. Sie dient als Grundlage für weitere Tätigkeiten.

Konfigurationsmanagement

Das Konfigurationsmanagement sorgt mit der Vorgabe und Durchführung von Konfigurationsmaßnahmen für die Integrität des Projektes sowie für die Nachvollziehbarkeit seiner Entwicklung. Es unterstützt sowohl die Entscheidungsfindung in Bezug auf technische und wirtschaftliche Konsequenzen bei Änderungen, als auch die Abnahme und Überwachung der Ergebnisse.

Somit stellt das Konfigurationsmanagement ein Schlüsselthema bei Projekten jeder Art dar, dabei werden folgende Schwerpunkte bearbeitet:

→ Definition und Bereitstellung der projektspezifischen Infrastruktur zur Verwaltung und Kontrolle der Ergebnisse,
→ Bereitstellung von Informationen über den aktuellen Status von Ergebnissen, Konfigurationen und Änderungen,
→ Sicherstellung der eindeutigen Identifikation aller Ergebnisse, die dem Konfigurationsmanagement unterliegen,
→ Überwachung, Verwaltung und Sicherstellung der Integrität der Ergebnisse,
→ Sicherstellung eines kontrollierten Vorgehens bei Änderungen der Ergebnisse.

Die Bestimmungen der Norm DIN EN ISO 10007 zum Konfigurationsmanagement identifizieren vier grundlegende Bereiche[61]:

Konfigurationsidentifikation (KI):

Bestimmung zu verwaltender Elemente (Konfigurationseinheiten, Dokumente) und Erstellung verbindlicher Produktversionen **(=Konfigurationsbestimmung)**

Konfigurationsüberwachung (KÜ):

Maßnahmen zur Überwachung der Änderungen an einer Konfigurationseinheit (Change Request (CR) Verfahren); DIN EN ISO 10007 ergänzt Bewertung, Koordination, Genehmigung oder Ablehnung von Änderungen **(=Änderungsmanagement)** (siehe dazu Kap. 4.12)

Konfigurationsaudit (KA):

funktionsbezogenes KA als Abgleich des Produkts mit der zugrunde liegenden Anforderungsspezifikation (für Modelle aufgrund der subjektiven Wahrnehmung nicht direkt anwendbar); physischer KA als Gegenüberstellung der aktuellen Konfiguration mit den vorhandenen Konfigurationsdokumenten **(= Audit und Sicherung)**

Konfigurationsbuchführung (KB):

Sicherstellung der erforderlichen Dokumentation sowohl bez. des notwendigen Umfangs als auch der Aktualität (besitzt Dienstleistungscharakter für andere Funktionsbereiche, Grundlage des Konfigurationsaudits) **(=Konfigurationsverfolgung)**

Aufgrund der bereits gezeigten Aufgaben hat das Konfigurationsmanagement entscheidende Querschnittsfunktionen zu weiteren Themen des Projektmanagements:

→ Umfangs- und Inhaltsmanagement (Lasten- und Pflichtenheft),
→ Projektsteuerung,
→ Vertragsmanagement,
→ Claimmanagement,
→ Projektstrukturierung,
→ Dokumentationsmanagement,
→ Qualitätsmanagement und -sicherung,
→ Schnittstellenmanagement,
→ Produktbetreuung,
→ Phasenplanung.

---

[61] vgl. DIN 96, S. 7f.

2.11 Angebot, Vertrag, Auftrag

„Wenn in einem Projekt mehrere Unternehmen zusammenarbeiten, ist dringend anzuraten, dies in einem schriftlichen Vertrag zu regeln.

Neben allgemeinen Vertragsbestandteilen, die Bezahlung, Laufzeit, Kündigung etc. regeln, gehören zu einem Vertrag für ein Projekt folgende Dokumente:

→ Lastenheft, ggf. Pflichtenheft,

→ Spezifikation des Projektergebnisses (in der Regel im Lastenheft enthalten),

→ Geheimhaltungsvereinbarungen / Non Disclosure Agreement (NDA),

→ Absichtserklärungen / Letters of Intent (LoI),

→ sonstige projektrelevante Dokumente.

Das Lastenheft, ggf. das Pflichtenheft, ist dabei von zentraler Bedeutung, da es die zu erbringende Leistung exakt beschreibt und Grundlage für die spätere Abnahme der Projektleistung ist."[62]

Zustandekommen eines Vertrages

Ein Vertrag ist die von zwei oder mehr Partnern abgeschlossene Vereinbarung zur Herbeiführung eines rechtlichen Erfolgs. Verträge kommen zustande:

→ durch Unterzeichnung einer Vertragsurkunde,

→ durch ein Angebot und dessen Annahme,

→ Annahme unter Vorbehalt oder mit Änderungen bedeutet Ablehnung des ursprünglichen Angebots.

Verträge können nicht durch Schweigen angenommen werden. Eine Ausnahme bildet das kaufmännische Bestätigungsschreiben ohne Widerspruch - es führt zum Vertrag. Voraussetzung ist hier allerdings, dass sich die Vertragsparteien vorher (z.B. telefonisch) über die Vertragskonditionen geeinigt haben.

Durch bestimmte Formulierungen („Angebot freibleibend" oder „So lange der Vorrat reicht") kann die Rechtsverbindlichkeit des Angebots ausgeschlossen werden.

Katalogangebote haben keine Rechtsverbindlichkeit.

Das Angebot gilt üblicherweise für die Dauer von zwei Werktagen (bei Fax bzw. Email) bis fünf Werktagen (Brief) bzw. bis zum Ablauf der beschriebenen Bindefrist.

Auflösung eines Vertrages

Die Auflösung eines Vertrages erfolgt durch:

→ Vertragserfüllung (vollständige Leistungserbringung),

→ Aufhebung (im beiderseitigen Einvernehmen),

→ Kündigung (einseitige Vertragsauflösung).

---

[62] *Projektmagazin – Glossar, http://www.projektmagazin.de/glossar (verfügbar Sep. 2007)*

2.11.1 Funktion des Vertragsmanagements

Die Funktion eines Vertrages besteht darin, dass sich zwei oder mehr Parteien darüber einigen, welche Leistungen sie zu welchen Konditionen einander erbringen wollen. Das schriftliche Vertragsdokument erfüllt dabei zwei wesentliche Aufgaben. Es dient als Gedächtnisstütze, andererseits gibt es dem jeweils Berechtigten ein Beweismittel für seine Ansprüche in die Hand. Der Vertrag ist das Gesetz der Vertragsparteien, das laufend umzusetzen und zu interpretieren ist.

> Vertragsmanagement umfasst die Betreuung der vertraglichen Verhandlungen zwischen Auftraggeber und Auftragnehmer sowie die Implementierung von Verträgen und Vornahme von Vertragsänderungen aus technischen, terminlichen, personellen oder finanziellen Gründen.[63]

2.11.2 Zweck, Instrumente und Aufgaben des Vertragsmanagements

Zweck des Vertragsmanagements

Der Zweck des Vertragsmanagements versteht sich deshalb in der Steuerung, der Gestaltung, dem Abschluss und der Abwicklung von Verträgen unter dem Vorsatz, sämtliche definierten Projektziele zu erreichen oder zu übertreffen.

Alle vertraglich wichtigen Daten werden erfasst und für das Projektmanagement, die Projektmitarbeiter und das Firmenmanagement in geeigneter Form aufbereitet. Gerade angesichts der zunehmenden Komplexität durch langfristige Vertragsbindungen oder internationale Verträge hat es sich als vorteilhaft erwiesen, die Betreuung von Verträgen einer zentralen Stelle zu übergeben. Das Vertragsmanagement kann zum einen Risiken abwälzen und zum anderen eine bereits vom Nachfrager diktierte Risikoverteilung vertraglich so eindeutig gestalten, dass eine verlässliche Kalkulation möglich ist.[64]

Das Vertragsmanagement muss Aufgabe des Projektmanagements sein. Dabei geht es um die Erfassung, die Verfolgung und die Durchsetzung aller vertraglichen Rechte und Pflichten. Dies gilt sowohl für den inhaltlichen als auch für den kommerziellen Teil. Damit werden auch die Voraussetzungen für Nachforderungsmanagement (Claimmanagement, siehe Kapitel 4.11) geschaffen, nämlich Nachforderungen gegenüber dem Auftraggeber zu stellen und umgekehrt Nachforderungen seitens des Auftraggebers und von Subunternehmern abzuwehren.

Instrumente des Vertragsmanagements

Zu den Instrumenten des Vertragsmanagements gehören u.a. alle verfügbaren Dokumentationen, wie z. B:

→ Verträge, behördliche Genehmigungen,
→ sonstige Vereinbarungen, alle Korrespondenzen
→ Änderungsprotokolle,

---

[63] *RKW/GPM: Projektmanagement-Fachmann, S.965f.*
[64] *RKW/GPM: Projektmanagement-Fachmann, S.965f.*

→ Berichte, Tagebücher, Fotos,

→ Lieferscheine, Zollbestätigungen.

Aufgaben des Vertragsmanagements

Das Vertragsmanagement umfasst u.a. folgende Aufgaben:

→ Mitwirkung bei Vertragsverhandlungen zwischen Auftraggeber und Auftragnehmer sowie mit Subunternehmen,

→ Gestaltung von Verträgen unter Berücksichtigung der definierten Projektziele,

→ Abschluss und Abschluss von Verträgen,

→ Veranlassung von Vertragsänderungen aus technischen, terminlichen, personellen oder finanziellen Gründen,

→ Erfassung vertraglicher Daten für Projektmanager, Projektmitarbeiter und die Unternehmensführung.

In der folgenden Tabelle werden die Aufgaben vor und nach Vertragsabschluss untersucht:

Tab. 16: Aufgaben des Vertragsmanagements vor und nach Vertragsabschluss[65]

Aufgaben vor Vertragsabschluss	Aufgaben nach Vertragsabschluss
→ Prüfung der Ausschreibungsunterlagen mit Risikobewertung	→ Vertragsauslegung, Prüfung von Kundenansprüchen
→ Ausarbeitung der Angebotsteile und Erstellung eines Vertragsentwurfs	→ Claimmanagement
→ Überprüfung der technischen und kaufmännischen Angebotskomponenten	→ Bearbeitung von Kundenansprüchen (Pönalen, Garantien)
→ Mitwirkung bei Angebotsverfolgung und Vertragsverhandlung	→ Begleitung des Änderungsmanagements
→ Klärung besonders sensibler Punkte, wie z.B. Pauschalisierung des Preises und der Leistung; Festlegung von Terminen; Höchstbegrenzungen von Schadensummen und Strafen; Regelung von Claim-Prozeduren	→ laufende Projektdokumentation aus Sicht des Vertragsmanagements
	→ Bereitstellung von Übersichten und Zwischenberichten
	→ Unterstützung des Projektcontrollings
→ Handhabung problematischer Klauseln in Vertragsentwürfen der Partner ...	→ Sicherstellung des ordnungsgemäßen Projektabschlusses ...

Konsequentes Vertragsmanagement kann Risiken reduzieren und über die Gestaltung der Verträge zur Qualitätssicherung beitragen!

---

[65] *nach Möller, T.; Dörrenberg, F.: Projektmanagement, S.113*

2.11.3 Juristische Grundlagen

Verträge regeln die Pflichten und Rechte der Vertragspartner, den Umgang miteinander und mit Dritten sowie das Nachforderungsmanagement. Verträge stellen somit eine Art Gesetz zwischen den Vertragsparteien dar.

Gesetzlichen Grundlagen für vertragliche Vereinbarungen

Die gesetzlichen Grundlagen für vertragliche Vereinbarungen, weitere Sonderbestimmungen für einzelne Vertragstypen z.B. für den Kaufvertrag, den Dienstvertrag und den Werkvertrag sind wie folgt im Bürgerlichen Gesetzbuch geregelt.

Kaufvertrag (§ 433 ff. BGB): Käufer zahlt Kaufpreis und übernimmt die Sache

Werkvertrag (§ 631 ff. BGB): geschuldet ist die Herstellung eines versprochenen Werkes nach Vollendung erfolgt die Abnahme (Nachweis der Funktion und Mängelfreiheit)

Dienstvertrag (§ 611 ff. BGB): geschuldet wird eine bestimmte Tätigkeit, aber nicht ein bestimmter Erfolg

Formularverträge und Allgemeine Geschäftsbedingungen (AGB)

Bei Verwendung von Standardverträgen mit wiederkehrenden Formulierungen oder Allgemeinen Geschäftsbedingungen gilt grundsätzlich das Gesetz zur Regelung des Rechts der Allgemeinen Geschäftebedingungen (AGBG).

Beachte:

Bestimmungen der AGB sind unwirksam, wenn sie Vertragspartner unangemessen benachteiligten (§ 9 AGBG) oder wenn sie Überraschungscharakter haben (§ 3 AGBG).

Verweisen beide Vertragspartner auf ihre widersprechenden AGB, werden diese nur Vertragsbestandteil soweit sie übereinstimmen, bei Nichtübereinstimmung gelten die Regeln des Hauptvertrages, falls keine Regelungen im Vertrag vorliegen - das Gesetz.

Worauf ist beim Zustandekommen eines Vertrages zu achten?

→ Welcher Vertragstyp liegt vor?
→ Welche zum Vertragstyp gehörigen Regeln kommen zur Anwendung?
→ Beurteilung der möglichen Störungen und Risiken in der Vertragsabwicklung.
→ Rechtsfolgen bei Störungen (Termine und Strafen).
→ Verträge mit Subunternehmen.

Verträge mit Dritten

Im Projektalltag tritt häufig der Fall ein, dass ein Projekt nicht von einem Auftragnehmer vollständig allein realisiert werden kann, sondern die Notwendigkeit besteht, sich Partner mit ins Projekt zu holen. Es werden Projektgesellschaften gebildet, deren Ziel die vertragsgerechte Umsetzung eines Projektes ist, und die nach Zielerreichung i.d.R. wieder zerfallen (oder gemeinsam Folgeprojekte umsetzen).

Im folgenden Abschnitt werden Möglichkeiten der Vertragsgestaltung mit Dritten aufgezeigt (vgl. Abb. 28 bis 31)[66].

Dabei werden folgende Abkürzungen verwendet:

→ AG = Auftraggeber
→ AN = Auftragnehmer
→ K = Konsorte
→ UAN = Unterauftragnehmer

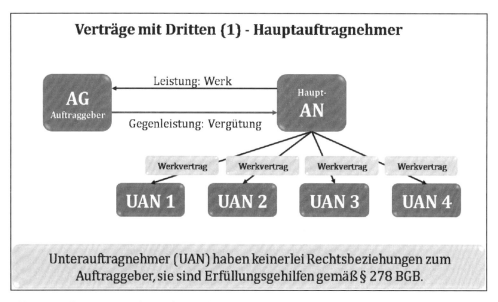

Abb. 28: Werkvertrag zwischen Aufttraggeber und Hauptauftragnehmer

---

[66] nachRKW/GPM: Projektmanagement-Fachmann, S.979f.

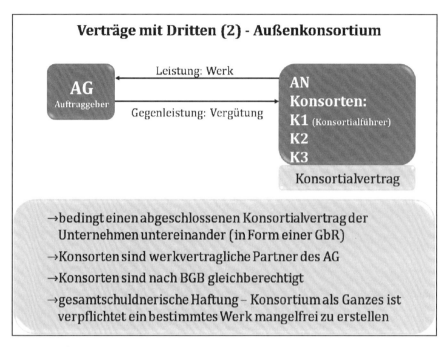

Abb. 29: Außenkonsortium

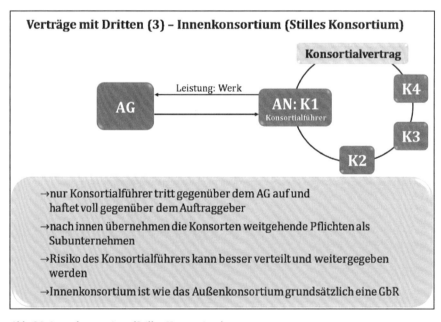

Abb. 30: Innenkonsortium (Stilles Konsortium)

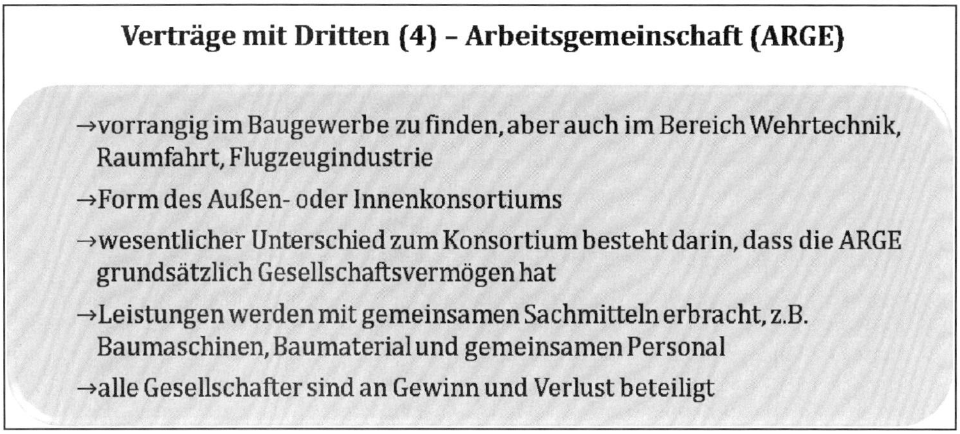

Verträge mit Dritten (4) – Arbeitsgemeinschaft (ARGE)

→vorrangig im Baugewerbe zu finden, aber auch im Bereich Wehrtechnik, Raumfahrt, Flugzeugindustrie

→Form des Außen- oder Innenkonsortiums

→wesentlicher Unterschied zum Konsortium besteht darin, dass die ARGE grundsätzlich Gesellschaftsvermögen hat

→Leistungen werden mit gemeinsamen Sachmitteln erbracht, z.B. Baumaschinen, Baumaterial und gemeinsamen Personal

→alle Gesellschafter sind an Gewinn und Verlust beteiligt

Abb. 31: Arbeitsgemeinschaft (ARGE)

Besonderheiten von Projektverträgen

Projektverträge weisen einige wichtige Besonderheiten auf, die Projektverantwortliche kennen müssen: „Projektverträge sind in der Regel gegenseitige Verträge. Für eine bestimmte Leistung wird eine bestimmte Gegenleistung vereinbart. Leistung und Gegenleistung müssen daher im Vertrag genau spezifiziert werden. Die geforderte Leistung lässt sich z.B. in Form einer technischen Spezifikation mit dem genauen Lieferumfang beschreiben. Die Gegenleistung wird im Allgemeinen in Geld erbracht. Preis und Zahlungsbedingungen müssen angegeben werden. Hinzu kommen Termine, Lieferort, Leistungsgarantien und Gewährleistungsbedingungen sowie Rechtsfolgen für den Fall, dass eine Partei gegen vertragliche Vereinbarungen verstößt (=Leistungsstörungen)."[67]

2.11.4 Verhandlungsführung

Verhandlungsgrundsätze

Auch in Projekten kommen immer wieder Verhandlungen vor: So muss der Projektleiter nicht nur mit dem externen Auftraggeber vor oder während der Projektrealisierung verhandeln, auch mit Subunternehmen und Lieferanten müssen Vereinbarungen „ausgehandelt" werden. Doch auch intern muss der Projektleiter seine Projektinteressen durchsetzen können: Sei es beim Kampf um die Ressourcen, bei Budgetkürzungen, Terminverschiebungen, usw.

Mitunter werden auch verdeckte Aushandlungen (z.B: das Flurgespräch) geführt, bei denen nicht klar ist, dass im Moment verhandelt wird.

Deshalb zunächst einige Verhandlungsgrundsätze[68]:

Jede Verhandlung ist ein Kampf mit geistigen Waffen. Es gibt Siege und Niederlagen, im Idealfall ein Unentschieden, welches beiden Partnern das Gefühl gibt, den Sieg errungen zu haben. Verhandlungen können prinzipiell immer beginnen, wenn Sie mit anderen sprechen. Achten Sie auf

---

[67] *Schelle, H.; Ortmann, R.; Pfeiffer, A.: ProjektManager, S. 51*
[68] *Goossens, F.: Konferenz - Verhandlung - Meeting, S.208 ff.*

bestimmte Signalwörter, diese sollten Sie in vermeintlich harmlosen Gesprächen aufhorchen lassen:

→ Dem Wort „übrigens" folgen häufig wichtige Informationen.

→ Bei dem Wort „bitte" will der Partner etwas von Ihnen.

→ Der Partner nimmt nur solche Vorschläge an, von denen er glaubt, dass sie seinen Interessen dienen. Dieser Vorteil kann auch die Wahl des kleineren Übels sein.

→ Vermeiden Sie es „nein" zu sagen und lassen Sie nicht „nein" sagen.

→ Auf nicht akzeptable Vorschläge des Partners reagieren Sie mit der „Ja - aber" - Taktik. Stellen Sie die Vorteile für den Partner heraus. Verhandeln Sie in Ruhe – innerlich und äußerlich. Der „coole" Partner befindet sich gegenüber dem erregten, temperamentvollen im Vorteil. Ebenso ist starker Zeitdruck ein schlechter Begleiter für Verhandlungen – Sie stehen dann im Zugzwang. Führen Sie jede Verhandlung in freundlicher Atmosphäre.

Irrtümer und Glaubenssätze

Typische Irrtümer und Glaubenssätze sind u.a.:

→ „Es geht immer nur darum, den Kuchen aufzuteilen."

→ „Gefühle haben bei Verhandlungen nichts verloren."

→ „Ich will als harte Persönlichkeit erscheinen und meinen ‚Gegner' überrumpeln."

→ ...

Vorbereitung von Verhandlungen

Sollen Verhandlungen zum Erfolg führen, müssen sie vorbereitet werden. Setzen Sie sich vorher Minimal- und Maximalziele.

→ Versetzen Sie sich gedanklich in die Lage des Anderen: Welche Probleme, Fragen, Vorschläge und Forderungen wird der Partner mit welchen Argumenten vorbringen und was habe ich dem entgegenzusetzen?

→ Überlegen Sie eine optimale zeitliche Reihenfolge der Teilprobleme. Einfache Sachfragen mit wahrscheinlich schneller Einigung sollten am Anfang stehen.

Allgemein gilt, dass zunächst derjenige seine Vorschläge vorträgt, der Anlass zur Verhandlung gegeben hat.

→ Fixieren Sie zu Beginn der Verhandlung gemeinsam das Hauptthema, das schützt Sie im weiteren Verlauf vor „Nebenkriegsschauplätzen".

→ Klären Sie (falls nicht bekannt) zu Beginn die Kompetenz des Partners zum rechtsgültigen Abschluss des Vertrages. Andernfalls behalten Sie sich die Vorläufigkeit des Verhandlungsergebnisses vor.

Nach dem Harvard-Prinzip sollten folgende Regeln dabei beachtet werden:

→ Alternativen abwägen,

→ Zwischen Menschen und Problemen unterscheiden,

→ Interessen und Bedürfnisse ermitteln,

→ Optionen zum beiderseitigen Vorteil entwickeln,

→ Fairness als Prüfstein für die Einigung.

Tritt Ihr Partner mit mehreren Personen an (Rechtsanwalt, Techniker, Kaufmann), ist es sicher zweckmäßig, wenn auch Sie einen Rechtsanwalt, Techniker, Kaufmann dabei haben. Andererseits ist es selten, dass zwei Partner einer Partei gemeinsam besser als der einzelne Vertreter der anderen Partei verhandeln können. Sie sollten dann:

→   nach dem „Verhandlungsführer" fragen,
→   Widersprüche und Gegensätze der beiden Partner feststellen,
→   einen der Beiden mit Argumenten auf Ihre Seite ziehen.

Zum Verhandlungsort

Im Allgemeinen wird bei gleichberechtigten Partnern derjenige den Anderen aufsuchen, der etwas vom Partner will. Haben Sie die Wahl, wählen Sie eigene, vertraute Räume oder schlagen Sie neutrales Terrain vor.

Sorgen Sie als Gastgeber für ungestörtes und angenehmes Gesprächsklima, ggf. Getränke; keine Störungen durch Telefon etc.

Gestalten Sie die Sitzordnung gleichberechtigt gegenüber, aber ohne Einsicht in die Unterlagen des Anderen.

Revierabgrenzung

Bei Verhandlungen, Konferenzen und Besprechungen sollten für gleichberechtigte Partner gleiche Platzverhältnisse („Reviere") geschaffen werden. Dies gilt nicht nur für einzelne Personen, sondern auch für Verhandlungsparteien.

Wird ein Revier als besetzt „markiert" (Mappe, Mantel), sollte man das respektieren. Das Eindringen in ein „fremdes" Revier z.B. mit dem Arm, aber auch durch Ablegen von Arbeitsutensilien wird i.d.R. als störend empfunden.

Die nachträgliche Erweiterung des Reviers (freie Plätze) wird positiver empfunden als die nachträgliche Einengung (zusätzliche Stühle an den Tisch stellen).

Fragetechniken

Bei Verhandlungen werden verschiedene Fragetechniken eingesetzt:

→   offene Fragen (W - Fragen):
„Was halten Sie davon?"
„Wie denken Sie darüber?"
Ich ermutige den Gesprächspartner zu sprechen – Aufforderung
→   geschlossene Fragen:
Nur Antwort mit Ja oder Nein möglich
→   reflexive Fragen:
„Sie meinen also, dass..."
„Sie haben die Erfahrung gemacht, dass..."

Ich zeige Verständnis für Position des Gesprächspartners, ohne eigenen Standpunkt aufgeben zu müssen

Ich versichere mich seiner Zustimmung

→ richtungsweisende Fragen:
„Dann stimmen Sie mir also zu, dass..."
„Was würden Sie sagen, wenn..."
Ich lenke die Antwort in eine bestimmte Richtung

→ Hypothesentechnik:
„Angenommen, wir haben folgende Situation .... Wie würden Sie sich verhalten?"

Verhandlungsphasen

In Anlehnung an das Phasenmodell von König und Volmer werden folgende Verhandlungsphasen definiert:

→ In der Orientierungsphase werden die Grundlagen für das Gespräch gelegt.

→ In der Klärungsphase benötigen beide Partner Informationen über die Ausgangssituation.

→ In der Veränderungsphase werden gemeinsam Lösungen und Vereinbarungen entwickelt. Zwischenergebnisse werden mit einem „Zwischen-Check" fixiert.

→ Die Abschlussphase dient als Ergebnissicherung und Ausblick auf das weitere Vorgehen.

Körperhaltung, Gestik und Mimik

Mehr als man vielleicht im ersten Moment erwartet, beurteilen wir unseren Gegenüber und dessen Verhalten nach seiner Körperhaltung. Auch hier helfen einige Hinweise und Selbstbeobachtung, Fehler zu vermeiden. Aber auch für die Beobachtung des Verhandlungspartners und dessen mögliches Verhalten können die Ratschläge von Nutzen sein.

→ Wenn Sie im Stehen verhandeln (müssen), vermeiden Sie das „Treten von einem Bein auf das andere". Locker herabhängende Arme signalisieren eher Selbstsicherheit und Aufnahmebereitschaft. Vor oder hinter dem Körper verschränkte Arme deuten auf Sammlung, Selbstbeherrschung hin, manchmal auch auf Widerstand.

→ Sich „mit dem Rücken an die Wand" stellen signalisiert das Abschirmen gegen Überraschungen bzw. die Suche nach Halt und Festigkeit.

→ Ein aufrechter gerader Gang lässt meist auf einen selbstbewussten und unbefangenen Menschen schließen.

Üblicherweise werden Verhandlungen jedoch im Sitzen stattfinden.

→ Sitzen auf der vorderen Stuhlkante mit leicht nach vorn geneigtem Oberkörper („ständig auf dem Sprung") kann auf jederzeitiges, rasches Aufstehen deuten – möglicherweise auch auf Diskussions- oder Angriffsfreude.

→ Verschränkte Arme, vor allem bei gleichzeitigem Zurückneigen des Oberkörpers und des Kopfes, möglicherweise noch verstärkt durch Abrücken vom Tisch weisen darauf hin, dass sich der Teilnehmer den Argumenten und Vorschlägen des Anderen verschließt. Sein Körper signalisiert defensive Ablehnung.

→ Übereinander geschlagene Beine mit über dem Knie gefalteten Händen sind ähnlich interpretierbar.

Beobachten Sie die Gestik Ihres Verhandlungspartners:

Kopf

Achten Sie auf eher beiläufiges „Nicken" oder „Kopfschütteln" Ihres Gesprächspartners. Überlegen drückt sich manchmal durch leicht zur Seite geneigten Kopf aus. Werden wichtige Aussagen oder Forderungen mit gesenktem Kopf ohne Blickkontakt vorgetragen, sind Zweifel am Wahrheitsgehalt bzw. an der Durchsetzbarkeit der Forderungen angebracht.

Saß jemand einige Zeit mit gesenkten Kopf („niedergeschlagen") in der Verhandlung und hebt nun plötzlich den Kopf, kann man sich auf einen Gegenangriff oder neue Vorschläge gefasst machen.

Oberkörper

Das Unterstützen der Sprache durch starkes Wippen mit dem Oberkörper nach vorn und hinten soll der Sprache Nachdruck verleihen, vor allem wenn sich der Redner mit beiden Händen am Pult oder Tisch „festhält". Es signalisiert häufig Unsicherheit.

Beine

Übereinander geschlagene Beine und das Zielen mit der Fußspitze auf den Partner könnte eine aggressive Geste sein; in manchen Ländern wird es als Beleidigung empfunden.

Hände

Die Wendung der geöffneten Hand nach oben ist eine Geste des Gebens oder Bittens. Werden anbietende, gebende oder bittende Worte durch sich schließende Fäuste begleitet, sind sie eher als massive Forderung zu interpretieren.

Stützt jemand seinen Ellenbogen auf den Tisch und deutet mit dem Zeigefinger (womöglich durch ein Schreibgerät verlängert) auf einen anderen Teilnehmer, „sticht" er gewissermaßen auf ihn ein.

Verdeckt jemand den Mund beim Sprechen ganz oder teilweise, deutet das auf eine gewisse Sorge hin, das Falsche oder zuviel zu sagen.

Mimik

Der Gesichtsausdruck, die Mimik geben weitere Hinweise. Gleichberechtigte und sichere Partner können sich frei und ohne nervöses Zucken in die Augen blicken. Mit gesenkten Lidern vorgebrachte Argumente zeugen von Unsicherheit. Langes Fixieren des Partners ist ebenso wie das leichte Schließen der Augenlider unter gleichzeitigen senkrechten Runzeln der Stirn Hinweis auf geistige Konzentration und die Entschlossenheit, seinen Willen durchzusetzen.

Verhandlungstaktik

Verhandlungen führt man durch Fragen; informatorische Fragen und solche, denen der Partner zustimmen muss.

Stellen Sie zunächst eine gemeinsame Ausgangsbasis her, z.B. durch Klärung von Sach- und organisatorischen Fragen. Eigene Vorschläge sollten Sie erst allgemein begründen und die Vorteile für den Partner herausstellen. Erst dann werden die konkreten Vorschläge erläutert.

Die Vorschläge des Partners sollten Sie unbedingt anhören und ihn dabei nicht unterbrechen. Falls notwendig, können Sie sich die Vorschläge des Partners begründen lassen.

Machen Sie Gegenvorschläge mit der „Ja - aber" - Methode und erleichtern Sie dem Partner den Rückzug.

Nehmen Sie Zugeständnisse des Partners zurückhaltend auf.

Sichern Sie Teilergebnisse durch Zwischenzusammenfassungen und halten Sie diese fest. Sollte sich ein eigener Rückzug notwendig machen, dann nur mit hinhaltendem Widerstand. Jedem Zugeständnis an den Partner folgt ein eigener Vorstoß. Führen die Verhandlungen absehbar zu keinem Ergebnis, schlagen Sie rechtzeitig eine Vertagung, „Waffenstillstand" oder Verbündung vor.

Abwehr gegnerischer Taktiken

Natürlich wird der Gegner versuchen, seine eigenen Interessen durchzusetzen; darin unterscheidet er sich nicht von Ihnen. Auch er wird sich eine Taktik zurechtlegen.

Um entsprechend reagieren zu können, gibt es drei Hauptwaffen gegen Verhandlungstaktiken:

→   ständige Wachsamkeit (was sagt der andere, was meint er damit),
→   Selbstbeherrschung (nicht aus der inneren Ruhe bringen lassen),
→   richtiges Denken (Überprüfung der sachlichen Haltbarkeit der gegnerischen Argumente).

Wenn Sie diese drei Punkte beherzigen, werden Sie als souveräner und fairer Verhandlungspartner gelten.

Um speziellen Taktiken entsprechend entgegen treten zu können, haben wir folgende Tabellen[69] 17, 18 und 19 zusammengestellt. Im Wesentlichen geht es um Scheinargumente, Angriffe gegen die Person und um Denkfehler.

Scheinargumente

Tab. 17: Abwehr von Angriffen durch Scheinargumente

Taktik	Abwehr
„Praxis" contra „Theorie"	„Haben Sie selbst diese Erfahrung gemacht, mit meinem Vorschlag?"
mangelnder „Beweis"	„Können Sie mir beweisen, dass es nicht so sein wird?"
Beweis durch „Autoritäten"	Es gibt immer „Gegenautoritäten", die das Gegenteil gesagt haben.
fehlende „Hundertprozentigkeit"	Verbessert der Vorschlag die derzeitige Situation?

---

[69] Goossens, F.: Konferenz - Verhandlung - Meeting, S.208 ff.

Angriffe gegen die Person

Tab. 18: Abwehr von Angriffen gegen die Person

Taktik	Abwehr
Schmeichelei und scheinbare Höflichkeit	betonte Zurückhaltung, Wachsamkeit, besondere Vorsicht
Vorhalten früherer eigener Äußerungen	kein Bezug auf den aktuellen Verhandlungsgegenstand
Appell an das gegenseitige Vertrauen	Wichtiges schriftlich fixieren „als Dokument für Dritte"!
Appell an Gefühle (Erinnerungen)	sachliche Analyse des Gegenstandes
Aufzeigen angeblicher Partnerinteressen	Sind es tatsächlich meine Interessen?
Angriff gegen die Sachkenntnis	kein Kontext zur Sache
Vorwürfe früherer Fehler oder Versäumnisse	„Jeder Mensch macht Fehler."
Einschüchterungsversuche durch Grobheiten	„Meinen Sie das wirklich so, wie Sie es sagen?"
unfaires Verhalten, falsche Behauptungen	konkrete Klärung, ggf. Verhandlungsabbruch

Denkfehler

Tab. 19: Abwehr von Angriffen durch Denkfehler

Taktik	Abwehr
unzulässige Verallgemeinerung	rationale Bewertung
Umkehrschlüsse	Hinweis auf häufige Unzulässigkeit von Umkehrschlüssen
danach - deshalb	Nicht zusammenhängende Vorgänge können nicht wegen (zufälliger) zeitlicher Abfolge in Zusammenhang gebracht werden.

Richtiges Verhandeln hat viel mit Erfahrung, Selbstdisziplin und Menschenkenntnis zu tun. Deshalb ist es in der Regel ein langer Prozess, diese Fähigkeiten zu erwerben. Dennoch kann man durch solide Vorbereitung und das Beachten einiger Regeln seine eigenen Verhandlungen wesentlich erfolgreicher gestalten und damit „Verhandlungsgeschick" erlernen.

3.	**Planung**..	**95**
3.1	Projektstrukturierung...	95
	3.1.1 Aufgaben und Begriffe..	95
	3.1.2 Aufbau von Projektstrukturplänen.....................................	98
3.2	Projektorganisation..	104
	3.2.1 Funktionen der Projektorganisation...................................	105
	3.2.2 Verantwortlichkeits-(VMI)-matrix.....................................	108
	3.2.3 Formen der Projektorganisation..	109
	3.2.4 Auswahl der Projektorganisation..	112
	3.2.5 Projektorientiertes Unternehmen.......................................	115
3.3	Ablauf- und Terminplanung..	117
	3.3.1 Schritte der Ablauf- und Terminplanung...........................	117
	3.3.2 Aufgaben und Ziele der Ablauf- und Terminplanung.......	117
	3.3.3 Methoden der Ablauf- und Terminplanung........................	119
	3.3.4 Elemente der Ablaufplanung..	119
	3.3.5 Grundbegriffe der Terminplanung.......................................	122
	3.3.6 Netzplantechnik...	124
3.4	Ressourcenplanung...	131
	3.4.1 Ziele und Aufgaben der Einsatzmittelplanung..................	131
	3.4.2 Ermittlung des Einsatzmittelbedarfs..................................	132
	3.4.3 Personaleinsatzplanung..	133
	3.4.4 Einsatzmitteloptimierung...	137
3.5	Kostenplanung...	139
	3.5.1 Kostenschätzverfahren..	141
	3.5.2 Projektkalkulation..	143
	3.5.3 Ursachen von Kostenabweichungen....................................	147
3.6	Finanzplanung...	149
	3.6.1 Begriffe und Definition..	149
	3.6.2 Überblick der Finanzierungsarten.......................................	150
	3.6.3 Liquidität...	151
3.7	Beschaffungsprozess..	152
3.8	Berichtswesen und Dokumentation..	154
	3.8.1 Dokumentation...	154
	3.8.2 Berichtswesen...	156

3.   Planung

Von der Projektidee bis zur Nutzung des zu entwickelnden Projektgegenstandes ist es ein langer Weg. Deshalb muss der Projektablauf zielgerichtet geplant und gesteuert werden. Kein Projekt gleicht dem anderen. Dennoch verlaufen viele Projekte nach einem gewissen Grundschema ab (vgl. Abb. 32). „Dabei können die Instrumente des Projektmanagements direkt einem standardisierten Projektablauf zugeordnet werden. Die Teilaufgaben werden nacheinander abgearbeitet, bis das Projektende erreicht ist. Im Gegensatz dazu werden die projektbegleitenden Instrumente in der Regel über einen Großteil der gesamten Projektlaufzeit eingesetzt und können keiner Projektphase speziell zugeordnet werden."[70]

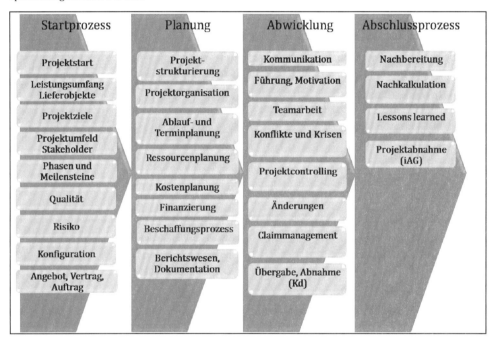

Abb. 32: Projektablauf

3.1   Projektstrukturierung

Die Aufgabe der Projektstrukturierung ist die systematische Gliederung der Gesamtaufgabe. Zentrales Instrument der Projektplanung ist der Projektstrukturplan (PSP). Er bildet die Grundlage für alle weiteren Planungen und reduziert die Komplexität des Projektes.

3.1.1   Aufgaben und Begriffe

---

[70] *Möller, T.; Dörrenberg, F.: Projektmanagement, S.17*

Wozu dient der Projektstrukturplan (PSP)?

Projekte sind ausgesprochen komplexe Vorhaben, deshalb ist für eine geordnete Abwicklung eine Zerlegung in kleine, überschaubare, planbare sowie steuerbare Einheiten notwendig. Diese Aufgabe übernimmt der Projektstrukturplan (PSP) – er schafft in erster Linie Transparenz.

Vor allem komplexe Projekte, wie zum Beispiel aus dem Bereich Forschung und Entwicklung, bedürfen aus Gründen eines effizienten Managements einer Gliederung des Projektes in einzelne Phasen, Segmente, Teilprojekte sowie Arbeitspakete.

Projekte sind bezüglich ihrer individuellen Charakteristiken sinnvoll zu strukturieren, um die erforderliche Transparenz zur Planung und Steuerung des Vorhabens sicherzustellen. Dadurch wird gewährleistet, dass die Gesamtaufgabe für sämtliche Projektbeteiligte verständlich ist.

Desweiteren dient der Projektstrukturplan im Wesentlichen:

→ der Aufdeckung von Unklarheiten in der Zieldefinition,
→ der Förderung einer gemeinsamen Sichtweise des Projektgegenstandes,
→ der Förderung eines durchgängigen Ordnungsprinzips,
→ der Projektfortschrittskontrolle,
→ der Berichterstattung,
→ der Projektdokumentation,
→ einer organisationsinternen und externen Vergabe von Aufgaben sowie
→ der Vertragsgestaltung.

Aufgaben des Projektstrukturplanes

→ Das Projekt zu strukturieren heißt, die Gesamtaufgabe ganzheitlich, vollständig und systematisch zu erfassen.
→ Durch die Erfassung aller zur Zielerreichung notwendigen Teilaufgaben werden Transparenz, Übersichtlichkeit und ein gemeinsames Verständnis für die Projektbeteiligten geschaffen.
→ Es wird die Grundlage für alle weiteren Planungen und für die Steuerung während der Projektdurchführung gebildet.

Das Ergebnis dieses Planungsschrittes ist das zentrale Instrument Projektstrukturplan (PSP).

Nachfolgend werden wichtige Begriffe der Strukturplanung eines Projekts erläutert:

Struktur

Struktur: Gesamtheit der wesentlichen Beziehungen zwischen den Elementen eines Projektes. (vgl. DIN 69901)

Mit dem Begriff Struktur ist ein geordnetes Ganzes in seinem Aufbau (Gefüge) zu verstehen, wobei die Zusammenhänge und Beziehungen aller wesentlichen Bestandteile beschrieben werden.

Projektstruktur

 Projektstruktur: Gesamtheit alles Elemente (Teilprojekt, Arbeitspakete, Vorgänge) eines Projekts sowie der wesentlichen Beziehungen zwischen diesen Elementen. (vgl. DIN 69901-5)

Projektstrukturierung

 Projektstrukturierung: Festlegung und logische Ordnung der Elemente (Teilprojekt, Arbeitspakete, Vorgänge) nach verschiedenen möglichen Gesichtspunkten sowie der Aufbau- und Ablaufstruktur eines Projekts. (vgl. DIN 69901-5)

Projektstrukturplan (PSP)

 Projektstrukturplan: Darstellung einer Projektstruktur. Diese Darstellung kann nach dem Aufbau (Aufbaustruktur), nach dem Ablauf (Ablaufstruktur), nach Grundbedingungen (Grundstruktur) oder nach sonstigen Gesichtspunkten (z.B. Mischformen) erfolgen. (vgl. DIN 69901)

Der Projektstrukturplan dient der Gliederung der Gesamtaufgabe in plan- und kontrollierbare Segmente. Die verschiedenen Projektleistungen werden nach ihren Kriterien aufgegliedert. Die Aufgabengliederung in einem komplexen Projekt und ihre Darstellung als Projektstrukturplan stellt den zentralen Schritt der Projektplanung und damit des gesamten Projektmanagements dar.[71]

Der Projektstrukturplan gliedert ein Projekt in Teilprojekte und Teilaufgaben bis hin zur Ebene der Arbeitspakete.

Projektstruktur-Code

 Projektstruktur-Code: Nummerierungssystem, das dazu dient, alle Komponenten (Elemente) des Projektstrukturplanes eindeutig zu kennzeichnen. (vgl. Motzel, 2006)

Teilprojekt:

---

[71] Patzak, G.; Rattay G.: Projektmanagement, S.151

> **Teilprojekt:** Teil eines Projektes, welcher mit dem gesamten Projekt strukturell in Verbindung steht. (vgl. DIN 69901)

Für größere Projekte hat es sich als sinnvoll erwiesen, Teile von Projekten separat zu behandeln, wobei die Verbindung zum Projekt bestehen bleibt.

Teilaufgabe:

> **Teilaufgabe:** Teil eines Projektes, der im Projektstrukturplan weiter aufgegliedert werden kann. (vgl. DIN 69901)

Eine Teilaufgabe ist eine detaillierte Beschreibung notwendiger Projektaufgaben, wobei die Detaillierung noch zu grob ist, um eine plan-, steuer- und kontrollierbare Aufgabe in Form eines Arbeitspaketes zu beschreiben.[72]

Arbeitspaket

> **Arbeitspaket:** Teil des Projektes, der im Projektstrukturplan nicht weiter aufgegliedert ist und auf einer beliebigen Gliederungsebene liegen kann. (vgl. DIN 69901)

Ein Arbeitspaket (AP) stellt das unterste Element in der Gliederung eines Projektstrukturplans dar. Es beschreibt eine klar definierte Aufgabe (Leistung) eines Projektes, das häufig einer ausführungsverantwortlichen Stelle übertragen werden kann.

Die einzelnen Arbeitspakete sind in einer Arbeitspaketbeschreibung eindeutig zu fixieren. Folgende Angaben müssen enthalten sein (vgl. Tab. 20):

Tab. 20: Inhalte von Arbeitspaketen

Angaben zur Identifikation	Angaben zu Inhalt / Leistung
Projektnummer und Projektname	Leistungsumfang
Bezeichnung des AP inkl. PSP-Code	Ergebnisse
AP-Verantwortlicher	Aufgaben
	Termine / Einsatzmittel
	Kosten / Leistung
	Schnittstellen

3.1.2 Aufbau von Projektstrukturplänen

---

[72] *RKW/GPM: Projektmanagement-Fachmann, S.495f.*

Der englische Sprachgebrauch bezeichnet den Projektstrukturplan als Work Breakdown Structure (WBS). Das Projekt wird hierarchisch in Teilprojekte, Teilaufgaben und weiter in Arbeitspakete strukturiert. Es ergeben sich Projektstrukturebenen in Form einer Baumstruktur. Die Anzahl der Ebenen ist abhängig von der Projektkomplexität und -größe.

Diese Zerlegung erfolgt stufenweise in Teilprojekte, Teilaufgaben und Arbeitspakete der ersten, zweiten,..., n-ten Strukturebenen (vgl. Abb. 33).

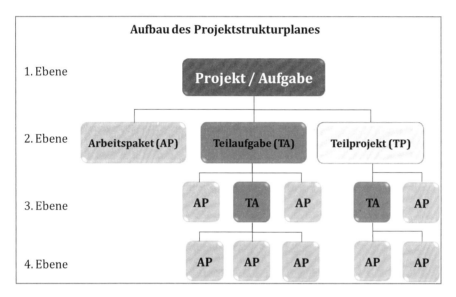

Abb. 33: Aufbau eines Projektstruktuplanes[73]

Zur besseren Identifikation wird den einzelnen Elementen des Projektstrukturplanes eine Codierung zugewiesen.

Für den PSP-Code der identifizierenden Codierung gibt es in der Praxis verschiedene Arten der Codierung:

→ rein numerisch,
→ rein alphabetisch,
→ alphanumerisch.

Folgende Abbildung verdeutlicht ein Beispiel einer klassifizierenden Codierung.

---

[73] *RKW/GPM: Projektmanagement-Fachmann, S.498 (modifiziert)*

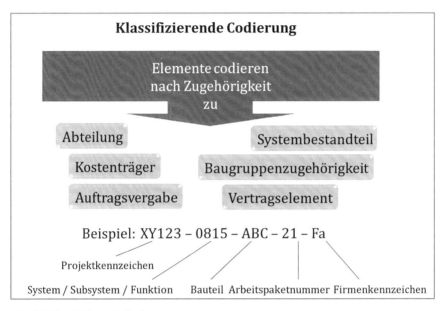

Abb. 34: Klassifizierende Codierung

Die Strukturierung eines Projekts erfolgt in zwei Richtungen:

→ **horizontal:** innerhalb einer Ebene nach unterschiedlichen Gesichtspunkten (zum Beispiel nach Objekten, Funktionen, Phasen, Arten etc.)

→ **vertikal:** in verschiedenen Ebenen mit zunehmender Detaillierung, dabei sind die untersten Elemente die Arbeitspakete.

Dabei hat man zwei mögliche Vorgehensweisen:

→ **Deduktives Vorgehen:** vom Wurzelelement beginnend, in den einzelnen Ebenen zunehmend detailliert – top down – bis zu den Arbeitspaketen.

→ **Induktives Vorgehen:** in einem Brainstorming werden Arbeitspakete identifiziert, zusammengefasst, von der untersten Ebene aufsteigend bis zum Wurzelelement – bottom up.

Zum Aufbau des Projektstrukturplanes sollten im Team neben den Projektmitarbeitern alle betroffenen Fachabteilungen und wenn möglich auch der Auftraggeber vertreten sein.

Der Projektstrukturplan kann nach unterschiedlichen Strukturparametern aufgebaut sein. Man unterscheidet nach folgenden Arten (vgl. Abb. 35-38):

> → Objektorientierter Projektstrukturplan,
> → Funktions- oder aktivitätsorientierter Projektstrukturplan,
> → Phasenorientierter Projektstrukturplan,
> → Gemischtorientierter Projektstrukturplan.

Objektorientierter Projektstrukturplan

Der objektorientierte Projektstrukturplan wird häufig auch als erzeugnis- oder produktorientierter Plan bezeichnet. Die Zerlegung des Projektgegenstands richtet sich hier nach den einzelnen Komponenten wie Teile, Baugruppen, Subsysteme des zu erarbeitenden Projektgegenstandes (vgl. Abb. 35).

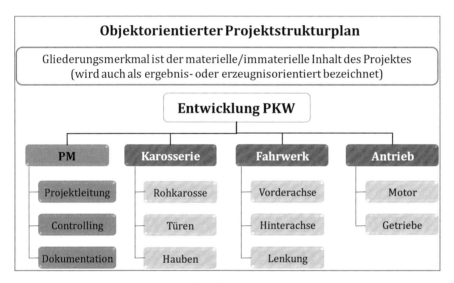

Abb. 35: Objektorientierter Projektstrukturplan

Funktionsorientierter Projektstrukturplan

Der funktions- oder aktivitätsorientierte Projektstrukturplan ist eine tätigkeitsorientierte Darstellung der notwendigen Teilaufgaben für eine vollständige Bearbeitung des Projektgegenstandes. Für jede Teilaufgabe müssen sämtliche notwendigen Tätigkeiten erarbeitet und dokumentiert werden (vgl. Abb. 36).

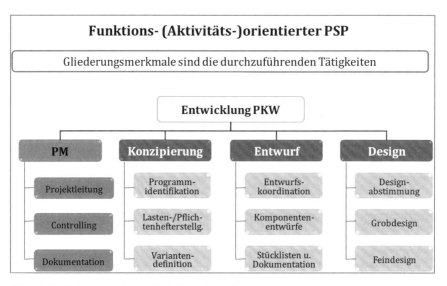

Abb. 36: Funktionsorientierter Projektstrukturplan

Phasenorientierter Projektstrukturplan

Die Strukturierung geschieht nach einzelnen Projektphasen. In jeder Phase werden stärker detaillierte und konkretisierte Planungen für die folgende Phase erarbeitet. (vgl. Abb. 37)

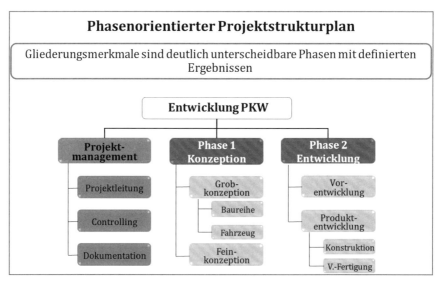

Abb. 37: Phasenorientierter Projektstrukturplan

Gemischtorientierter Projektstrukturplan

Der gemischtorientierte Projektstrukturplan ist eine Kombination aus objekt- und funktionsorientiertem Projektstrukturplan (vgl. Abb. 38).

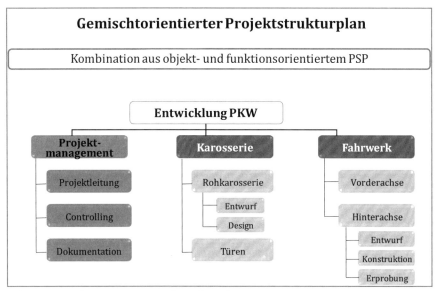

Abb. 38: Gemischtorientierter Projektstrukturplan

FAZIT: Unabhängig von Strukturparametern ist beim Projektstrukturplan auf Vollständigkeit und Redundanzfreiheit aller Projektaufgaben zu achten!

3.2 Projektorganisation

Mit dem Aufbau des Projektstrukturplans wurden die zu dem Projekt gehörenden Aufgaben zerlegt. Mit der Projektorganisation werden nun die Aufgaben auf die entsprechenden Mitarbeiter verteilt. Die Projektorganisation regelt die einzelnen Kompetenzen der am Projekt Beteiligten.

 Die Projektorganisation ist die Gesamtheit der speziellen aufbau- und ablauforganisatorischen Regelungen zur Abwicklung eines Projektes (vgl. DIN 69901).

Mindestbestandteile der Projektorganisation

Die interne Projektorganisation besteht im Kern aus Auftraggeber, Projektleiter und dem Projektteam. Um den Auftraggeber zu entlasten, werden häufig noch ein oder mehrere zusätzliche Entscheidungsgremien eingerichtet, wie zum Beispiel der Lenkungsausschuss, der Steuerungskreis oder die Abstimminstanz. Außerdem können andere Rollen, wie Qualitätssicherung oder Konfigurationsmanagement die Projektorganisation noch ergänzen. Die Mindestbestandteile der Projektorganisation zeigt die Abb. 39.

Abb. 39: Mindestbestandteile der Projektorganisation[74]

---

[74] *eigene Abb. nach Möller, T.; Dörrenberg, F.: Projektmanagement, S.8*

3.2.1 Funktionen der Projektorganisation

Die Organisation stellt gewissermaßen den Rahmen für eine funktionierende Projektabwicklung dar. Projekte erfordern aufgrund ihrer Komplexität häufig das Zusammenwirken mit externen Partnern sowie verschiedener Abteilungen eines Unternehmens.

Um die Projektabwicklung effizient gestalten zu können, wird für jedes Projekt eine eigene Projektorganisation aufgebaut, die nur für die Dauer eines Projektes existiert - im Gegensatz zur "normalen" Linienorganisation eines Unternehmens.

Die Projektorganisation wird durch Rollenbeschreibungen definiert, in denen die Aufgaben, Befugnisse und Verantwortung aller Projektmitarbeiter möglichst eindeutig festgelegt sind. Damit werden insbesondere organisatorische Konflikte (zum Beispiel zwischen Projekt- und Linienorganisation) zwischen den Beteiligten vermieden.

Rollenbegriff

Rolle = Summe der Erwartungen an den Inhaber einer Position

Die Erwartungen an Rollen werden differenziert nach:

→ Erwartungen an die Funktion / Aufgabe,
→ Erwartungen an den Prozess.

Die Erwartungen an den funktionalen Teil einer Rolle werden in Stellenbeschreibungen, Funktions- und Aufgabenbeschreibungen definiert.

Formale Rolle: Position, die einer Person zugeordnet wird, z.B. Projektleiter, Projektteammitglied, Projektauftraggeber, ...

Informelle Rolle: Eigenschaften und Verhaltensweisen, die man typischerweise in Projekten oder Teams vorfindet z.B. Arbeiter im Team, Administrator, Integrator, ...

Projektleiter

Nachdem die Strukturformen von Projekten betrachtet wurden, sollen die wichtigsten Projektbeteiligten und ihre Aufgaben näher beleuchtet werden. Hierbei ist der Projektleiter die Schlüsselfigur für eine erfolgreiche Projektdurchführung. Aus diesem Grund werden an seine Fähigkeiten und Fertigkeiten hohe Anforderungen gestellt. Dabei steht die Managementkompetenz im Vordergrund.

In größeren Projekten ist der Projektleiter oftmals nur gering in die operativen Tätigkeiten eingebunden, so dass diese Fachqualifikationen bei ihm eher von nachrangiger Bedeutung sind. Trotzdem bleibt die Sachkompetenz ein wichtiges Merkmal eines erfolgreichen Managers. So müssen an ihn alle Anforderungen gestellt werden, denen auch jeder andere Manager eines Unternehmens gerecht werden muss. Nur wenn er mit diesen Kompetenzen ausgestattet ist, kann er situationsgerecht die richtigen Instrumente einsetzen, um das Projekt im Griff zu behalten. Die

Grundausrichtung, in welchem Verhältnis er diese Kompetenzen einsetzt, zeichnet seinen Führungsstil aus.

Um diese Aussagen zu präzisieren, sollen die Aufgaben des Projektleiters näher konkretisiert werden. Grundsätzlich gehören alle in dieser Schrift erläuterten Projektschritte und -maßnahmen zu den Aufgaben des Projektleiters. Um ein Projektteam zielorientiert zu führen (management by objectives), sind die folgenden Dinge hervorzuheben:

(1) Ziele:

→ Erreichung der Projektziele (Sicherstellung, dass der Projektauftrag ordnungsgemäß abgewickelt wird).

→ Förderung einer Projektkultur, die professionelles Miteinander-Arbeiten ermöglicht.

→ Schaffung einer weitgehenden Zufriedenheit und Akzeptanz für die Projektergebnisse beim Auftraggeber, Kunden, Team und den betroffenen Umfeldgruppen,

→ Förderung der Weiterentwicklung und des Lernens im Team.

(2) Aufgaben:

→ Zusammensetzung und Entwicklung eines schlagkräftigen Teams,

→ Schaffung von Rahmenbedingungen, die eine erfolgreiche Zusammenarbeit ermöglichen (klare Projektdefinition, klare Spielregeln, vereinbarte Kommunikations-, Entscheidungs- und Eskalationsregeln,

→ Erarbeitung von Projektplänen, die dem Team und dem Umfeld eine ausreichende Orientierung für die effiziente Projektarbeit geben,

→ Etablierung einer Projektorganisation, die eine effiziente Zusammenarbeit, eine klare Aufgabenverteilung und einen funktionierenden Informationsfluss sicherstellt,

→ Führen des Projektteams und Leitung der Projektteamsitzungen,

→ Herbeiführen rechtzeitiger Entscheidungen,

→ Gestaltung der Kundenbeziehung,

→ Gestaltung der Beziehungen zu wichtigen Umfeldgruppen (Information und Kommunikation),

→ Steuerung des Projektes, so dass Abweichungen rechtzeitig erkannt und aktiv bearbeitet werden können,

→ regelmäßige Berichterstattung der Projektrisiken,

→ Sicherstellen der notwendigen Dokumentation,

→ Evaluierung der Projektziele und Reflexion der Zusammenarbeit.

(3) Verhaltenserwartungen:

→ Überblick über das gesamte Projekt wahren,

→ Kunden-, Team- und Umfeldorientierung,

→ aktive Abstimmung mit den Linienvorgesetzten der Projektmitarbeiter und dem Projektauftraggeber, um Missverständnisse und Konflikte zu minimieren,

→ Eintreten für das Projekt und das Projektteam.

(4) Kompetenzen:

- → Eigenverantwortliche Entscheidungen im Rahmen der mit dem internen Auftraggeber vereinbarten Projektziele,
- → Unterschrift aller Projektdokumente,
- → Finanzielle Entscheidungen bis x Euro,
- → Beschaffung von Ressourcen in Abstimmung mit den Linienvorgesetzten.

Projektteam

Die Mitglieder des Projektteams werden aus allen für die Aufgabenstellung des Projektes wichtigen Bereichen des Unternehmens rekrutiert. Dies ergibt sich aus der Notwendigkeit, unterschiedliches Spezialwissen zum Erfüllen der anstehenden Aufgaben zusammenführen zu müssen. Zusätzlich können externe Spezialisten das Projektteam ergänzen.

Die Projektmitarbeiter verbleiben für die Dauer des Projektes im Projektteam und kehren nach dem Projektabschluss wieder in ihre Linienposition zurück. Es kann aber auch sein, dass Linien- und Projektfunktionen parallel ausgeführt werden.

Die Teammitglieder repräsentieren damit unterschiedliche hierarchische Ebenen, unterschiedliche fachliche Organisationseinheiten und hinsichtlich Ausbildung und Berufserfahrung ganz unterschiedliches Wissen.

Das Projektteam zeichnet sich deshalb vor allem durch die große Konzentration an Macht aus, die in erster Linie durch Information und Expertentum bestimmt wird. Damit ist der „Faktor Mensch" die wesentliche Voraussetzung für den Erfolg eines Projekts. Aufgrund der Heterogenität der Beteiligten stellt die Fähigkeit, hieraus ein möglichst homogenes Team zu bilden, eine große Herausforderung vor allem an den Projektleiter dar.

Hier wirken einige Beziehungen besonders stark, die durch die Fähigkeit des Projektleiters, Mitarbeiter zu motivieren, Konflikte zu bewältigen und Aktivitäten sinnvoll zu steuern, beeinflusst werden können:

- → richtige Zusammensetzung des Teams,
- → Verhältnis der Teammitglieder untereinander,
- → Verhältnis der Teammitglieder zu ihren jeweiligen Kollegen in der Linie,
- → Verhältnis der Teammitglieder zu den sonstigen Projektbeteiligten im Unternehmen,
- → Im Kapitel 4.6 wird auf diese Themen speziell eingegangen.

Auftragnehmer

„Der Auftragnehmer ist diejenige Person oder Organisation(-seinheit), welche das Projekt verantwortlich durchführt. Der Auftragnehmer ist dem Auftraggeber gegenüber verpflichtet, das angeforderte Projektergebnis abzuliefern. Dafür erhält der Auftragnehmer die vereinbarte Gegenleistung." [75]

---

[75] vgl. PM3, Band 1, S. 306

Lenkungsausschuss / Steuerungsgremium

„Wesentliche Aufgabe des Lenkungsausschusses ist es, dass die Projekte und Programme richtig gemacht werden, während die zentrale Aufgabe des Steuerungsgremiums darin besteht, dass die richtigen Projekte im Unternehmen gemacht werden." [76]

Programm-Manager

Hängen mehrere Projekte miteinander zusammen, d.h. sie bilden ein „Programm", kommen Programm-Manager zum Einsatz. Sie koordinieren die einzelnen Projektleitungen und sind verantwortlich für die einheitliche Führung der Projekte bis zu deren Projektende.

Multiprojekt-Manager

Multiprojekt-Manager sind im Gegenteil zu Programm-Managern beständig im Unternehmen tätig. Sie sind verantwortlich für die Abwicklung von Projekten im Unternehmen bzw. in Unternehmensbereichen (Projektportfolio), haben jedoch keine Budgetverantwortung im Gegensatz zu Projektleitern und Programm-Managern. Seine Aufgaben umfassen die Planung, Steuerung und Durchführung der Projekte des Unternehmens. Außerdem ist er verantwortlich für den Pool der Projektleiter, wägt entsprechend Ressourcenverfügbarkeiten ab und informiert regelmäßig über den Stand der Projekte.

Projektcontroller

Er sorgt für Transparenz im Projekt durch Bereitstellung von Informationen und fordert Entscheidungen ein. In kleineren Projekten wird diese Funktion häufig vom Projektleiter übernommen. Im Gegensatz dazu führt der Projektkaufmann administrative und kaufmännische Tätigkeiten im Rahmen des Projektauftrags durch.

3.2.2   Verantwortlichkeits-(VMI)-Matrix

Durch die VMI-Matrix sollen anfallende Projektaufgaben den Stellen (bzw. Rollen) zugeordnet werden. Hier wird verbindlich geregelt, wer an der Erfüllung einer Aufgabe mitwirkt, wer informiert werden muss und wer dafür verantwortlich ist. Dabei darf natürlich jeder Aufgabe nur ein Verantwortlicher zugewiesen werden.

Die folgende Tabelle verdeutlicht dazu ein Beispiel:

---

[76] vgl. PM3, Band 1, S. 306

Tab. 21: Verantwortlichkeits-(VMI)-Matrix

Aktivität/ Aufgabe/ Prozess	Geschäfts- führung	Projekt- leiter	Vertrieb	Kon- struktion	...
Anfrage bearbeiten	I	M	V		
Spezifikation klären		M	V	M	
Projekt planen	I	V		M	
...					

Legende: V = ist verantwortlich, M = Mitarbeit erforderlich, I = wird informiert

3.2.3   Formen der Projektorganisation

Die vier wichtigsten Formen der Projektorganisation sind die reine Projektorganisation (auch autonome Projektorganisation), die Einflussprojektorganisation (auch Stabsprojekt-organisation), die Matrixorganisation und die Poolorganisation. Zwei ergänzende Formen stellen die Projektorganisationen als Auftragsorganisation und das Projektmanagement in der Linie dar.

Einflussprojektorganisation (Stabsprojektorganisation)

Die Einflussprojektorganisation ist die einfachste Projektorganisation, weil den Stäben nur minimale personelle oder materielle Ressourcen zugeordnet werden.

Die Projektführung und -durchführung liegen in vollem Umfange in der Linienorganisation, es gibt lediglich einen Projektkoordinator (i.S. eines Projektstabes). Seine Aufgaben beschränken sich darin, den Projektverlauf in sachlicher, terminlicher und kostenmäßiger Hinsicht zu koordinieren. Er hat keine Entscheidungsbefugnisse, sondern bereitet diese lediglich für die Entscheidung durch die Geschäftsführung vor.

Diese Strukturalternative lässt sich im Unternehmen leicht verwirklichen, da die bestehende Organisation nur minimal beeinflusst wird. Zugleich ist aber der Projektfortschritt langsamer, so dass die Einflussprojektorganisation daher für Projekte geringerer Bedeutung geeignet ist (vgl. Abb. 40). Ein in der Praxis häufig auftretendes Problem ist die mangende Akzeptanz des Projektkoordinators bei den Führungskräften der Linienorganisation.

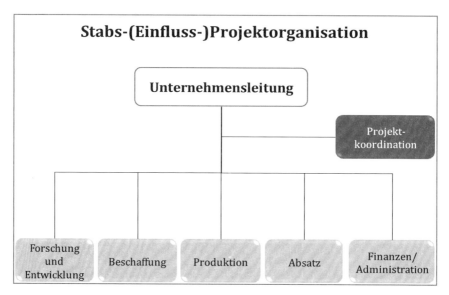

Abb. 40: Stabs-(Einfluss) Projektorganisation

Reine Projektorganisation (Autonome Projektorganisation)

Die reine Projektorganisation wird gebildet durch Zusammenfassung der Projektplanung und -durchführung in einer temporär zu bildenden Organisationseinheit. Es werden dem Projekt die maximal möglichen Ressourcen zugeordnet.

Die benötigten Mitarbeiter aus der Linienorganisation des Unternehmens werden freigestellt, in die neu entstandene Struktur eingliedert oder exklusiv für das Projekt eingestellt. Die Mitarbeiter stehen dem Projekt zu 100% zur Verfügung.

Diese Organisationsform erzielt daher prinzipiell schnellere Fortschritte, ist aber auch die kostspieligste Form der Projektorganisation. Besonders geeignet ist diese Organisationsform für Projekte mit außergewöhnlichem Umfang und hoher Arbeitsintensität, daher für besonders wichtige oder dringende Projekte zu empfehlen (vgl. Abb. 41).

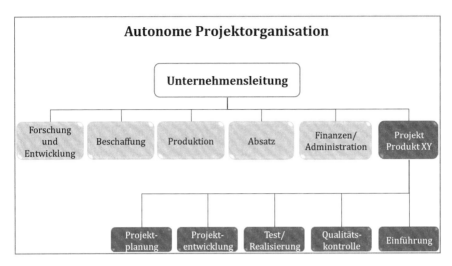

Abb. 41: Autonome Projektorganisation

Matrix-Projektorganisation

Die Matrix-Projektorganisation nimmt eine Zwischenstellung ein, die Durchführung eines Projektes wird in der Linienorganisation gestaltet, die Projektleitung dagegen der temporär eingerichteten Matrix-Organisation übertragen (vgl. Abb. 42).

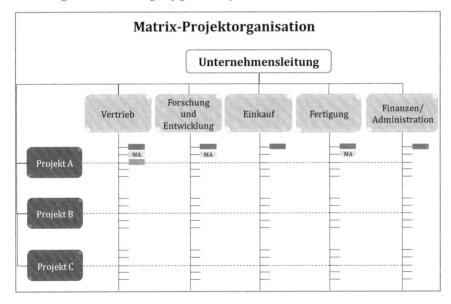

Abb. 42: Matrix-Projektorganisation

Es entstehen zwei sich überlappende Weisungssysteme, bei denen die Projektleitung aus der Linienorganisation heraus gegliedert wird und die anderen Projektmitglieder bei ihrem bisherigen Unterstellungsverhältnis verbleiben. Der Projektleitung stehen nur im funktionellen Bereich

Entscheidungs- und Weisungsbefugnis zu, die disziplinarische Verantwortung verbleibt in der Linie. Da der organisatorische Eingriff sowie die zusätzlich geschaffenen Projektbeziehungen gering sind, wird diese Form in der Praxis häufig angewendet. Allerdings ergeben sich häufig Konflikte durch die Trennung von fachlicher und disziplinarischer Weisungsbefugnis (zwei Vorgesetzte).

Mittlerweile spricht man in der Praxis von „starken" bzw. „schwachen" Matrix-Organisationen. Der Unterschied besteht darin, dass sich die „starke" Matrixorganisation eher an der Autonomen Projektorganisation orientiert, d.h. der Projektleiter hat die vollständige Projektverantwortung, und die „schwache" an der Einfluss-Projektorganisation, d.h. der Projektleiter hat lediglich eine Koordinationsfunktion.

Pool-Projektorganisation

Bei der Pool-Projektorganisation wird der Projektleiter vom Programmdirektor mit projektbezogenem Weisungsrecht eingesetzt. Die Mitarbeiter werden aufgabenbezogen für die Projektlaufzeit aus dem Mitarbeiterpool für das Projekt zur Verfügung gestellt (vgl. Abb. 43).

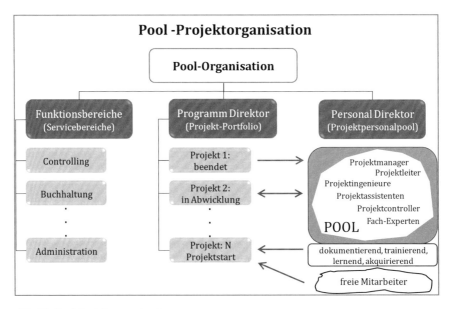

Abb. 43: Pool-Projektorganisation

3.2.4 Auswahl der Projektorganisation

In aller Regel muss ein Projektteam mehrere Projekte gleichzeitig betreuen. Das stellt die beteiligten Mitarbeiter auf eine große Belastungsprobe. Vor allem der Projektleiter wird häufig mit Aufgaben konfrontiert, die schnelle Entscheidungen erfordern und mit großer Verantwortung verbunden sind.

Doch oft fehlen ihm dafür die erforderlichen Befugnisse, denn in vielen Unternehmen ist das Projektmanagement noch immer in die bestehende Linienstruktur integriert. Deshalb ist es notwendig, eine optimale Organisationsform auszuwählen, die an die Projektstruktur angepasst ist.

Welche Organisationsform für ein Projekt geeignet ist, hängt von verschiedenen Größen und konkreten Situationsparametern ab. Eine präzisere Gestaltungsempfehlung wird in der Regel neben der Projektgröße und der Tiefe der Bereichshierarchien noch differenziertere Organisationsparameter beinhalten. Diese sind zum Beispiel die Struktur der Primäraufbauorganisation, der Wirtschaftssektor, die strategische Bedeutung des Projektes, die Notwendigkeit der interdisziplinären Zusammenarbeit, das Projektrisiko, die Verfügbarkeit der Ressourcen, die Erfahrung der Organisation, die Anzahl der Projekte, der Projekttyp oder die Projektart.

Die spezifischen Vor- und Nachteile der dargestellten Projektorganisationsformen werden in der folgenden Tabelle verdeutlicht.

Tab. 22: Vor- und Nachteile der Projektorganisationsformen[77]

Organisationsform	Vorteile	Nachteile
Reine (Autonome) Projektorganisation	Eindeutige Zuordnung von Aufgaben und Kompetenzen an den Projektleiter Konzentration der beteiligten Kräfte auf das zu bearbeitende Projekt relativ einfache Entscheidungsprozeduren relativ konfliktfreie Koordinationsarbeit	evtl. temporär schlecht ausgelastete Kapazitäten schwierige Kapazitätsanpassungen „gewisse" Unwirschaftlichkeit Tendenz zu „Verselbständigung" des Projektes gegenüber der Linienorganisation Projektmitarbeiter sind nach Projektende ggf. „übrig"
Stabs- (Einfluss)- Projektorganisation	keine zusätzlichen organisatorischen Regelungen notwendig keine zusätzliche Stellen notwendig	Gefahr von verzögerten Entscheidungen mangelnde Akzeptanz des Projektleiters
Matrix - Projektorganisation	Projektleitung hat im funktionellen Bereich Entscheidungs- und Weisungsbefugnisse wirtschaftlicher Ressourceneinsatz Projektmitarbeiter verbleiben nach Projektende in der Linie	birgt Konfliktpotenzial (Zielkonflikte und Unsicherheit durch zwei Vorgesetzte) Kompetenzkonflikte Ausspielen von Vorgesetzten Verunsicherung bei Mitarbeitern
Pool - Projektorganisation	Projektleitung hat im funktionellen Bereich Entscheidungs- und Weisungsbefugnisse wirtschaftlicher Ressourceneinsatz schneller Informationsfluss flache Hierarchie Projektmitarbeiter gehen nach Projektende in den Pool zurück	Konflikte, wenn Projektmitarbeiter in mehreren Projekten mitwirken (Ressourcenkonflikte) Schaffung einer optimalen Poolgröße (Mitarbeiterstamm)

---

[77] eigene Darstellung nach Möller, T.; Dörrenberg, F.: Projektmanagement, S.10 (modifiziert)

Die nachfolgende Abbildung enthält eine Orientierungshilfe für die Wahl einer geeigneten Organisationsform (vgl. Abb. 44).

Abb. 44: Orientierungshilfe zur Auswahl einer geeigneten Projektorganisation

3.2.5 Projektorientiertes Unternehmen

„Bei einem projektorientierten Unternehmen ist die traditionelle Linienorganisation sehr schwach ausgeprägt, während die Projektorganisation dominiert. Bei bestimmten Branchen, z.B. in der Bauwirtschaft, ist die Projektorientierung von jeher gegeben. Bei anderen Branchen, wie z.B. der Elektro-Industrie, vollzieht sich derzeit ein Umbruch von der Linienorganisation hin zur Projektorganisation. Ursache dafür ist die extreme Verkürzung von Produktzyklen (Computer, Mobiltelefone, Unterhaltungselektronik usw.), wodurch nur noch sehr kurze Zeitfenster für die Erwirtschaftung des Ertrags aus einem neuen Produkt zur Verfügung stehen. Dementsprechend muss die Produktentwicklung mit hoher Genauigkeit auf den richtigen Markteintrittszeitpunkt ausgerichtet sein. Dies geht ausschließlich mit Hilfe professionellen Projektmanagements." [78]

---

[78] *vgl. Projektmagazin (www.projektmagazin.de/golssar/gl-827.htm, verfügbar 31.01.11)*

Folgende Tabelle verdeutlicht Merkmale, Vor- und Nachteile projektorientierter Unternehmen:

Tab. 23: Vor- und Nachteile der Projektorganisationsformen[79]

Merkmale	Unternehmen führt überwiegend Projekte durch
	Projekt entspricht einer Linieneinheit im Unternehmen
	Projektleiter hat alleinige fachliche und disziplinarische Verantwortung
	Auflösung der Organisationseinheit nach Projektende
	Integration von Programm- und Portfoliomanagement
Vorteile	eindeutige Befugnisse und Verantwortlichkeiten
	Identifikation mit dem Projekt
	einfache Kommunikationswege
Nachteile	Auslastungsprobleme
	erhöhte Kommunikations- und Informationswege zur projektübergreifenden Koordination

Projektorientierte Teilbereiche

Ist nicht das gesamte Unternehmen projektorientiert, sondern nur einzelne Bereiche, spricht man von Projektorientierten Teilbereichen.

„Diese sind eine Besonderheit der Autonomen Projektorganisation. In diesen Teilbereichen werden die Projekte durch Programm-Manager übergreifend koordiniert. ... Es gibt also für jeden Teilbereich eine Projektleitung, welche auch über die notwendige Entscheidungs- und Weisungsbefugnis verfügt."[80]

Einsatz findet dies z.B. bei Innovationsprojekten in größeren Unternehmen.

---

[79] vgl. PM3, Band 1, S. 321
[80] vgl. PM3, Band 1, S. 321

3.3 Ablauf- und Terminplanung

Die aus der Projektstrukturierung ermittelten Arbeitspakete und ihre Vorgänge enthalten Abhängigkeiten, deren Gesamtheit den Projektablauf darstellt. Anhand des jeweiligen Zeitbedarfs, der Anordnungsbeziehungen und der Zeitabstände lässt sich eine Ablaufplanung vornehmen. Die Methoden und Verfahren des Ablauf- und Terminmanagements liefern einen Schlüssel zur operativen Verfolgung der Projektziele. Aufbauend auf der Kenntnis des Projektinhalts wird mit der Ablauf- und Terminplanung die logische sowie die zeitliche Anordnung der Aufgaben ermittelt.[81]

Die Voraussetzung für die Anwendung der Verfahren bildet die Zerlegung eines Projektes in Teilprojekte, Teilaufgaben und Arbeitspakete. Gegebenenfalls müssen Arbeitspakete weiter in Vorgänge detailliert werden, um die Anordnungsbeziehung in der erforderlichen Feinheit abbilden zu können. Im Sinne einer effektiven Planung ist jedoch vom Grundsatz „so grob wie möglich – so fein wie nötig" auszugehen, um den Planungsaufwand zu begrenzen.

3.3.1 Schritte der Ablauf- und Terminplanung

Die Ablauf- und Terminplanung erfolgt in mehreren Schritten:

→ Vorgangsliste erstellen,
→ Meilensteine setzen,
→ Anordnungsbeziehung ermitteln (Vorgänger und Nachfolger sowie weitere Abhängigkeiten),
→ Zeitdauern schätzen,
→ Ablaufplan (Netzplan oder Balkenplan) erstellen,
→ Kalendrierung durchführen (Zuordnung der Abläufe zu konkreten Kalendertagen unter Beachtung der Arbeitszeiten,
→ Terminplan (Netzplan, Balkenplan, Terminliste) erstellen.

3.3.2 Aufgaben und Ziele der Ablauf- und Terminplanung

Das Ablauf- und Terminmanagement muss:

→ mit dem notwendigen Detaillierungsgrad sämtliche durchzuführenden Vorgänge festlegen,
→ für die Vorgänge eine logische Durchführungsreihenfolge bestimmen,
→ für die Vorgänge die Durchführungsdauer festlegen,
→ eventuell vorhandene zeitliche Spielräume (Puffer) erkennen,
→ Projekt-Gesamtdauer bestimmende Vorgänge identifizieren.

---

[81] *Patzak, G.; Rattay G.: Projektmanagement, S.217*

Das Ablauf- und Terminmanagement gibt damit Auskunft über:

→ die Reihenfolge der Bearbeitung aller Arbeitspakete,
→ die Schnittstellen zwischen Teilprojekten, Teilaufgaben und Arbeitspaketen,
→ genaue zeitliche Abfolge und Durchführungszeitpunkte und
→ Ergebnisse.

Tab. 24: Aufgaben und Ziele der Ablauf- und Terminplanung[82]

Schritt	Ziel	Aufgabe	Ergebnis
1	Aufbrechen der Komplexität, Festlegung der Aufgaben	→ Detaillierung der Arbeitspakete	→ Vorgänge
2	frühzeitige Koordination Planung der Abläufe	→ Festlegung der Abläufe → Abhängigkeiten und Zeitabstände definieren → Schnittstellen klären	→ Ablaufplan → (Netzplan)
3	Ermittlung der vorläufigen Projektdauer	→ Schätzung der Vorgangsdauern → Überführung in den ersten Terminplan	→ vorläufiger Terminplan (Balkenplan)
4	Verkürzung der Projektlaufzeit	→ Optimierung des Ablauf- und Terminplanes → Durchspielen alternativer Abläufe → schrittweise Optimierung	→ optimierter Terminplan
5	verbindliche Vorgabe für alle Projektbeteiligten	→ Verabschiedung des Ausführungsplanes	→ Terminplan „Soll"
6	Überwachung und Steuerung des Projektablaufes	→ Termincontrolling	→ aktualisierter Terminplan

---

[82] *RKW/GPM: Projektmanagement-Fachmann, S.524*

3.3.3 Methoden der Ablauf- und Terminplanung

Für die Planung des Projektablaufes und der Projekttermine stehen, nach zunehmendem Informationsbedarf geordnet, nachfolgende Methoden zur Verfügung:

Tab. 25: Methoden der Ablauf- und Terminplanung

Einteilung	Verfahren
Terminliste	Liste der Aufgaben, Endtermin je Aufgabe, Fixtermine
Balkenplan	Liste der Aufgaben, Starttermin je Aufgabe, Endtermin je Aufgabe
Vernetzter Balkenplan	Liste der Aufgaben, Dauer je Aufgabe, Fixtermine, Abhängigkeiten zwischen Aufgaben
Netzplan	Liste der Aufgaben, Dauer je Aufgabe, Logische Abhängigkeiten zwischen den Aufgaben, Fixtermine (einschließlich Projektende)

3.3.4 Elemente der Ablaufplanung

Elemente der Ablauf- und Terminplanung sind Vorgänge, Ereignisse und Anordnungsbeziehungen.

Vorgang (V)

Nach DIN 69900 ist ein Vorgang ein Ablaufelement, das ein bestimmtes Geschehen beschreibt. Hierzu gehört auch, dass Anfang und Ende definiert sind.

Ereignis (E)

Nach DIN 69900 ist ein Vorgang ein Ablaufelement, welches das Eintreten eines bestimmten Zustandes beschreibt. Ein Ereignis hat die Dauer = 0.

Anordnungsbeziehung (AOB)

Nach DIN 69900 ist eine Anordnungsbeziehung die quantifizierbare Abhängigkeit zwischen Ereignissen oder Vorgängen. Mit Hilfe von AOB können die inhaltlichen / technischen Zusammenhänge definiert werden.

Elemente der Ablaufplanung

Vorgang (V) (DIN 69900)
Ablaufelement, das ein bestimmtes Geschehen beschreibt. Hierzu gehört auch, dass Anfang (a) und Ende (e) definiert sind.

Ereignis (E)
Ablaufelement, das das Eintreten eines bestimmten Zustandes beschreibt. Ein Ereignis hat die Dauer = 0.

Anordnungsbeziehung (AOB)
Quantifizierbare Abhängigkeit zwischen Ereignissen oder Vorgängen.

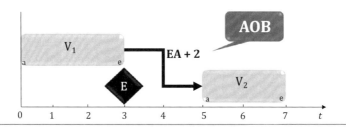

Abb. 45: Elemente der Ablaufplanung

Grundlage für die Erstellung eines Ablaufplans ist die Vorgangsliste. Diese sollte auf Grundlage einer profunden Projektstrukturierung, „herunter gebrochen" bis zu detaillierten Arbeitspaketbeschreibungen, erstellt werden. Je genauer und detaillierter diese Arbeitspaketbeschreibungen vorliegen, umso leichter lassen sich die darin zu erledigenden Vorgänge in der Vorgangsliste definieren.

Wurden die Vorgänge in die sachliche Reihenfolge gebracht, werden die Vorgangsdauern ermittelt und die Bezüge zu den Nachfolgern und / oder Vorgängern durch entsprechende Anordnungsbeziehungen inklusive technologisch oder inhaltlich bedingter Zeitabstände hergestellt. Die Verknüpfungen der einzelnen Vorgänge werden dadurch abgebildet, und somit wird die terminliche Lage errechnet und eine nachvollziehbare Terminplanung geliefert.

In der folgenden Abbildung 46 werden die Anordnungsbeziehungen dargestellt:

Anordnungsbeziehungen

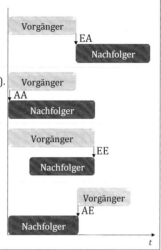

Normalfolge (NF) oder Ende-Anfang-Beziehung (EA).
Ein Vorgang kann nur dann beginnen, wenn sein
Vorgänger beendet ist.

Anfangsfolge (AF) oder Anfang-Anfang-Beziehung (AA).
Ein Vorgang kann erst dann beginnen, wenn auch sein
Vorgänger begonnen hat.

Endfolge (EF) oder Ende-Ende-Beziehung (EE). Ein
Vorgang kann erst dann beendet werden, wenn auch
sein Vorgänger beendet ist.

Sprungfolge (SF) oder Anfang-Ende-Beziehung (AE).
Ein Vorgang kann erst dann beendet werden, wenn
sein Vorgänger begonnen hat.

Abb. 46: Anordnungsbeziehungen

Normalfolge (NF) oder „Ende-Anfang-Beziehung" (EA)

Die Anordnungsbeziehung besteht zwischen Ende des Vorgängers und Anfang des Nachfolgers.

> *Beispiel:*   *Vorgänger: Fliesenlegearbeiten;*
> *Nachfolger: Installation der Sanitärobjekte (z.B. Waschbecken).*

Anfangsfolge (AF) oder „Anfang-Anfang-Beziehung" (AA)

Die Anordnungsbeziehung besteht zwischen dem Anfang des Vorgängers und dem Anfang des Nachfolgers.

> *Beispiel:*   *Vorgänger: Workshop 1; Nachfolger: Workshop 2;*
> *beide Workshops als Teile einer Konferenz beginnen gleichzeitig*

Endfolge (EF) oder „Ende-Ende-Beziehung" (EE)

Die Anordnungsbeziehung besteht zwischen dem Ende des Vorgängers und dem Ende des Nachfolgers.

> *Beispiel:*   *Vorgänger: Elektriker legt Kabel in Leitungsschlitze. Nachfolger:*
> *Bauhelfer putzt Leitungsschlitze wieder zu.*
> *Das Zuputzen kann erst beendet werden, wenn alle Leitungen im*
> *Kabelschlitz liegen.*

Sprungfolge (SF) oder „Anfang-Ende-Beziehung" (AE)

Die Anordnungsbeziehung besteht zwischen dem Anfang des Vorgängers und dem Ende des Nachfolgers.

> *Beispiel:* *Ein Ersatzgenerator (Nachfolger) kann abgeschaltet werden, wenn der Hauptgenerator (Vorgänger) wieder startet.*

Zeitabstand

Der Zeitabstand definiert technologisch bedingte Zwischenräume zwischen Vorgängen bzw. Ereignissen.

> *Beispiel:* *Vor dem Auflegen der Träger muss der Beton einen bestimmten Zeitabstand lang abbinden.*

3.3.5 Grundbegriffe der Terminplanung

Im Anschluss an die Ablaufplanung, das heißt nachdem die Vorgänge in die logische Reihenfolge gebracht wurden, erfolgt die Terminierung der zu erledigenden Aufgaben. Der daraus entstehende Terminplan wird damit zum „verbindlichen Fahrplan" für die Projektbearbeitung.

Ziel ist es dabei festzulegen, WAS wird WANN, in WELCHER Reihenfolge, WIE LANGE erledigt?

Die Terminplanung soll klären:

→ Bis wann dauern das Projekt oder bestimmte Teile davon?
→ Wann sind die einzelnen Vorgänge durchzuführen bzw. wann sollen die Ereignisse eintreten?
→ Welche Termine müssen besonders beachtet werden?
→ Gibt es zeitliche Spielräume, wo liegen sie im Projekt, wie groß sind sie, wie können sie disponiert werden?
→ Wie sicher sind die ermittelten Zeiten und Termine?

Aufbauend auf diesen Aufgaben sollte eine ständige Terminplanaktualisierung erfolgen, welche in einem sogenannten „Regelkreis" abläuft (vgl. Abb. 47):

Regelkreis der Terminplanaktualisierung

- Erfassung der Ist-Termine
- Vergleich der Ist-Termine mit den Plan/Soll-Terminen
- Analyse der Abweichungen
- Planung korrektiver Maßnahmen
- Aktualisierung oder Revision der Terminplanung

Abb. 47: Regelkreis der Terminplanaktualisierung[83]

Dauer

Zeitspanne vom Anfang bis Ende eines Vorgangs.

Zeitpunkt

Festgelegter Punkt im Ablauf, dessen Lage durch Zeiteinheiten (z.B. Minuten, Tage, Wochen) beschrieben und auf einen Nullpunkt bezogen ist.

Termin

Durch Kalenderdatum und / oder Uhrzeit ausgedrückter Zeitpunkt.

(Zeitliche) Lage

Ergebnis der Einordnung von Ereignissen bzw. Vorgängen in den Zeitablauf unter Beachtung aller gegebenen Bedingungen   (für Zeit, Kosten, Einsatzmittel).

Im folgenden Kapitel 3.3.6 wird noch ausführlich auf die Grundbegriffe „Gesamtpuffer", „Freier Puffer" und „Kritischer Weg" eingegangen.

---

[83] *eigene Abbildung (nach PM3, Band 1, S. 652)*

3.3.6   Netzplantechnik

Die Ablauf- und Terminplanung in Projekten wird hauptsächlich mit Hilfe der Netzplantechnik durchgeführt. Die Netzplantechnik gehört zur zentralen Methodik des klassischen Projektmanagements und wird schon seit den frühen 50er Jahren erfolgreich für das Ablaufmanagement und die Zeit-, Kosten- und Einsatzmittelplanung von Projekten eingesetzt.

> Nach DIN 69900 umfasst die Netzplantechnik alle Verfahren zur Analyse, Beschreibung, Planung, Steuerung, Überwachung von Abläufen auf der Grundlage der Graphentheorie, wobei Zeit, Kosten, Einsatzmittel und weitere Einflussfaktoren berücksichtigt werden können.

Zur praktischen Umsetzung von Aufgaben und Zielen des Ablauf- und Terminmanagements gibt es heute eine Vielzahl von Softwareapplikationen, die nahezu sämtliche Funktionen der Projektstrukturierung unterstützen. Die Netzplantechnik liegt auch sämtlichen Projektmanagement-Softwarelösungen zugrunde.

In der Praxis werden folgende bekannte Netzplanverfahren verwendet:

→ Ereignisknoten – Netzplan (DIN-Kurzzeichen EKN),

→ Vorgangspfeil – Netzplan (DIN-Kurzzeichen VPN),

→ Vorgangsknoten – Netzplan (DIN-Kurzzeichen VKN), welches sich als in der Praxis am meisten verwendetes Netzplanverfahren durchgesetzt hat.

Zur Terminberechnung durch Netzpläne muss die Berechnung immer in drei Schritten erfolgen:

1. Vorwärtsrechnung („Progressive Rechnung") – Ermittlung der Frühesten Zeitpunkte,

2. Rückwärtsrechnung („Retrograde Rechnung") – Ermittlung der spätesten Zeitpunkte und

3. Ermittlung der zeitlichen Spielräume („Puffer") und Identifikation des kritischen Weges.

Progressive Rechnung

Die Progressive Rechnung erlaubt die Ermittlung der jeweils frühesten Anfangs- (FAZ) und frühesten Endzeiten (FEZ) der Vorgänge und der Projektdauer. Es wird also das Maximum aus allen frühesten Endzeitpunkten ermittelt.

Retrograde Rechnung

Bei der Retrograden Rechnung wird ausgehend vom Zielereignis bzw. Zielvorgang „rückwärts" gerechnet, um die spätesten Anfangs- (SAZ) bzw. spätesten Endzeiten (SEZ) zu ermitteln.

Es wird also das Minimum aus allen spätesten Anfangszeitpunkten ermittelt.

Gesamtpuffer (GP)

Die Gesamtpuffer quantifizieren die Zeitspanne zwischen frühester und spätester Lage eines Ereignisses bzw. Vorgangs.

Allgemein gilt für einen Vorgang$_n$:

$$GP_n = SAZ_n - FAZ_n = SEZ_n - FEZ_n$$

In einer Vorgangskette stehen die ermittelten Gesamtpuffer jedoch nur einmal zur Verfügung, werden sie von einem Vorgang „aufgebraucht", so ist der Puffer für die gesamte Kette „verbraucht".

Freier Puffer (FP)

Der Freie Puffer ist der Zeitraum, um den ein Vorgang /Ereignis gegenüber seiner frühesten Lage verschoben werden kann, ohne die früheste Lage anderer Vorgänge / Ereignisse zu beeinflussen.

Hier gelten je nach AOB folgende Berechnungsformeln:

Normalfolge:	$FP_n = FAZ_{n+1} - FEZ_n$
Anfangsfolge:	$FP_n = FAZ_{n+1} - FAZ_n$
Endfolge:	$FP_n = FEZ_{n+1} - FEZ_n$
Sprungfolge:	$FP_n = FEZ_{n+1} - FAZ_n$

(n+1 entspricht dem Nachfolger von n)

Kritischer Weg

Auf dem „Kritischen Weg" liegen alle Vorgänge, bei denen die früheste und die späteste zeitliche Lage übereinstimmen. Sie können nicht verschoben werden, ohne den Projektendtermin zu gefährden.

Negativpuffer [84]

In der Praxis sind Negativpuffer ein absolutes Warnzeichen, um Gegensteuerungsmaßnahmen einzuleiten, wenn Vorgänge mit negativem Gesamtpuffer in der Vergangenheit liegen. Positiv gedacht: Der Planer kann vor Projektbeginn durch das Setzen fester Termine die als besonders kritisch erwarteten Abläufe „abklopfen" und alternative Terminsituationen simulieren.

Im Regelfall wird ein Netzplan auf maschinellem Wege erzeugt. In keinem Fall nimmt uns eine Software jedoch die Überlegungen zur Ablauflogik ab.

Anhand der Daten kann ein Balkenplan (Gantt-Diagramm) erstellt werden. Ein Balkenplan ist eine übersichtliche Darstellung der Projektaktivitäten und ihrer Durchführungszeiträume.

---

[84] vgl. PM3, Band 1, S. 672

In einem Beispiel soll der Vorgangsknoten-Netzplan (VKN) zur Anwendung kommen. Er ist ein vorgangsorientierter Ablaufplan. Vorgänge werden als Knoten („Kästchen") und die Anordnungsbeziehungen als Pfeile dargestellt.

Es handelt sich bei allen Vorgängen des Beispiels um Normalfolgen.

Tab. 26: Vorgangsliste (Beispiel)

Nummer	Name Vorgang	Dauer (in Tagen)	Vorgänger	Nachfolger
1	Vorgang A	3	-	2, 4, 6
2	Vorgang B	4	1	3
3	Vorgang C	3	2	8
4	Vorgang D	8	1	5, 7
5	Vorgang E	5	4	8
6	Vorgang F	7	1	7
7	Vorgang G	5	4, 6	9
8	Vorgang H	5	3, 5	10
9	Vorgang I	4	7	10
10	Vorgang J	1	8, 9	-

Folgende Abbildung 47 zeigt die Darstellung der Vorgänge als Netzplandarstellung.

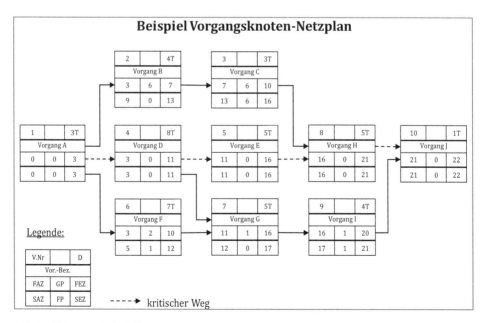

Abb. 48: Netzplan (Beispiel)

Anhand dieses Beispiels soll die grundsätzliche Berechnung einer Vorgangskette erfolgen.

Beispiel Vorgangskette V-Nr. 1, 6, 7, 9, 10

1. Progressive Rechnung

Ausgangspunkt ist der Vorgang Nr. 1

Er beginnt zum Zeitpunkt 0 und hat eine Dauer (D) von 3 Tagen.

Daraus folgt: $FAZ_1 = \mathbf{0}$

$FEZ_1 = FAZ_1 + D_1 = 0 + 3 = \mathbf{3}$

In der Kette ist der Nachfolger von Vorgang Nr.1 der V-Nr. 6. Damit ergibt sich für den frühesten Anfangszeitpunkt (FAZ):

$$FAZ_6 = FEZ_1 + \text{Zeitabstand}$$

$$FAZ_6 = 3 + 0 = \mathbf{3}$$

da kein Zeitabstand vorgegeben ist.

Der früheste Endzeitpunkt (FEZ) für den Vorgang Nr. 6 ergibt sich damit wie folgt:

$$FEZ_6 = FAZ_6 + D_6 = 3 + 7 = \mathbf{10}$$

Der Nachfolger Vorgang Nr. 7 könnte demzufolge bei $FAZ_7 = 10$ beginnen, da er aber zusätzlich den Vorgänger Nr. 4 ($FEZ_4 = 11$) hat, gilt in der Vorwärtsrechnung bei mehreren Ergebnissen der späteste, d.h. der maximale Wert.

Also hier ergibt sich: $FAZ_7 = \mathbf{11}$.

Damit ist: $FEZ_7 = FAZ_7 + D_7 = 11 + 5 = \mathbf{16}$

Nachfolger V-Nr. 9 kann somit ohne Zeitabstand beginnen bei:

$$FAZ_9 = FEZ_7 = \mathbf{16}$$

$$FEZ_9 = FAZ_9 + D_9 = 16 + 4 = \mathbf{20.}$$

Unser letztes Glied in der Kette ist der Vorgang Nr. 10, der von V-Nr. 9 aus gesehen mit $FAZ_{10} = 20$ beginnen könnte. Aber: Vorgänger von V-Nr. 10 ist zusätzlich V-Nr. 8, der einen $FEZ_8 = 21$ hat. Es gilt bei der Vorwärtsrechnung dann der spätere, d.h. der maximale Wert (s.o.), also ergibt sich:

$$FAZ_{10} = \mathbf{21}$$

$$FEZ_{10} = FAZ_{10} + D_{10} = 21 + 1 = \mathbf{22.}$$

2. Retrograde Rechnung

Ausgangspunkt ist jetzt der FEZ10, der gleichzeitig der späteste Endtermin SEZ10 ist.

$$SAZ10 = SEZ10 - D10 = 22 - 1 = 21$$

$$SEZ9 = SAZ10 = 21$$

$$SAZ9 = SEZ9 - D9 = 21 - 4 = 17$$

$$SEZ7 = SAZ9 = 17$$

$$SAZ7 = SEZ7 - D7 = 17 - 5 = 12$$

$$SEZ6 = SAZ7 = 12$$

$$SAZ6 = SEZ6 - D6 = 12 - 7 = 5$$

Damit wäre der SEZ1 = SAZ6 = 5; da V-Nr. 1 aber mehrere Nachfolger hat (nämlich 2, 4 und 6) muss bei der retrograden Rechnung das _früheste_ dieser drei Ergebnisse (d.h. der _minimale_ Wert) verwendet werden!

D.h. aus V-Nr.4 ergibt sich SEZ1 = SAZ4 = 3, dieser Zeitpunkt ist früher als 5, deshalb:

$$SEZ1 = \mathbf{3}.$$

$$SAZ1 = SEZ1 - D1 = 3 - 3 = \mathbf{0}.$$

3. Ermittlung der Puffer

Vorgang Nr.1

$$GP1 = SAZ1 - FAZ1 = SEZ1 - FEZ1 = 0 - 0 = 3 - 3 = \mathbf{0}$$

$$FP1 = FAZ6 - FEZ1 = 3 - 3 = \mathbf{0}$$

Vorgang Nr.6

$$GP6 = SAZ6 - FAZ6 = SEZ6 - FEZ6 = 5 - 3 = 12 - 10 = \mathbf{2}$$

$$FP6 = FAZ7 - FEZ6 = 11 - 10 = \mathbf{1}$$

Vorgang Nr.7

$$GP7 = SAZ7 - FAZ7 = SEZ7 - FEZ7 = 12 - 11 = 17 - 16 = \mathbf{1}$$

$$FP7 = FAZ9 - FEZ7 = 16 - 16 = \mathbf{0}$$

Vorgang Nr.9

$$GP9 = SAZ9 - FAZ9 = SEZ9 - FEZ9 = 17 - 16 = \mathbf{1}$$

$$FP9 = FAZ10 - FEZ9 = 21 - 20 = \mathbf{1}$$

Vorgang Nr.10

$$GP10 = SAZ10 - FAZ10 = SEZ10 - FEZ10 = 21 - 21 = \mathbf{0}$$

Wenn der Gesamtpuffer (GP) eines Vorgangs gleich Null ist, muss auch dessen freier Puffer (FP) gleich Null sein.

Aussagen zu den Berechnungen:

→ Das Projekt dauert insgesamt 22 Tage.

→ Der kritische Weg liegt in der Vorgangskette 1 - 4 – 5 – 8 – 10, dort dürfen keine Terminverzögerungen auftreten, sonst ist der Endtermin gefährdet.

→ Die Vorgänge Nr. 6 und Nr. 9 besitzen jeweils einen freien Puffer, d.h. sie können – bezogen auf ihren frühesten Anfang – jeweils um max. einen Tag verschoben werden, ohne dass der Terminplan für das Gesamtprojekt gefährdet wird.

Darstellung Ablauf- und Terminplans als Balkenplan

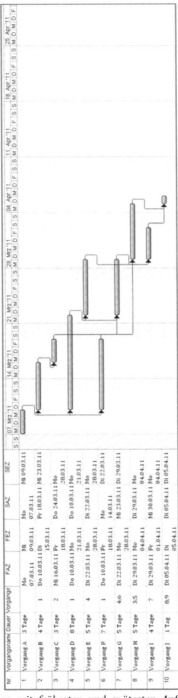

Abb. 49: Ablauf- und Terminplan mit frühesten und spätesten Anfangs- und Endzeitpunkten als vernetzter Balkenplan (Beispiel)

3.4 Ressourcenplanung

Die zeitliche und räumliche Disposition von Arbeitskräften, Maschinen, Werkzeugen und anderen für die Projektarbeit benötigten Hilfsmitteln ist Aufgabe der Ressourcenplanung.[85] Als Synonym wird häufig der Begriff Einsatzmittelplanung verwendet. Ziel der Einsatzmittelplanung ist zum einen die optimale Auslastung der Mitarbeiter und andererseits eine aufgabenadäquate Versorgung der Projekte mit Mitarbeitern, Hilfsmitteln und Material. Der Ressourcenbedarf (Einsatzmittelbedarf) wird auf der Grundlage der Ablauf- und Terminplanung festgelegt.

Da Einsatzmittel i.d.R. nicht unbegrenzt zur Verfügung stehen, kann sich nach erfolgter Einsatzmittelplanung ein überarbeiteter Ablauf- und Terminplan erforderlich machen!

Einsatzmittel (EM) - Ressourcen

Personal- und Sachmittel, die zur Durchführung von Vorgängen, Arbeitspaketen oder Projekten benötigt werden. Einsatzmittel können wiederholt oder nur einmal einsetzbar sein. Sie können in Wert- oder Mengeneinheiten beschrieben und für einen Zeitpunkt oder Zeitraum disponiert werden. (vgl. DIN 69902)

Einsatzmittelplanung

Festlegen der Einsatzmittel (EM), die für Vorgänge, Arbeitspakete und Projekte benötigt werden. (Ziel- und Randbedingungen beachten). (vgl. DIN 69902)

3.4.1 Ziele und Aufgaben der Einsatzmittelplanung

Ziel der Einsatzmittelplanung ist es, eine optimale Einplanungsreihenfolge für Einsatzmittel (Betriebsmittel, Kapazitäten, Personal) zu ermitteln. Dabei sollen der Bedarf an Einsatzmitteln und deren voraussichtliche Verfügbarkeit mit dem Terminplan in Übereinstimmung gebracht werden.

Aufgaben der Einsatzmittelplanung

→ Bedarfsvorhersage von Einsatzmitteln,
→ Einsatzoptimierung durch Aufzeigen von Engpässen und Leerläufen,
→ auslastungsoptimale Verteilung der Einsatzmittel auf die einzelnen Vorgänge und Projekte.

---

[85] *Projektmagazin – Glossar: http://www.projektmanagement-glossar.de (verfügbar Okt. 2010)*

3.4.2 Ermittlung des Einsatzmittelbedarfs

Im Rahmen der Betriebsmitteleinsatzplanung wird der Einsatz der Betriebsmittel optimiert, wobei hinsichtlich verzehrbarer und nicht verzehrbarer Betriebsmittel unterschieden wird. I.d.R. wird eine detaillierte Betriebsmitteleinsatzplanung nur vorgenommen, wenn die Gefahr von Engpässen besteht. Konkurrieren mehrere Projekte um gemeinsame Ressourcen, wird eine Multiprojektplanung notwendig.

Bei den meisten Projekten kommt der Personaleinsatzplanung die größere Bedeutung zu.

Für die Ermittlung des Einsatzmittelbedarfs sind die Terminpläne aus der Ablauf- und Terminplanung die Basis. Tabelle 27 verdeutlicht, wie erforderliche Einsatzmittel (Personal- und Sachmittel) u.a. durch Beantwortung folgender Fragen bestimmt werden können:

Tab. 27: Ermittlung des Einsatzmittelbedarfs

Personal	Sachmittel
Welche Qualifikationen müssen die Personen oder Personengruppen haben?	Welche Sachmittel (Maschinen, Materialien, Hilfsmittel) sind für die Durchführung erforderlich?
Gibt es bereits ein Projektteam oder muss die Gruppe für das Arbeitspaket erst zusammengestellt werden?	Gibt es einzelne Sachmittel, die nicht verfügbar, beschaffbar oder ausdrücklich ausgeschlossen für das Erreichen des Arbeitsergebnisses sind, wenn ja welche?

Der Bedarf an Einsatzmitteln richtet sich nach dem für das Arbeitspaket ermittelten Aufwand (A) und der für das Arbeitspaket zur Verfügung stehenden Dauer. Bei einem (nahezu) konstant über die Dauer (D) des Arbeitspaketes verteilten Einsatz einer Ressource (Einsatzmittel) ergibt sich der Einsatzmittelbedarf (B) nach der Formel:

$$\S \quad \text{Einsatzmittelbedarf (EMB) (für jeden Vorgang)} = \frac{\text{Arbeitsmenge (A)}}{\text{Vorgangsdauer (D) x Arbeitszeit}}$$

Für A und D müssen dieselben Zeiteinheiten (z.B. Monate) gelten. Ist der Einsatz nicht gleichmäßig, dann sollte das Arbeitspaket entsprechend zerlegt und die Bedarfe jeweils für die einzelnen Teilpakete ermittelt werden.

Das folgende Beispiel soll diesen Sachverhalt verdeutlichen:

Beispiel: Arbeitsmenge (Aufwand) = 60 (Personen-)Tage

Vorgangsdauer = 15 Tage

Einsatzmittelbedarf = 4 Mitarbeiter

In Abhängigkeit von der Vorgangsdauer verändert sich die Anzahl der benötigten Ressourcen bzw. ändert sich auf Basis der vorhandenen Ressourcen die Dauer. Die folgende Abbildung soll diesen Sachverhalt verdeutlichen:

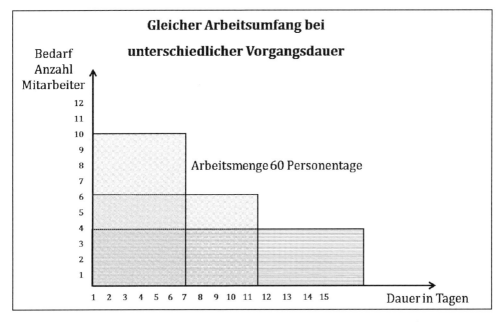

Abb. 50: Einsatzmittelbedarf – gleicher Arbeitsumfang bei unterschiedlicher Vorgangsdauer

3.4.3   Personaleinsatzplanung

Ausgangspunkt für die Personaleinsatzplanung ist die Terminplanung.

Folgende Gesichtspunkte sind dabei zu berücksichtigen:

→ Qualifikation des Personals,
→ verfügbare Personalkapazität,
→ zeitliche Verfügbarkeit,
→ örtliche Verfügbarkeit,
→ organisatorische Zuordnung.

Teamzugehörigkeit und Identifikation mit der zu erledigenden Aufgabe spielen eine zentrale Rolle.

Unter Ressourcenwürfel versteht man die dreidimensionale Betrachtung „WER", „WAS", „WANN", also die detaillierte Einsatzplanung.

„Zunächst wird der Einsatzmittelbedarf aufgrund der durch die Terminberechnung bestimmten Ausführungstermine (früheste mögliche und späteste zulässige Anfangs- und Endtermine) zeitlich eingeplant. Es wird der geplante Bedarf der verschiedenen Vorgänge pro Einsatzmittel pro Zeiteinheit aufsummiert."[86]

Die folgende Abbildung 51 verdeutlicht die Ableitung und Darstellung des Einsatzmittelbedarfs pro Einsatzmittel anhand des Balkenplans (Ressourcen-Balkendiagramm).

---

[86] *RKW/GPM: Projektmanagement-Fachmann), S. 586*

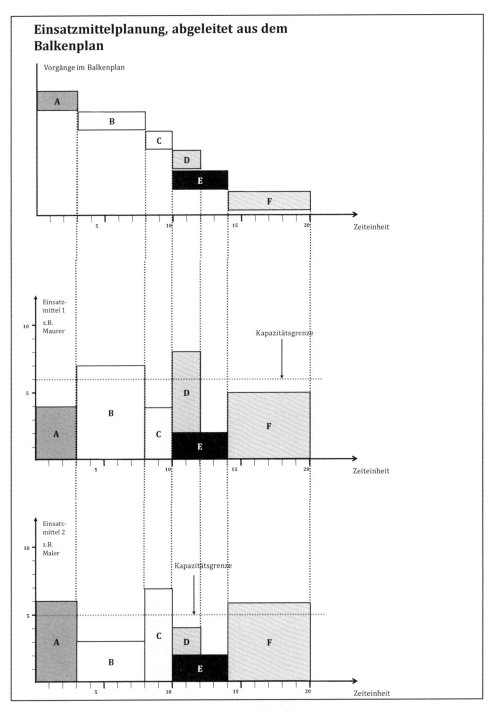

Abb. 51: Einsatzmittelplanung, abgeleitet aus dem Balkenplan

Arten der Einsatzmittelplanung

→ **Termintreue Einsatzplanung**:
Eine termintreue Einsatzplanung liegt vor, wenn die Termine vom Auftraggeber feststehen und ermittelt werden muss, wie viel Personal in welcher zeitlichen Belegung benötigt wird.

→ **Kapazitätstreue Einsatzplanung**:
Eine kapazitätstreue Einsatzplanung liegt vor, wenn das zur Verfügung stehende Personal auf der Auftragnehmerseite feststeht und ermittelt werden muss, welches der früheste Fertigstellungstermin bei optimalem Personaleinsatz ist.

Einsatzmittelganglinie

 Die Einsatzmittelganglinie stellt die Inanspruchnahme der Einsatzmittel in Abhängigkeit des Projektverlaufs dar dar (vgl. Abb. 52).

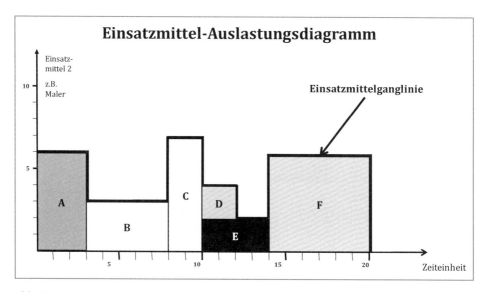

Abb. 52: Einsatzmittelganglinie

Im Auslastungsdiagramm kann der Einsatzmittelbedarf verschiedenen Zeitintervallen gegenübergestellt werden, um so die Überdeckung bzw. Unterdeckung an diesem Einsatzmittel zu ermitteln.

→ **früheste Lage:**
Alle Tätigkeiten beginnen zum frühesten möglichen Zeitpunkt; Hauptziel ist die Einhaltung des Termins.

→ **späteste Lage:**
Alle Tätigkeiten beginnen zum spätesten möglichsten Zeitpunkt; Hauptziel ist die Ausnutzung der Pufferzeiten.

→ **optimaler Projektplan:**
   Ermittlung eines möglichst kurzen Projektplans unter Berücksichtigung der Reihenfolgebeziehung zwischen den Tätigkeiten und den knappen Kapazitäten.

3.4.4 Einsatzmitteloptimierung

Oftmals wird die Optimierung der Einsatzmittel (Ressource) EDV-gestützt vorgenommen, wobei zwei Verfahren zur Anwendung kommen:

Einsatzmittel-Bedarfsglättung

Sie liefert durch eine Verschiebung von Vorgängen mit Pufferzeiten einen termintreuen Projektplan mit geglättetem Bedarfsprofil und einer minimalen Kapazitätsunterdeckung.

> Die Bedarfsglättung ist nach DIN 69902 die Erzeugung eines möglichst gleichmäßigen Bedarfes einer Einsatzmittelart durch Verschieben von Vorgängen innerhalb ihrer Pufferzeiten.

Einsatzmitteloptimierung bei fester Verfügbarkeit

Sie liefert dagegen einen kapazitätstreuen Projektplan mit minimaler Projektverlängerung. Da hierbei die technologischen und ablauflogischen Abhängigkeiten selten befriedigend berücksichtigt werden, ist in diesem Falle eine manuelle Überarbeitung des optimierten Plans notwendig, um die Projektdauer weiter zu minimieren. Abbildung 53 zeigt eine grafische Darstellung einer Einsatzmitteloptimierung.

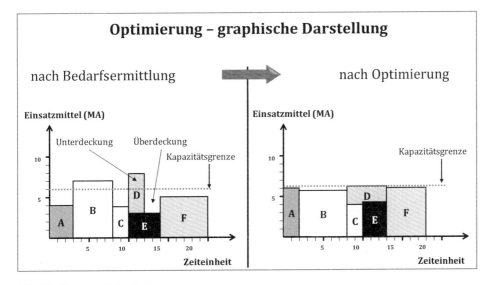

Abb. 53: Einsatzmitteloptimierung

Maßnahmen zur Optimierung

→ Verschiebung von Aktivitäten innerhalb der Pufferzeiten,
→ Rekrutierung von zusätzlichem Personal,
→ Personalverschiebung innerhalb des Unternehmens,
→ Verschiebung des Endtermins,
→ Einsatz freier Mitarbeiter oder eines Subunternehmers.

Einsatzmittelplanung bei Multiprojekten

Wenn sich mehrere Projekte ein bestimmtes Einsatzmittel oder einen beschränkten Vorrat teilen, wird eine Multiprojektplanung ist nötig. Folgende Aspekte treffen dafür z.B. zu:

→ bestimmte Mitarbeiter sollen zeitparallel in mehreren Projekten arbeiten,
→ eine feste Mitarbeiteranzahl steht als Summe für mehrere Projekte zur Verfügung und soll fachgerecht aufgeteilt werden,
→ ein vorgegebenes Budget soll auf die einzelnen Projekte aufgeteilt werden,
→ eine beschränkte Menge eines bestimmten Betriebsmittels soll fair auf mehrere Projekte aufgeteilt werden.

Es müssen also Planabstimmungen der vorhandenen Ressourcen mit entsprechenden Prioritätsvergaben erfolgen. Leider wird in der Praxis immer wieder vergessen, dass das Höher priorisieren von einzelnen Projekten das Zurückstufen der anderen Projekte zur Folge hat.

Trotz technischer Möglichkeiten der Software-basierten Ressourcenplanung sollte der Projektleiter sich nicht auf die mathematischen Ergebnisse allein verlassen, sondern auch seine Erfahrungen und die praktische Machbarkeit in die Planung mit einfließen lassen.

3.5   Kostenplanung

Nach der Planung der benötigten Einsatzmittel müssen die Kosten für das Projekt ermittelt werden. Dies ist Aufgabe der Kostenplanung. Aus dem Bedarf an Einsatzmitteln, der durch die Aufwandsschätzung für Arbeitspakete, Vorgänge und Teilprojekte bestimmt wurde, können die Projektkosten errechnet werden. Dies ist Aufgabe der Kostenplanung, die den einzelnen Elementen die voraussichtlichen Kosten zuordnet.

Kosten definieren den Verbrauch von Leistungen und Gütern. Mit der Kostenplanung wird ermittelt, welche Kosten eintreten, um das Projekt zu realisieren.

Die Gliederung nach Zeit und Projektkostenarten, Projektkostenstellen und Projektkostenträgern definiert die Kostenstruktur des Projektes.

Die folgende Abbildung verdeutlicht den Zusammenhang zwischen Ressourcen- und Kostenplanung:

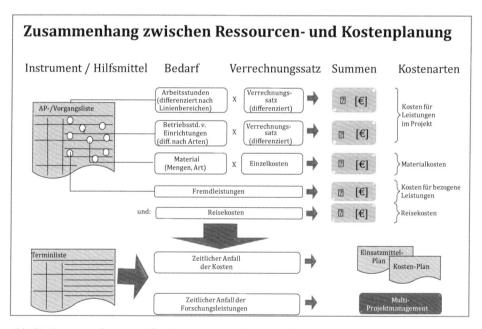

Abb. 54: Zusammenhang zwischen Ressourcen- und Kostenplanung

Die wesentlichen Kostenarten

→ **Personalkosten:**
Arbeitsmengen der Ressourcen, die mit den Verrechnungssätzen multipliziert werden; Beraterhonorare, Schulungskosten etc.

→ **Materialkosten:**
Verbrauchsmaterialien, Materiallieferungen

→ **Sach- und Dienstleistungskosten:**
Gebäude, Schulungsräume, Energiekosten, IT-Kosten, Reisekosten, Telefonkosten etc.

→ **Kapitalkosten und Sonstiges:**
Abschreibungen, Kapitalbindungskosten, Steuern, Versicherungen, Gebühren etc.

Kostenstellen

Eine Kostenstelle ist ein Teilbereich eines Unternehmens, für den die von ihm jeweils verursachten Kosten erfasst, ausgewiesen und kontrolliert werden können.
Eine Kostenstelle definiert stets einen Bereich, für den eine Person verantwortlich ist. Demgemäß ist es auch sinnvoll, für ein Projekt eigene Kostenstellen einzurichten, die gemäß DIN 69903 dann "Projektkostenstelle" genannt werden können.

Wichtige Kostenstellen sind z.B. Verwaltung, Fertigung, Vertrieb, Beschaffung, Projekte.

Kostenträger

Der betriebswirtschaftliche Begriff "Kostenträger" bezeichnet die Leistungen eines Betriebes (unfertige und fertige Erzeugnisse sowie Dienstleistungen).
In diesem Sinne definiert die DIN 69903 "Projektkostenträger" als das "Projektergebnis oder Teilergebnis, dem Projektkosten nach dem Verursachungsprinzip zugerechnet werden ...".

In der Regel ist mit der Erteilung eines Projektauftrages auch die Freigabe eines bestimmten Projektbudgets verbunden. Der Projektleiter ist dafür verantwortlich, im Rahmen dieses Projektbudgets das vereinbarte Projektziel zu erreichen. Um die Höhe des Projektbudgets zu verifizieren, ist eine Abschätzung der voraussichtlichen Projektkosten notwendig. Erst danach ist eine fundierte Aussage darüber möglich, wie viel die Realisierung des Projektziels voraussichtlich kosten wird.

Projektkostenplanung

Die Projektkostenplanung beschäftigt sich ausschließlich mit den für die Abwicklung des Projekts anfallenden Kosten. Die DIN 69903 definiert Projektkostenplanung wie folgt:

> Projektkostenplanung: Ermittlung und Zuordnung der voraussichtlichen Kosten zu
> Vorgängen, Arbeitspaketen und Projekten unter Beachtung vorgegebener Ziele und
> Rahmenbedingungen (vgl. DIN 69903).

Vorgehensschritte bei der Kostenplanung

→ Arbeitspakete des Projektes strukturieren (PSP) und wenn notwendig in Vorgänge
  aufgliedern,

→ Zuordnung der Ressourcen,

→ Ermittlung der Ressourcenkosten und Sachkosten zu den Vorgängen bzw. Arbeitspakten,

→ Zusammenfassung aller Kosten für das Projekt.

Folgende Abbildung verdeutlicht nochmals die Schritte und Ergebnisse der Kostenplanung:

Schritte und Ergebnisse der Kostenplanung

Projektstrukturplan, Terminplan, Einsatzmittelplan

Schritte der Kostenplanung	Planungsergebnisse
→ Strukturierung der Kostenpakete	→ Strukturierung der Kostenpakete Kostenstruktur
→ Ermittlung der Mengenansätze	→ Mengensätze (Stunden, Material...)
→ Kalkulation	→ Selbstkosten
→ Betriebswirtschaftliche Analysen	→ Cash-Flow, Risikozuschläge, Make- or-Buy, Deckungsbeitrag
→ Preisgestaltung und -festlegung	→ Projektpreis
→ Budgetzuteilung	→ Budgets der leistenden Stellen

Abb. 55: Schritte und Ergebnisse der Kostenplanung

3.5.1 Kostenschätzverfahren

Grundlage eines jeden Schätzverfahrens ist ein PSP, der von Projektleiter und Abteilungen
verabschiedet und in dem alle Positionen so genau wie möglich spezifiziert, als verbindlich
akzeptiert und von allen verstanden wurde.

bottom-up (=ingenieurmäßige Schätzung)

→ Kosten der einzelnen Vorgänge werden geschätzt und zu Arbeitspaketkosten zusammengefasst.

→ Die einzelnen Arbeitspaketkosten bestimmen die Kosten der Teilaufgaben bis hin zum Gesamtprojekt.

top-down

Der erlaubte Kostenrahmen wird vorgegeben (design-to-cost), so dass die Projektplanung sich mit ihrem Ergebnis daran orientieren muss. Hier ist eine genau bekannte Kostenstruktur Voraussetzung für die erfolgreiche Anwendung!

Delphi-Methode

→ Kostenschätzmethode durch Expertenbefragung,

→ mehrere anonyme Durchläufe,

→ Nachteil: hoher Zeitaufwand, nicht stattfindender Erfahrungsaustausch in der Gruppe.

Schätzklausur

→ Kostenschätzmethode durch Expertenbefragung,

→ transparent, Gruppendiskussion,

→ Annahmeanalyse = iteratives Schätzen,

→ Ermittlung Mengengerüst zur Ausführung der Arbeitspakete,

→ systematische Einbeziehung von Fachleuten durch Befragung,

→ Vorteile: Kommunikation im Projektteam und innere Sicherheit zur Realisierbarkeit des Projektes, ...

Projektlernen

→ Kostenschätzung mit Kennziffern,

→ Erfahrungswerte aus abgeschlossenen Projekten werden in Projektdatenbanken gesammelt,

→ vorrangig im Bau und in der IT – Branche,

→ feste Kostenkennziffern sind abrufbar, z.B. € pro m³ umbauter Raum, ...

Kennziffernsysteme

→ Kostenschätzung mit Kennziffern,

→ als Grundlage von Standardstrukturen, z.B. Kostengliederung im Hochbau nach DIN 276,

→ zur Verdichtung einer großen Anzahl von Positionen des Leistungsverzeichnisses zu einer überschaubaren Menge,

→ problematisch durch erhebliche Unterschiede in Bezug auf Region und / oder Ausführungsjahr.

Parametrische Kostenschätzung

→   mit Hilfe von Kostengleichungen,
→   Regressionsanalyse zur Darstellung der Abhängigkeit einzelner Projektkosten von Kosteneinflussgrößen (z.B. Einfluss von Materialarten auf ein zu entwickelndes Produkt),
→   Modelle: COCOMO, Function Point-Methode.

Analogieschätzmethoden

Für Projekte mit hohem Wiederholcharakter sind Analogiemethoden sehr interessant, denn bei Analogie- bzw. Vergleichsmethoden werden bereits abgeschlossene, ähnlich geartete Projekte als Schätzgrundlage herangezogen. Das heißt, dass aus bekannten, tatsächlichen Aufwänden der Aufwand für das neue Projekt geschätzt werden kann. Diese Vergleichsschätzungen sind sowohl auf Arbeitspaketebene und als auch auf Gesamtprojektebene möglich und können bereits in sehr frühen Phasen der Projektstadien durchgeführt werden. Sind die Unterschiede zwischen den zu vergleichenden Projekten zu groß, entsteht ein hoher Unsicherheitsfaktor und es sollte deshalb eine geeignetere Kostenschätzmethode angewandt werden.

3.5.2   Projektkalkulation

Die **Projektkalkulation** ist die Ermittlung der voraussichtlichen kostenwirksamen Projektleistungen und ihre Bewertung (vgl. DIN 69905).

Das **Projektbudget** umfasst die Summe der einem Projekt zur Verfügung gestellten finanziellen Mittel (vgl. DIN 69903).

Zu den wichtigsten Arten der Projektkalkulation gehören:

→   **Vorkalkulation**
    Kostenplanung zum Start des Projektes mit hohem Genauigkeits- und Detaillierungsgrad, z.B. durch Richtpreisschätzungen, Angebots- und Auftragskalkulationen, Zielkostenkalkulationen etc.
→   **Mitlaufende Kalkulation**
    Kostenkontrolle im Projektverlauf, z.B. durch Plan-Ist-Vergleiche, Restkostenberechnungen, Änderungskalkulationen etc.
→   **Nachkalkulation**
    Ist-Kosten-Ermittlung zum Projektabschluss zur Kostenanalyse, abschließenden Abrechnung und Ermittlung des Projekterfolges

Eine mögliche Gliederung einer Projektkalkulation zeigt folgende Tabelle:

Tab. 28: Gliederung einer Projektkalkulation[87]

Kostenarten	Betrag
1. Direkte Kosten	...
1.1 Arbeitspaket 1	...
1.2 Arbeitspaket 2	...
1.3 Arbeitspaket 3	...
Summe direkte Kosten	...
2. Gemeinkosten	...
2.1 Management	...
2.2 Infrastruktur	...
2.3 Hilfsmittel	...
Summe Gemeinkosten	...
3. Risikozuschlag	...
4. Gewinnzuschlag	...
Angebotspreis (Summe)	...

Für das Projektmanagement ist nicht allein die Kostenhöhe von Interesse, sondern auch der Kostenverlauf im Projekt. Der Kostenverlauf wird häufig tabellarisch und graphisch dargestellt. Darstellungsformen sind die Kostenganglinie und die Kostensummenlinie.

Kostenganglinie

Sie gibt in den einzelnen Zeitabschnitten des Projektes die anfallenden Kosten an und kennzeichnet den jeweiligen Finanzierungsbedarf pro Zeiteinheit (vgl. Abbildung 56).

Kostensummenlinie

Sie stellt die Kurve der kumulierten Kosten dar und zeigt den Kostenzuwachs über die Zeit. Die Kostensummenlinie findet in der Projektsteuerung Anwendung (vgl. Abbildung 57).

Kostenplan

Der Kostenplan soll dem internen Auftraggeber und der Projektleitung einen schnellen Überblick über die Gesamtkosten und den zeitlichen Kostenanfall ermöglichen. Darüber hinaus bildet er die wesentliche Grundlage der Projektkostenverfolgung, somit kann eine Aussage über die zukünftige Projektkostenentwicklung getroffen werden.

---

[87] Patzak, G.; Rattay G.: Projektmanagement, S.215

Anhand eines Beispiels soll die Entstehung der Kostengang- und Kostensummenlinie verdeutlicht werden:

Vorg.-Nr.	Dauer / Wochen	Vor-gän-ger	Arbeits-menge (h)	Personal-kosten	Fremd-leistungen	Verteilung Fremd-leist.	Vorgangs-kosten	Gleich-verteilte Kosten / ZE
1	3	1	720	36.000,00 €	50.000,00 €	Ende	86.000,00 €	12.000,00 €
2	3	2	720	36.000,00 €	15.000,00 €	Ende	51.000,00 €	12.000,00 €
3	2	2	480	24.000,00 €			24.000,00 €	12.000,00 €
4	8	4	2560	128.000,00 €			128.000,00 €	16.000,00 €
5	3	3	240	12.000,00 €			12.000,00 €	4.000,00 €
6	2	5	120	6.000,00 €	50.000,00 €	Anfang	56.000,00 €	3.000,00 €
7	7	5	280	14.000,00 €			14.000,00 €	2.000,00 €
8	1	6	80	4.000,00 €			4.000,00 €	4.000,00 €
9	2	9	160	8.000,00 €			8.000,00 €	4.000,00 €
10	3	5,10	360	18.000,00 €			18.000,00 €	6.000,00 €
11	3	11	480	24.000,00 €			24.000,00 €	8.000,00 €
12	4	8,14	120	6.000,00 €			6.000,00 €	1.500,00 €
13	1	12	40	2.000,00 €			2.000,00 €	2.000,00 €
				318.000 €	115.000 €		433.000 €	

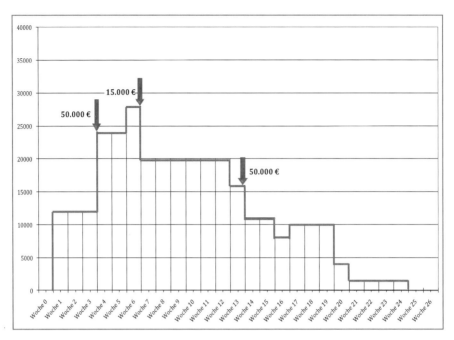

Abb. 56: Kostenganglinie

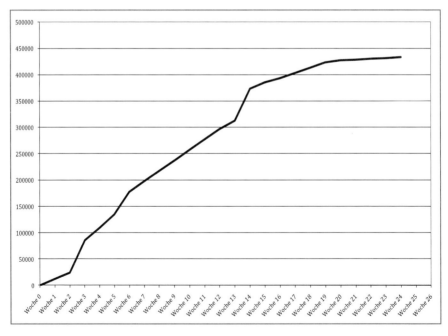

Abb. 57: Kostensummenlinie

3.5.3 Ursachen von Kostenabweichungen

In allen Phasen eines Projektes können Kostenunter- und -überschreitungen auftreten. Die Ursachsen dafür sollten schnell und mit geringem Aufwand analysiert werden, um entsprechende Gegensteuerungsmaßnahmen einleiten zu können.

Folgende häufige Ursachen sind in den Projektphasen typisch: [88]

Anfragephase

→ mangelhafte Kenntnisse der Kundenanforderungen,
→ unrealistische Einschätzung der eigenen Möglichkeiten,
→ Unterschätzung des Zeitbedarfs

Projektierung und Angebotsausarbeitung

→ Übersehen von Kundenanforderungen,
→ Ungenauigkeiten im Projektstrukturplan,
→ fehlerhafte Interpretation von Kundenanforderungen,
→ Einsatz ungeeigneter Schätzmethoden,
→ Unkenntnis der Hauptkostentreiber,
→ mangelhafte Einschätzung der Risiken

Verhandlungsphase

→ Erzwingen rascher Kompromisse,
→ gedeckelte Beschaffungsbudgets beim Kunden,
→ Verhandlungsteam möchte Auftrag unbedingt bekommen

Vertragsabschlussphase

→ Diskrepanzen in Vertragsfragen,
→ Abweichungen zwischen Ausschreibungsunterlagen und Leistungsbeschreibung im Angebot,
→ Angebotserstellungs- und Projektteam sind nicht identisch

Konstruktions-/ Ausarbeitungsphase

→ Annahme von Kundenforderungen ohne Genehmigung durch das Management,
→ Kommunikations- und Datenübermittlungsprobleme mit dem Kunden,
→ Probleme in Design-Review-Besprechungen

---

[88] Kerzner, 2003, Projektmanagement, S. 545 f.

Realisierungs-/ Fertigungsphase

→ exzessive Materialkosten,

→ inakzeptable Spezifikationen,

→ Meinungsverschiedenheiten zwischen Konstruktion und Fertigung

3.6 Finanzplanung

3.6.1 Begriffe und Definition

> Nach DIN 69903 ist die Finanzplanung die Ermittlung und Zuordnung des voraussichtlichen Bedarfs an finanziellen Mitteln.

> Finanzmittel sind buchhalterisch oder bilanztechnisch erfassbare Geldmengen, die zur Kostendeckung von Vorgängen, Arbeitspaketen oder Projekten benötigt werden. Sie werden stets in Währungseinheiten beschrieben und dienen zur Vergütung von Sach- und Dienstleistungen.

> Unter Finanzierung versteht man alle Maßnahmen zur Mittelbeschaffung und -rückzahlung und die damit verbundene Gestaltung der Beziehungen zwischen Kapitalgebern und Kapitalnehmern (vgl. Drukarczyk, 2007).

Innerhalb der Finanzplanung stellt sich die Frage nach der Wirtschaftlichkeit und Finanzierung des Projekts:

Wirtschaftlichkeit?

→ In welcher Größenordnung (€) werden Rückflüsse aus dem Projekt erwartet?
→ Zu welchem frühesten oder spätesten Zeitpunkt setzen die Rückflüsse ein?
→ Decken die Rückflüsse die getätigten Projektaufwendungen?

Finanzierung?

→ Wie viel finanzielle Mittel werden benötigt?
→ Aus welchen Quellen werden sie bereitgestellt?
→ Zu welchem Zeitpunkt müssen die Mittel zur Verfügung stehen?
→ Welche Auswirkungen haben fehlende oder nicht ausreichende Finanzierungsmittel?

Ziel ist es, Einzahlungsströme so zu gestalten, dass die zeitliche Differenz zwischen Einzahlungen und Auszahlungen möglichst gering gehalten wird.

Die folgende Abbildung verdeutlicht den Zusammenhang zwischen Einnahmen (Zahlungen des Auftraggebers), Auszahlungen (Kostensummenlinie) und der Entwicklung des Cash-Flows.

Decken die laufenden Einnahmen nicht die anfallenden Kosten, kommt es zu einer „Unterdeckung", d.h.: es wird die Inanspruchnahme von Arbeitskapital in Form einer zur Verfügung stehenden Kreditlinie erforderlich. Liegen die Einnahmen höher als die angefallenen Kosten, entsteht ein Finanzüberschuss. Man spricht dann von einer „Überdeckung".

Der Verlauf des Cash-Flows kennzeichnet die Liquiditätsentwicklung im Projekt.

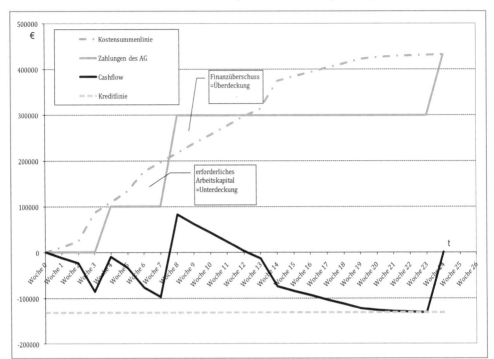

Abb. 58: Projektfinanzierung /Cash-Flow

Man kann Finanzierungsalternativen systematisieren nach:

→   Herkunft der Finanzierungsmittel (Innen- und Außenfinanzierung),
→   Rechtsstellung der Kapitalgeber (Eigen- und Fremdfinanzierung),
→   Dauer der Finanzierung (kurz-, mittel-, langfristig),
→   Häufigkeit der Finanzierung (laufende Finanzierung, Finanzierung für besondere Anlässe).

3.6.2   Überblick der Finanzierungsarten

In der folgenden Abbildung wird ein Überblick über mögliche Finanzierungsarten gegeben. Es wird aber nicht im Detail auf jede Finanzierungsart eingegangen.

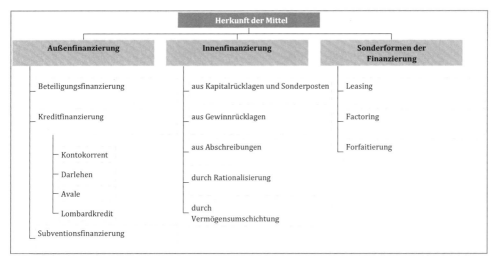

Abb. 59: Überblick der Finanzierungsarten[89]

3.6.3 Liquidität

Durch eine systematische Finanzplanung und permanente Finanzüberwachung soll die Liquidität eines Unternehmens / eines Projekts gesichert werden.

Liquidität =	die Fähigkeit und Bereitschaft eines Unternehmens, seinen bestehenden Zahlungsverpflichtungen termingerecht und betragsgenau nachzukommen.

Cash Flow =	Kennzahl zur Beurteilung der Zahlungskraft eines Unternehmens
=	Indikator der Innenfinanzierungskraft eines Unternehmens

Ziele und Aufgaben der Liquiditätspolitik:

→ Maßnahmen zur Aufrechterhaltung der Liquidität eines Unternehmens treffen,
→ Illiquidität (Zahlungsunfähigkeit) bzw. Überliquidität (zu hohe Kassenbestände) vermeiden.

Alternativen zur Deckung von Fehlbeträgen

→ Zahlungsaufschiebungen,
→ Zuführung zusätzlicher finanzieller Mittel (*zusätzliche. Kredite),*
→ Vermögensumschichtung (z.B. Anlagenverkauf, Verkauf von Wertpapieren),
→ Einzahlungen vorziehen (z.B. Kundenforderungen).

---

[89] *RKW/GPM: Projektmanagement-Fachmann, S.672 (modifiziert)*

3.7 Beschaffungsprozess

Um die Leistungserstellung im Unternehmen / im Projekt zu gewährleisten, dient der Beschaffungsprozess der Versorgung des Unternehmens mit den notwendigen Materialien und Dienstleistungen. Dabei liegt der Schwerpunkt der Beschaffung auf der bedarfsgerechten und kostengünstigen Bereitstellung der benötigten Einsatzmittel, u.a. Roh-, Hilfs- und Betriebsstoffe, Halbfabrikate u.a. Da in Projekten ebenfalls Produkte und / oder Dienstleistungen beschafft werden müssen, ist es wichtig, notwendige Beschaffungsprozesse in den Projektplan zu implementieren, um die zu beschaffenden Leistungen termin-, qualitätsgerecht und kostengünstig bereitzustellen.

Ziele der Beschaffung[90]

→ **Versorgungssicherheit**
  o Vermeidung von Fehlmengenkosten, Stillstandskosten, Konventionalstrafen für verspätete Lieferungen, zuverlässige Lieferanten,
  o genaue Bedarfsplanung und optimierte Bestandsführung.
→ **Kosten**
  o möglichst geringe Kosten für Preise, Logistik und Prozesse,
  o TCO – Total Cost of Ownership: Alle Kosten, die dem Unternehmen entstehen, bis ein Material am Verbrauchsort zur Verfügung steht.
→ **ökologische und soziale Ziel**
  o Umweltverträglichkeit der Güter und deren Herstellungsverfahren,
  o Ausschluss von Kinderarbeit.

Aufgaben der Beschaffung

Zum Beschaffungsprozess gehören sowohl strategische, als auch operative Aufgaben:

Tab. 29: Aufgaben der Beschaffung[91]

Strategische Beschaffung	Operative Beschaffung
Beschaffungsstrategie und -politik	Bedarfsplanung
Zusammenarbeit mit Entwicklungsabteilung	Disposition
Beschaffungsmarktforschung	Bestandsmanagement
Lieferantenpolitik (Auswahl und Entwicklung)	Bestellüberwachung (Menge, Termin, Qualität)
Vertragsverhandlungen und -abschluss	Konfliktmanagement mit Lieferanten
Beschaffungscontrolling	Rechnungskontrolle und -prüfung

Ablauf des Beschaffungsprozesses

---

[90] vgl. PM3, Band 2, S. 825
[91] vgl. PM3, Band 2, S. 823f.

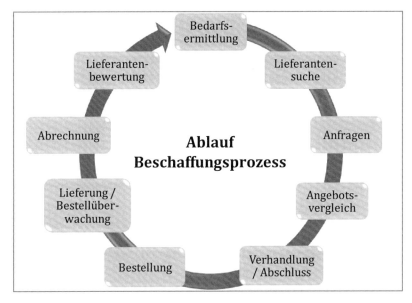

Abb. 60: Ablauf des Beschaffungsprozesses[92]

Diese Abbildung verdeutlicht, dass jeder Beschaffungsprozess mehrere Phasen durchläuft. Zunächst müssen die im Unternehmen anfallenden Bedarfe ermittelt werden. Das entsprechend benötigte Material nun auftragsbezogen oder auf Vorrat bestellt werden.

Liegen Bedarfe und Bestellungsart vor, müssen Lieferanten ausgesucht, deren Angebote verglichen und entsprechende Vertragsabschlüsse gestaltet werden. Mit der anschließenden Bestellung, die pünktlich und vollständig ausgeführt sein muss, erfolgt die Prüfung der Rechnung und Zahlung.

Folgende Vertragsarten können dabei zur Anwendung kommen:

→ **Vertragsarten**
   o Kaufvertrag,
   o Werkvertrag,
   o Dienstvertrag.
→ **Einzelvertrag**
   o Einmalige Lieferung / Leistung.
→ **Langfristiger Vertrag**
   o Sukzessivliefervertrag (Leistungserbringung in definierten Raten),
   o Abrufvertrag (Abruf der Leistungen nach Bedarf).

---

[92] *vgl. PM3, Band 2, S. 826*

3.8 Berichtswesen und Dokumentation

3.8.1 Dokumentation

Der Begriff Dokumentation wird in der Praxis vielseitig verwendet. Unter dem Begriff Dokumentationsmanagement versteht man sowohl die inhaltliche Beschreibung als auch die physische Informationszusammenstellung sowie die administrative Behandlung der Informationsträger.

Projektdokumentation

> Projektdokumentation: Zusammenstellung ausgewählter, wesentlicher Daten über Konfiguration, Organisation, Mitteleinsatz, Lösungswege, Ablauf und erreichte Ziele des Projekts (vgl. DIN 69901).

Die Projektdokumentation besteht aus allen wichtigen Texten, Zeichnungen und sonstigen Dokumenten, die dabei helfen, den Projektverlauf nachzuvollziehen. Ziel ist es, den Prozess bis zum Erreichen des Projektziels zu dokumentieren. Die Projektdokumentation stellt sicher, dass jederzeit ein aktueller Stand der Projektplanung und des Projektauftrages inklusive Änderungsaufträgen existiert. In ihr finden sich alle wichtigen Informationen zum Projekt.

Die Projektdokumentation umfasst nach Patzak:[93]

- → Projekthandbuch,
- → Projekttagebuch,
- → projektbezogene Ablage (Verträge, Gutachten, Schriftverkehr, Pflichtenhefte und Objektdokumentation).

Projekthandbuch

> Das Projekthandbuch ist die Zusammenstellung von Informationen und Regelungen, die für die Planung und Durchführung eines bestimmten Projekts gelten sollen (vgl. DIN 69905).

Projekttagebuch

Nach Art eines Logbuchs werden in einem Projekttagebuch alle Vorkommnisse festgehalten und damit für den späteren Gebrauch dokumentiert. Darüber hinaus hilft es bereits während der Projektdurchführung, Schwachstellen frühzeitig zu erkennen. Das Projekttagebuch kann ein echtes, gebundenes Buch sein, eine zentrale Datei auf dem Projektserver oder eine eigens eingerichtete Funktion einer internetbasierten Software.

---

[93] *Patzak, G.; Rattay G.: Projektmanagement, S.274*

Projektakte

Die Projektakte umfasst alle Projektpläne und Projektberichte gemäß einem definierten Ordnungsschema auf, .u.a. in Form von Büroordnern oder als Datenbanken auf PC.

Die Relevanz einer qualitativ hochwertigen Dokumentation im Rahmen des Projektablaufs ist entscheidend für eine erfolgreiche Bearbeitung von Projekten. Denn die Projektdokumentation

- → erhöht die Transparenz,
- → kommuniziert Ziele, Entscheidungen, Aufgaben, Probleme oder den Status eines Projektes,
- → gibt Erfahrungen an zukünftige Projekte weiter.

Eine geordnete Projektdokumentation ist somit nicht nur die Basis für eine übersichtliche Wissensbereitstellung an die direkt am Projekt beteiligten Personen. Sie wird auch benötigt, um der Nachweispflicht der Erfüllung der Aufgaben, buchhalterischen Zwecken, Haftungs- und Gewährleistungsvereinbarungen und Wiederverwendbarkeit gerecht zu werden. Gleichzeitig wirkt sie auf die verhaltenswissenschaftlichen Determinanten des Projektgeschehens, wie sie beispielsweise Motivation, Führung oder die Identifikation im Projekt darstellen.

Kriterien einer optimal gestalteten Dokumentation sind

- → änderbar,
- → aktuell,
- → eindeutig,
- → identifizierbar,
- → standardisiert,
- → verständlich,
- → vollständig,
- → korrekt.

Ziele des Dokumentationsmanagements

Entscheidungen sind wichtige Bestandteile der Dokumentation. Diese müssen entsprechend vorbereitet, in Kraft gesetzt, zur Dokumentation hinzugefügt, im Projekt umgesetzt und systematisch kontrolliert werden.

- → Übersicht über alle verbindlichen dokumentationspflichtigen und archivierungs-würdigen Unterlagen,
- → Sicherstellung der gesetzlich und/oder vertraglich begründeten Dokumentations-verpflichtungen,
- → Dokumentation und Verfolgung der Änderungshistorie,
- → Überprüfbarkeit der Aktualität von Unterlagen,
- → zielsicheres Auffinden benötigter Unterlagen / Informationen nach unterschiedlichen, anwenderspezifischen Fragestellungen,
- → Minimierung der Zugriffszeit,
- → Sicherstellung der Verfügbarkeit,

→ Vermeidung von unnötiger Mehrfachablage,
→ Beherrschung des Mengenproblems bei Vervielfältigung, Verteilung und Versand,
→ Entlastung der Fachreferenten von Archivierungs- und Verteilungsaufgaben,
→ Beschleunigung des Unterlagenflusses,
→ Gewährleistung eines kontrollierten Informationsflusses.

Verantwortlich für eine lückenlose Projektdokumentation ist der Projektleiter. Eine konsequente Projektdokumentation gewährleistet einen schnellen Zugriff auf verfügbare Unterlagen für alle Projektbeteiligten. Die Aktenordnung sollte so früh wie möglich festgelegt werden, um Wildwuchs zu vermeiden. Jeder Bearbeiter dokumentiert seine Arbeitsergebnisse und aktualisiert sie.

Der Bericht ist eine Beschreibung des Sachstandes zu einem bestimmten Zeitpunkt. Die Dokumentation erfasst nachvollziehbar alle bedeutsamen Rahmen-, Planungs-, Beschluss- und Ergebnisdaten und ist somit ein Nachschlagewerk während und nach dem Ende des Projektes. Die Dokumentation ermöglicht, falls erforderlich, einen Projektleiterwechsel und den Transfer von Projekterfahrungen in Folgeprojekte.

3.8.2 Berichtswesen

Ein gut ausgebautes Berichtswesen informiert früh über Kostenüberschreitungen, Leistungsverzug und andere Fehlentwicklungen und muss jederzeit den aktuellen Überblick über den Stand der Projektarbeiten geben können. Das Berichtswesen bildet somit eine Grundvoraussetzung für eine erfolgreiche Projektsteuerung.

Berichtswesen

 Berichtswesen: Neben der mündlichen Kommunikation ist das Berichtswesen wesentlicher Bestandteil eines geordneten Projektinformationswesens.[94]

Typische Projektberichte sind

→ Projektdefinition, Projektauftrag,
→ Projektstatusberichte,
→ Projektpräsentationsunterlagen,
→ Projektabschlussbericht.

Die folgende Tabelle zeigt eine Einteilung der Projektberichte in zeit- und ereignisorientierte Berichte mit einigen Beispielen.

---

[94] *RKW/GPM: Projektmanagement-Fachmann, S.1131*

Tab. 30: Ereignis- und zeitorientierte Projektberichte[95]

Projektberichte	
zeitorientiert	ereignisorientiert
Situationsbericht	Sofortbericht
Projektstatusbericht	Phasen-Abnahme-Bericht
Monats-/ Quartalsbericht	Projektabschlussbericht
Arbeitspaketbericht	Abnahmeprotokoll

Das Berichtswesen hat zum Ziel, den aktuellen Stand des Projektes in schriftlicher Form festzuhalten sowie Prognosen zukünftiger Entwicklungen aufzuzeigen.[96] Daher wird die gezielte Bereitstellung von Informationen im Projekt als ein wichtiges Managementinstrumentarium angesehen. Das Berichtswesen übernimmt diese Funktion und hat nachfolgende Aufgaben.

Ein Projektstatusbericht zum Beispiel sollte dazu u.a. folgende Inhalte abbilden:

→ aktuelle Projektübersicht,
→ Schlüsselaktivitäten,
→ Aussagen über Termin-, Kosten- und Leistungssituation,
→ aktuelle Risiken,
→ aktuelle Probleme,
→ Änderungs- und Entscheidungsbedarf,
→ eingeforderte Informationen,
→ nächste Schritte.

Wichtige Fragen zur Informationsverteilung:

→ Für welche Personen sind die Informationen wichtig?
→ Muss die Information unverzüglich weitergeleitet werden?
→ In welcher Form soll die Information weitergeleitet (mündlich/ schriftlich) werden?
→ Wie sind Berichte im Unterlagenverzeichnis zu erfassen?

Welcher Nutzen ergibt sich aus einem optimal gestalteten Berichtswesen?

→ Zeitersparnis,
→ Aktualität,
→ Übersichtlichkeit,
→ Verbesserung des Verhältnisses zwischen Auftraggeber und Auftragnehmer, da Missverständnisse vermieden werden.

---

[95] RKW/GPM: Projektmanagement-Fachmann, S.1137
[96] Patzak, G.; Rattay G.: Projektmanagement, S.268

Berichtsfluss, Berichtsinhalte und Berichtshäufigkeit sollten deshalb entsprechend gestaltet werden (vgl. dazu Abb. 61).

Abb. 61: Gestaltung von Berichtsfluss, Berichtsinhalten und Berichtshäufigkeit

Stellen Sie sicher, dass in Ihrem Projekt Folgendes geregelt ist:

→ Trennung von Informationen in interne und externe Informationen.
→ Wer entscheidet über Klassifizierung bei Unklarheit?
→ Wer darf Informationen herausgeben und an wen?
→ Welche Informationen dürfen herausgegeben werden?
→ Wer entscheidet bei Unklarheiten über die Herausgabe?

Arten der Projektberichterstattung

Im Berichtswesen sind die Inhalte und Formen der Berichterstattung, der Empfängerkreis, der Berichtszyklus und der Berichtsverlauf festzulegen. Außerdem ist das Berichtswesen an den Informationsbedarf der Projektbeteiligten anzupassen.

Man unterscheidet im Allgemeinen zwischen Bericht und Protokoll.

Der Bericht ist eine schriftlich erstellte Informations-Mitteilung, Protokolle dagegen sind schriftlich festgehaltene Projektbesprechungen. In Protokollen werden Ort und Termin, Teilnehmer, Inhalte und Beschlüsse erfasst.

Nachfolgende Tabelle gibt einen Überblick über mögliche Berichtsarten in einer Dokumentationsmatrix.

Tab. 31: Dokumentationsmatrix

Art	Teambe-sprechung	Status-bericht	großer Situations-bericht	Jahres-abschluss-bericht	Projekt-Review	Projekt-abschluss-bericht
Form	Präsen-tantion, Diskussion, Arbeits-gespräch	schrift-lich	schriftlich	schriftlich	Präsen-tation, Diskussion	schriftlich
Zeitpunkt	regelmäßig	quartals-weise	halb-jährlich	Jahres-ende	anlässlich Projekt-meilen-stein, 1x jährlich	Projekt-abschluss
Adressat/ Teilnehmer	Projektteam	Auftrag-geber, Linien-bereiche	Projekt-leiter, Bereichs-/ Ressort-leitung, Auftrag-geber	Projekt-leiter, Bereichs-/ Ressort-leitung, Auftrag-geber	Auftrag-geber, Interes-senten	Projekt-leiter, Bereichs-/ Ressort-leitung, Auftrag-geber
Inhalt	aktuelle Ereignisse	Projekt-status, Termin-und Kosten-situation	Projekt-status, Projekt-fortschritt, Kapazitä-ten, Risiken	wie großer Situations-bericht zzgl. Finan-zierung, Vertrags-und Änderungs-manage-ment	aktueller Projekt-stand und Ausblick, Entschei-dungen	Zusam-menfas-sung, Projekt-ablauf, Zielab-gleich, Erfah-rungen

Medien der Projektberichterstattung

Um Informationen, Dokumente und Berichte in Projekten sinnvoll zur Verfügung zu stellen, abzulegen und/oder zu archivieren, stehen heute eine Vielzahl von Medien zur Verfügung, u.a.: [97]

→ Papierablagen (z.B. für archivierungspflichtige Unterlagen wie ratifizierte Vereinbarungen),

→ Computergestützte Dokumente ((z.B. Protokolle, Präsentationen, Listen, technische Zeichnungen zur Betrachtung am Bildschirm oder als Druckausgabe),

→ Dateimanager (einfache Form der Datenablage auf dem Computer, z.B. im Intranet oder auch Internet),

---

[97] vgl. PM3, Band 2, S. 1090 ff.

→ Dokumenten-Management-System (erweiterter Dateimanager mit Versionsverwaltung, Suchbegriffsmöglichkeiten, Gliederungsstrukturen etc.),

→ Datenbank-Systeme (Bereithaltung strukturierter Daten, wie Adressen, Rechnungen, Stücklisten, die in einem Unternehmen in größeren Mengen anfallen),

→ Workflow-Systeme (Steuerung und Verfolgung vordefinierter Abläufe, Archivierung eines Statuskonzeptes, folgenden Bearbeitungsschritten, Statusveränderungen zum automatischen Anstoßen von Verarbeitungsprozessen in Systemen),

→ Blog (Wortkreuzung aus Web und Logbuch, endlos schreibbares Online-Dokument zu einem spezifischen Thema, z.B. für zentrale Nachrichten der Projektleiter an die Projektteilnehmer),

→ Wiki (hawaiisch für „schnell", Sammlung von Webseiten, die von Benutzern gelesen und online geändert werden können, dabei erfolgt eine Versionskontrolle),

→ Virtuelle Projekträume (internetbasierte Datenablagen für geschlossene Benutzergruppen, Zugriff über Authentifizierungsverfahren mit rollenbasierten projekt- und personenspezifischen Zugriffsmechanismen).

4.	**Projektabwicklung**	**164**
4.1	Projektmanagementprozesse während der Projektabwicklung	164
4.2	Multiprojektmanagement	166
	4.2.1 Aufgaben des Multiprojektmanagements	167
	4.2.2 Instrumente des Multiprojektmanagements	168
	4.2.3 Einsatzmittelplanung bei Multiprojekten	168
	4.2.4 Projekt-Netzwerke	170
	4.2.5 Erfahrungsdatenbanken	171
4.3	Kommunikation	172
	4.3.1 Projekte präsentieren	175
	4.3.2 Sicherheit beim Vortrag	177
4.4	Projektmarketing	180
	4.4.1 Definition und Begriff	180
	4.4.2 Ziele des Projektmarketings	180
	4.4.3 Vorgehensweise	181
	4.4.4 Erkennungsmerkmale eines Projekts	182
	4.4.5 Maßnahmen / Instrumente im Projektmarketing	183
	4.4.6 Projektmarketing-Mix	184
4.5	Führung und Motivation	187
	4.5.1 Führung	187
	4.5.2 Motivation	193
	4.5.3 Partizipation	198
4.6	Teamarbeit	200
	4.6.1 Spielregeln	200
	4.6.2 Moderation und Sitzungsleitung	201
	4.6.3 Projektgruppen	203
	4.6.4 Zeitmanagement	209
4.7	Konflikte und Krisen	214
	4.7.1 Konfliktentstehung	214
	4.7.2 Konfliktarten	215
	4.7.3 Konflikteskalation	215
	4.7.4 Konfliktlösungsmöglichkeiten	217
	4.7.5 Krisen	219
4.8	Projektsteuerung und -controlling	221
	4.8.1 Definition und Begriff Projektsteuerung	221
	4.8.2 Aufgaben der Projektsteuerung	222
	4.8.3 Maßnahmen in der Projektsteuerung	223
	4.8.4 Definition und Begriff Projektcontrolling	224
	4.8.5 Aufgaben des Projektcontrollings	225
	4.8.6 Probleme im Controllingprozess	226
	4.8.7 Ziele des Projektcontrollings	227
	4.8.8 Aufgaben und Anforderungen eines Projektcontrollers	227
4.9	Projektstatus und -fortschritt	229
	4.9.1 Leistungsfortschritt	229
	4.9.2 Kostenfortschritt	232
	4.9.3 Prognose der Kostenentwicklung	233
	4.9.4 Terminfortschritt	239
4.10	Änderungen	241

4.11   Claimmanagement (Nachforderungsmanagement)..243
        4.11.1 Ziele des Claimmanagements:..243
        4.11.2 Instrumente des Claimmanagements:...243
4.12   Übergabe, Abnahme (Kunde)...246

4. Projektabwicklung

4.1 Projektmanagementprozesse während der Projektabwicklung

Projektabwicklung ist die Aufgabendurchführung vom Anfang bis zum Ende eines Projektes.[98] Diese Aufgabendurchführung ist je nach Projektgegenstand (z.B. Produkt, Bauobjekt, IT-Lösung, Automotive, Medikamentenforschung,....) und Projektart (F&E-Projekt, Investitions- oder Organisationsprojekt) sehr differenziert. Deshalb werden hier über die Durchführung der fachlichen Arbeit keine Ausführungen gemacht.

Um vereinbarte und geplante Projektziele zu erreichen, ist bekannt, dass Projektmanagement im Rahmen der Projektabwicklung fortwährendes Planen, Organisieren, Überwachen, Lenken, Berichten und Ergreifen notwendiger Korrekturmaßnahmen umfasst.

In projektorientierten Unternehmen gibt es an den Projektmanagementprozessen ausgerichtete standardisierte Projektabläufe. Sinnvoll sind dafür Prozessbeschreibungen oder auch Verfahrensanweisungen. Überwiegen in Unternehmen die Projektarbeiten im Gegensatz zu den Routinearbeiten, sind dokumentierte Projektmanagement-Systeme sinnvoll. Darin sind neben den Prozessen der Projektplanung auch die der Projektabwicklung konkret an den Projektgegenständen bzw. -produkten festgelegt.

Bei der Abwicklung von Projekten gibt es eine Reihe von Projektmanagementelementen bis zum Projektende wiederholt zu bearbeiten:

- → Projektinhalt und Leistungen,
- → Ressourcen (Personal und Sachmittel) und deren Verfügbarkeit,
- → Abhängigkeiten zwischen Termin, Kosten und Leistung des Projektes,
- → Terminplanung und –kontrolle,
- → Kostenkontrolle,
- → Fortschrittsermittlung,
- → Stakeholder / Kommunikation,
- → Risikobehandlung,
- → Beschaffung.

Allgemeingültig können für diese Abschnitte folgende Prozessbeschreibungen formuliert werden (vgl. Tab. 32):

---

[98] *DIN 69905:1997, Begriffe Projektabwicklung*

Tab. 32: Übersicht/Auszug der wichtigsten PM-Prozess-Gruppen [99]

Projektmanagement-Prozessgruppe	Prozessabschnitte	Prozessbeschreibung
Ressourcenbezogene Prozesse	Ressourcenkontrolle	Vergleich des Ist-Einsatzes mit den Ressourcenplänen und Ergreifen von Maßnahmen, falls nötig
Personalbezogene Prozesse	Teamentwicklung	Entwicklung von individuellen Teamfertigkeiten und der Fähigkeit, die Projektleistung zu erhöhen
Abhängigkeitsbezogene Prozesse	Interaktions-management	Handhaben von Interaktionen während der Projektdurchführung
	Änderungs-management	Vorhersehen von Änderungen und ihre Handhabung über alle Prozesse
Umfangsbezogene Prozesse	Kontrolle der Vorgänge	Kontrolle der aktuellen Projektarbeiten
Zeitbezogene Prozesse	Kontrolle des Zeitplanes	Kontrolle der Durchführung von Projektvorgängen, um den vorgeschlagenen Zeitplan zu bestätigen oder um angemessene Maßnahmen zu treffen, um Verzögerungen aufzufangen
Kostenbezogene Prozesse	Kostenkontrolle	Kontrolle der Kosten und Abweichungen vom Projektbudget
Kommunikations-bezogene Prozesse	Kommunikations-kontrolle	Kontrolle der Kommunikation in Übereinstimmung mit dem geplanten Kommunikationssystem
Risikobezogene Prozesse	Risikosteuerung und -bewältigung	Entwicklung von Plänen, um Risiken zu begegnen
	Risikoüberwachung	Einführung und Aktualisierung der Risikopläne
Beschaffungsbezogene Prozesse	Vertragskontrolle	Sicherstellen, dass die Leistungen des Lieferanten die vertraglichen Anforderungen erfüllen

In der Realität der Projektabwicklung werden diese Prozessabschnitte oft in der logischen Reihenfolge gestört. Ursachen sind z.B. Änderungswünsche der Kunden, schlechte Lieferungen und Leistungen der Projektpartner, nicht erfüllte Voraussetzungen zur Projektabwicklung etc. Es kommt zu Unterbrechungen, Überarbeitungen und auch zu Wiederholungen von Aktivitäten. Die Anforderungen an eine qualitäts-, termin- und kostengerechte Abwicklung des Projektes sind dann erheblich. Besonders kritisch kann die Situation werden, wenn sich mehrere Projekte mit annähernd gleicher Wichtigkeit in der Ressourcennutzung überlagern. Eine vorher gute Projektplanung kann dann während der Abwicklung nicht mehr umgesetzt werden.

---

[99] DIN ISO 10006:2003, 2. Ausgabe

4.2 Multiprojektmanagement

Die optimale Verwendung der Projektbudgets sowie der Zwang zur immer schnelleren Umsetzung von Projekten bilden dauernde Herausforderungen der Projektverantwortlichen.[100] Hier setzt die Multiprojektmanagement-Methode an. In der Literatur wird für den Begriff Multiprojektmanagement (MPM) auch der Ausdruck Mehrprojektmanagement oder Meta-Projektmanagement verwendet.

Bei mehreren gleichzeitig laufenden Projekten oder bei vollständig projektorientierten Unternehmen (management by projects) ist der Ausgleich zwischen den miteinander um Ressourcen konkurrierenden Projekten eine eigene Managementaufgabe. Abbildung 62 zeigt den Mechanismus des Multiprojektmanagements.

„Die Aufgaben lassen sich in zwei Ebenen trennen. Auf der Planungsebene werden die Projekte erfasst, bewertet und es wird entschieden, welche Projekte gestartet werden sollen. Inhalte der Steuerungsebene ist es, die Umsetzung im Projektportfolio zu überwachen und bei Störfällen einzugreifen."[101]

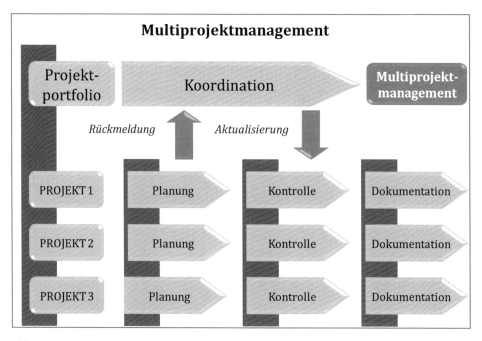

Abb. 62: Multiprojektmanagement
Multiprojektmanagement umfasst die übergeordnete Steuerung nebeneinander ablaufender Projekte zur Erreichung höherer Wirtschaftlichkeit und unter Ausnutzung frei werdender Synergien.

---

[100] Projektmagazin – Glossar, http://www.projektmagazin.de/glossar (verfügbar Sep. 2007)
[101] bps-business process solutions gmbh, http://www.bps.de/files/bps-beitrag-projektmgt-mpm.pdf (verfügbar Jan. 2011)

Da davon auszugehen ist, dass viele Aufgaben in den verschiedenen Projekten gleichartig sind und gleiche Lernprozesse durchlaufen werden, kommt es beim Multiprojektmanagement neben der Ressourcenverwaltung vor allem darauf an, Synergien freizusetzen und Erfahrungswerte für andere Projekte allgemein verfügbar zu machen.

Ressourcenverwaltung, Wissensmanagement, die Pflege und der Aufbau von Erfolgspotenzialen sind daher zentrale Anwendungsbereiche der Gesamtunternehmenssteuerung unter Einbeziehung des Multiprojektmanagements.[102]

Voraussetzung des Multiprojektmanagements ist, eine unabdingbare Transparenz aller Projekte, genaue Informationen über den Projektfortschritt und den kritischen Weg zu haben sowie frühzeitig Abweichungen und Konsequenzen zu lokalisieren.

„Bei einem umfangreichen Projektportfolio erfordert das Multiprojektmanagement eine eigene Organisationseinheit, das so genannte Projektbüro oder Project Office. In der Regel wird mit dem Begriff Projektbüro eine dauerhafte Stabsstelle bezeichnet, die als "Center of Excellence" professionelles Projektmanagement als interne Dienstleistung zur Verfügung stellt. Zu den typischen Aufgaben eines Projektbüros zählen das Projektmanagementcoaching von Projektleitern und Projektteams, die Schulung von Projektmanagern, die organisatorische Begleitung von Projektteams, das Erarbeiten und Durchsetzen von Standards in der Projektarbeit (Vorgehensmodelle) und die Mittlerfunktion zwischen Projekt- und Linienfunktionen. Darüber hinaus kann ein Projektbüro auch die Aufgabe eines umfassenden Multiprojektmanagements haben. In diesem Fall hat es weitgreifende Entscheidungskompetenzen, z.B. hinsichtlich der Priorisierung von Projekten."[103]

4.2.1 Aufgaben des Multiprojektmanagements

Zu den Aufgaben des Multiprojektmanagements zählen unter anderem:[104]

- → Projektauswahl nach einheitlichen Kriterien und strategischen Gesichtspunkten,
- → übergreifendes, strategisches Projektmanagement (Projektportfolio),
- → Personalentwicklung für Projektmanager,
- → übergreifendes Controlling,
- → Termin- und Kapazitätsplanung (Regelung des Zugriffs mehrerer Projekte auf gemeinsame Ressourcen),
- → Berichtswesen und Wissensmanagement,
- → Standardisierung von Projektabläufen (Projektmanagement-Handbuch),
- → einheitliches Qualitätsmanagement und Projektbewertung.

---

[102] *Projektmagazin – Glossar, http://www.projektmagazin.de/glossar (verfügbar Sep. 2007)*
[103] *Projektmagazin – Glossar, http://www.projektmagazin.de/glossar (verfügbar Sep. 2007)*
[104] *RKW/GPM: Projektmanagement-Fachmann, S.773*

4.2.2 Instrumente des Multiprojektmanagements

Für die Priorisierung bzw. die Bewertung von Projekten zur Erreichung von Zielsetzungen existieren verschiedene Instrumente. Die Instrumente sollen bei der Entscheidung helfen, welches der Projekte, in Hinsicht auf die Unternehmensphilosophie oder in Engpasssituationen (Kapital-, Zeit-, Mitarbeiterengpass) am ehesten zu realisieren ist. Instrumente dafür sind zum Beispiel verschiedene Arten von Portfolio-Techniken, Entscheidungstabellen, Kosten-Nutzen-Analysen oder Investitionsrechnungsverfahren.

4.2.3 Einsatzmittelplanung bei Multiprojekten

Multiprojektplanung ist nötig, wenn sich mehrere Projekte ein bestimmtes Einsatzmittel oder einen beschränkten Vorrat teilen.

In diesem Fall ist eine Planabstimmung der vorhandenen Ressourcen mit Prioritätsvergabe erforderlich (vgl. Abb. 63).

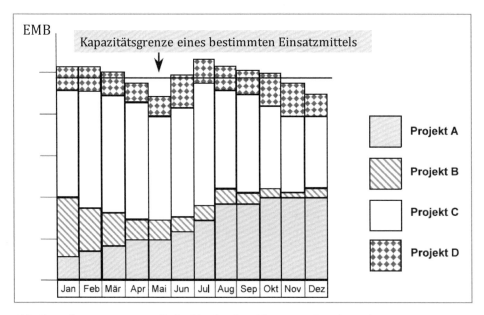

Abb. 63: Geplanter Einsatzmittelbedarf für die Abwicklung von 4 Projekten[105]

Wichtige Aspekte dabei sind:

→ bestimmte Mitarbeiter sollen zeitparallel in mehreren Projekten arbeiten,
→ eine feste Mitarbeiteranzahl steht als Summe für mehrere Projekte zur Verfügung und soll fachgerecht aufgeteilt werden,
→ ein vorgegebenes Budget soll auf die einzelnen Projekte aufgeteilt werden,

---

[105] *RKW/GPM: Projektmanagement-Fachmann, S.592*

→ eine beschränkte Menge eines bestimmten Betriebsmittels soll fair auf mehrere Projekte aufgeteilt werden.

„Ohne Multiprojektmanagement lassen sich Prioritätsentscheidungen bei Projekten nur schwer treffen. Die Auswirkungen von geänderten Prioritäten auf Vorgangstermine anderer Projekte können nur so ermittelt und dargestellt werden. Der Stellenwert einer projektbezogenen Einsatzmittelplanung wird vor dem Hintergrund anhaltender Personalreduzierung und notwendiger Kürzung der Durchlaufzeiten von Projekten besonders deutlich." [106]

Projekt-Profile

Die Projekte werden im Hinblick auf unternehmensrelevante Kriterien (z.B. Image, Rentabilität, Marktführerschaft) eingeordnet, welche dem Unternehmen bedeutsam erscheinen und im Vorfeld vom Lenkungsausschuss gewichtet wurden. Dabei bedient man sich einer numerischen Skala z.B. von 1 (sehr gut) bis 10 (sehr schlecht). Aus der vorgenommenen Gewichtung ergeben sich Projektprofile. Dabei lässt sich schnell und einfach ableiten, welche der Projekte am erfolgversprechendsten sind.[107]

Projekt-Portfolio

Um den Auswahlprozess an geeigneten Projekten zu unterstützen, bietet die Portfolioanalyse eine geeignete Grundlage. In einem zweidimensionalen Koordinatensystem werden die Achsen mit Klassen beschrieben, welche völlig unabhängig voneinander sind. Die Klassen bestehen aus gebündelten Kriterien, die einzeln gewichtet einer direkten Klasse zugeordnet worden sind. Jedes Projekt erhält eine Nummer und wird in das Portfolio übertragen (vgl. Abb. 64). Man erhält dadurch schnell Auskunft, welche Projekte unter den in Betracht gezogenen Kriterien am erfolgsträchtigsten sind. Resultat ist meistens eine Mischung aus kurzen kostensenkenden Projekten und eher langfristigen innovativen Projekten.

---

[106] *RKW/GPM: Projektmanagement-Fachmann, S.592*
[107] *RKW/GPM: Projektmanagement-Fachmann, S.794f*

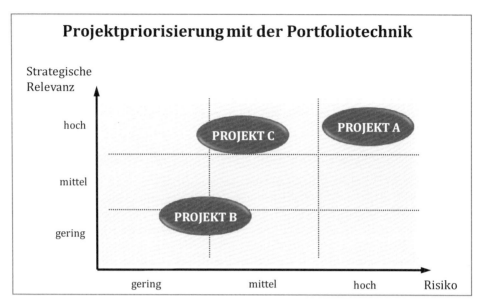

Abb. 64: Portfoliotechnik im Multiprojektmanagement

4.2.4 Projekt-Netzwerke

Eine heterogene und ganzheitlich betrachtete Projektlandschaft mit einer großen Anzahl unterschiedlicher und interdependenter Projekte wird auch als Projektnetzwerk bezeichnet.[108]

Die zentrale Managementaufgabe im Projektnetzwerk ist es, die Einzelprojekte und Beziehungen zwischen Projekten hinsichtlich der optimalen Erreichung der Unternehmensziele so zu gestalten, dass ein maximales Netzwerkgesamtergebnis erzielt wird. Dabei werden Entscheidungen gefällt über Definition, Abschluss bzw. Abbruch von Projekten, die Detaillierung von Projekten, Teilprojekten oder Aufgaben sowie dem Management von Synergien- und Konkurrenzbeziehungen innerhalb des Projektnetzwerkes.[109]

Dieser Ansatz beschreibt nicht ausschließlich eine Situation der Ressourcenkonkurrenz, sondern betont auch mögliche komplementäre Beziehungen und Synergiepotenziale von Projekten, wie z.B. die Weitergabe von Erfahrungen und Know-how oder die gemeinsame Bearbeitung und Definition von Arbeitspaketen.[110]

---

[108] *Ehlers, P.: Das GroupProject-System, S.70*
[109] *Gareis, R.: Projektmanagement im Maschinen- und Anlagenbau, S.151*
[110] *Ehlers, P.: Das GroupProject-System, S.71*

4.2.5 Erfahrungsdatenbanken

In Datenbanken werden die Daten der abgeschlossenen Projekte in Bezug auf Kostenziele, Termineinhaltung und Kapazitätseinbindung gespeichert, um für Zukunftsprojekte eine effizientere Planung und Steuerung zu ermöglichen. Die angelegten Datenbanken vereinfachen die Recherche und Ablage über relevante Informationen abgeschlossener Projekte. Gleichzeitig kann eine solche Datenbank auch für das Mitarbeiterwissen aufgebaut werden, wodurch ein Erfahrungstransfer der Projektarbeit möglich wird.

Die althergebrachte Datenbank wird heutzutage von Wissensmanagementsystemen ersetzt, welche Daten nicht nur sammeln, sondern auch aufbereiten und später in neue Projekte einfließen lassen. Unabhängig von der Größe ist für jedes projektorientierte Unternehmen das Managen seiner Projekte von immenser Bedeutung.

Bei einem optimalen Einsatz der Multiprojektmanagement-Instrumente können eine Vielzahl von Synergien genutzt werden, wie z.B.:

→ rasche Lösungen bei unterschiedlichsten Problemen,
→ klare Rangordnung der Projekte durch Prioritäten,
→ systematische Nutzung der Erfahrungen (organisatorisches Lernen),
→ Verbesserung der Teamarbeit, Motivation und Kommunikation im Unternehmen.

4.3   Kommunikation

Die Begriffe Information und Kommunikation unterscheiden sich durch ein wesentliches Merkmal:

→   Informationen werden in eine Richtung übertragen.

→   Kommunikation beinhaltet auch den Rückkanal (Feedback), sie findet also in (mindestens) zwei Richtungen statt.

Mitarbeiter in Projekten benötigen, um erfolgreich arbeiten zu können, bestimmte Informationen. Dabei kann man drei Kategorien unterscheiden:

(1)   Was Mitarbeiter wissen _müssen_.

Hierzu gehören seine Befugnisse, Fachinformationen, Prozessinformationen, Arbeitszeit, Arbeitsort, Termine, Zielstellungen der konkreten Aufgabe, Ansprechpartner etc.   Kurzum alles, was der Mitarbeiter unmittelbar zur Erfüllung seiner Aufgabe an Informationen benötigt.

(1)   Was Mitarbeiter wissen _sollten_.

Informationen zur Unternehmensorganisation (über den konkreten Auftrag hinaus) über die Strategie des Unternehmens etc., also die Informationen, die den Erfolg unterstützen, aber für die konkrete Aufgabe nicht essentiell notwendig sind.

(3)   Was Mitarbeiter wissen _möchten_.

Hierher gehören z.B. Regelungen zu Sozialleistungen im Unternehmen, Urlaubsregelungen etc., also Informationen, die in Bezug auf die Mitarbeitermotivation sicherlich eine Rolle spielen, aber zur Erfüllung des konkreten Auftrags nicht zwingend erforderlich sind.

Das eigentliche Projektinformationssystem wurde aufgrund der Komplexität bereits im Kapitel 3.8 Dokumentation und Berichtswesen ausführlich behandelt. Wir wollen uns an dieser Stelle mehr dem Themenfeld Kommunikation in Projekten widmen.

Projektkommunikation beschreibt alle Formen der Kommunikation sowohl innerhalb des Projektteams als auch mit (unternehmens-)internen und externen Auftraggebern, Lieferanten und sonstigen direkten und indirekten Projektbeteiligten.

Jeder Projektbeteiligte hat seine eigene Sicht auf den Projektgegenstand und seine individuellen Vorstellungen von den Erfolgskriterien.

Deshalb ist eine gemeinsame „Sprache" aller Beteiligten unbedingt notwendig: Begriffe sind mit eindeutigen Bedeutungen versehen (Fachterminologie; Encoder / Decoder). Häufig existieren in Unternehmen auch Formulierungen, die nur hier eine exakte Bedeutung haben. Ein neuer Kollege hat es dann mitunter schwer, die richtige Interpretation zu finden.

Doch die Verwendung solcher definierten Begriffe allein reicht noch nicht aus: mindestens genauso wichtig ist es, sich verständlich machen zu können / wollen (Persönliches Raster) auf der

Senderseite und verstehen können / wollen (Wahrnehmungsraster) auf der Empfängerseite. Kommunikation ist immer ein beiderseitiger Prozess – das Feedback ist genauso wichtig wie die eigentliche Botschaft, denn hier durchläuft die Botschaft wieder beide Raster. Das ist schon im „klassischen" Kommunikationsmodell dargestellt:

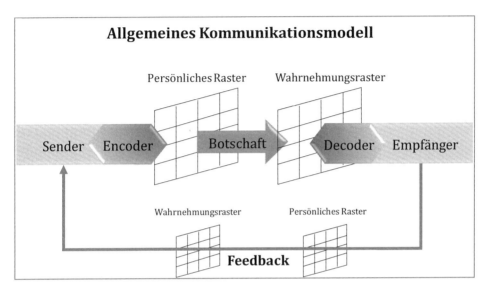

Abb. 65: Klassisches Kommunikationsmodell (nach Shannon & Weaver)

Außerdem verläuft die Kommunikation stets über zwei (Haupt-)Ebenen:

→ Sachebene, auf der die rein sachlichen, meist objektiven Informationen übermittelt werden.

→ Beziehungsebene, die vom Verhältnis der beiden Kommunikationspartner geprägt ist und meist subjektive Informationen enthält.

Ist die Beziehungsebene gestört, wird auch die Übermittlung von Sachinformationen nur eingeschränkt funktionieren und umgekehrt (vgl. Abb. 66).

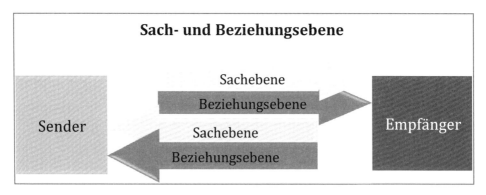

Abb. 66: Sach- und Beziehungsebene (nach Friedemann Schulz von Thun)

Nachrichtenquadrat und Inneres Team

Beim Nachrichtenquadrat oder „Vier-Ohren-Modell" werden vier Kommunikationsaspekte einer Nachricht betrachtet: die Sache (Sachebene), die Beziehung (Beziehungsebene), die Ich-Aussage (Informationen über sich selbst, eigene Sicht der Dinge) und den Appell (was will ich mit der Nachricht erreichen).

Im Inneren einer Person sprechen häufig verschiedene „Stimmen", die gegebenenfalls unterschiedliche Intentionen verfolgen. Schulz von Thun bezeichnet dies als „Inneres Team", bei dem die „Teammitglieder" – also die verschiedene „Stimmen" – gut abgestimmt zusammenwirken können oder vielleicht auch im Streit miteinander liegen.

Kommunikationshindernisse und -störungen

Einer erfolgreichen Kommunikation stehen häufig Hindernisse im Weg:

→ in der Sachebene: Wahrnehmungsbarrieren durch unterschiedlichen Bildungsstand, Erfahrungen, abweichende Interpretation von Begriffen,

→ in der Beziehungsebene: persönliche Faktoren, Interessen (bei Vorlieben: zuhören – bei Abneigung: Langeweile), Einstellungen, Emotionen (Selbstschutz bei Angst, Zuneigung oder Abneigung) und Vorurteile.

Durch selektive Wahrnehmung wird das Abbild der Realität aufgrund vorgefasster Weltbilder (Meinungen, Interpretationen, Annahmen) gefiltert, d.h.: von diesen Erfahrungen abweichende Informationen werden nicht oder nur begrenzt aufgenommen.

Kommunikationsarten und -typen

Natürlich kann man auf unterschiedlichste Art kommunizieren:

→ schriftlich (Brief, Mail, ...),

→ verbal (das „gesprochene Wort" in Gesprächen, Diskussionen, am Telefon, ...),

→ nonverbal (alles, was nicht ausgesprochen, aber durch Mimik, Gestik und persönliches Verhalten kommuniziert wird).

Welche Art wann geeignet ist, hängt natürlich vom Einzelfall ab. Pauschale Regelungen kann es deshalb nicht geben. Das hängt u.a. auch von den einzelnen Kommunikationstypen ab:

→ der visuelle Typ spricht sehr auf visuelle Reize an, er benutzt eine bildhafte Sprache,
→ der auditive Typ redet gern, pflegt Argumente und Diskussionen,
→ der kinästethische Typ probiert gern aus, möchte etwas in der Hand haben, anfassen.

Müssen wir Mitarbeitern bestimmte Aufgaben oder Abläufe erläutern, damit sie diese dann selbst erledigen können, dann sollten wir überlegen, für welche Übermittlungsvariante wir uns entscheiden. Auch davon hängt die „Behaltensquote" beim Mitarbeiter ab (vgl. Abb. 67):

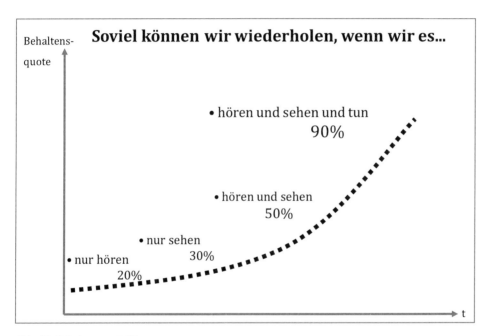

Abb. 67: Behaltensquote[111]

4.3.1   Projekte präsentieren

Präsentationstechnik

Heute steht dem Vortragenden ein Arsenal technischer Hilfsmittel für seine Präsentation zur Verfügung. Häufig werden Präsentationen mit PC und Beamer an eine Leinwand projiziert, ergänzend werden Flipcharts oder Whiteboards beschrieben, Pinnwände bespickt, Videosequenzen werden eingespielt etc.

Überlegen Sie, welche technischen Hilfsmittel Ihnen vor Ort zur Verfügung stehen, und welche Sie davon nutzen wollen. Entscheiden Sie sich für einige wenige Hilfsmittel und setzen Sie diese wirkungsvoll ein.

---

[111] *Seifert, Josef W.: Visualisieren - Präsentieren - Moderieren, S. 13 (modifiziert)*

Vorbereitung

Das beste Mittel mit seiner Präsentation souverän und erfolgreich aufzutreten, ist zunächst eine gründliche Vorbereitung. Der Vortragende muss wissen, wovon er spricht. Aber auch der Aufbau der Präsentation ist von wesentlicher Bedeutung für den Eindruck, den Sie hinterlassen werden.

Inhalt (Was?)

Tragen Sie die inhaltlichen Punkte vollständig zusammen, die Sie für Ihre Präsentation benötigen. Bereiten Sie den Stoff für die Zielgruppe entsprechend auf, grenzen Sie den Umfang ein und gliedern ihn in sinnvolle Abschnitte.

Seien Sie auch darauf vorbereitet, dass Zuhörer Fragen zu Begriffen, Abkürzungen und Zusammenhängen stellen werden. Wir haben schon mehrfach in der Praxis erlebt, dass eine Flut von (englischen) Begriffen verwendet wird, deren Bedeutung dem Redner nach Rückfrage nicht vollständig bekannt war…

Auch sollten Sie sich entscheiden, ob Sie die Präsentation in Deutsch oder beispielsweise in Englisch halten wollen. Eine Mischung aus zwei (oder mehr) Sprachen kommt meist weniger gut an.

Achten Sie auf den richtigen Umfang des Vortrages. Sie können in zehn Minuten keine komplexen Prozesse detailliert beschreiben! Wählen Sie entweder den Überblick oder ein detailliertes Beispiel, wenn Sie nur wenig Zeit zur Verfügung haben.

Was sind Ihre Kernaussagen, auf die Sie nicht verzichten können? Welche wichtigen Fragen runden das Thema ab? Wie kann ich das Thema „würzen" und illustrieren?

Stellen Sie sicher, dass Ihre inhaltliche Vorbereitung vollständig (unter Beachtung des verfügbaren Zeitrahmens) das Thema erfasst, welches Sie präsentieren werden.

Dramaturgie (Wann?)

Nachdem Sie die inhaltlichen Punkte zusammengetragen haben, überlegen Sie wann bzw. in welcher Reihenfolge Sie die Unterpunkte präsentieren. Der Zuhörer muss eine logische Folge erkennen können.

Stellen Sie das Ziel Ihres Vortrags an den Anfang! Die Zuhörer wollen wissen, warum Sie Ihnen zuhören sollen. Anschließend gliedern und präzisieren Sie Ihren Inhalt. An den Schluss kommt eine kurze Zusammenfassung und – davon profitieren viele Redner – greifen Sie einen Gedanken vom Beginn des Vortrages nochmals kurz auf. Dadurch bekommt Ihr Vortrag einen geschlossenen Rahmen und wirkt „rund".

Wir wollen einige Hinweise für die Gestaltung eines Vortrags mit einem Präsentationsprogramm (Microsoft Powerpoint o.ä.) geben, da diese Präsentationstechnik sehr verbreitet ist. Natürlich gelten diese Hinweise grundsätzlich auch für Overhead-Folien, vorbereitete Flipchart-Blätter u.ä.

Folgende Regeln sind für das Verfassen von Folien zu beachten:

- → Texte nie ausschließlich in Großbuchstaben schreiben,
- → Möglichkeiten der Hervorhebungen nutzen: Farben, Unterstreichungen, Einrahmungen, Unterlegung mit Farben,
- → nicht mehr als zehn Zeilen pro Darstellung,
- → Schriftgröße auf Raumgröße und Anzahl der Zuhörer abstimmen,
- → nicht mehr als vier Farben verwenden,
- → gleiche Farben oder Symbole für gleiche Sachverhalte verwenden,
- → nie mehr als zwei Aussagen pro Darstellung treffen,
- → bildhafte Darstellung (Grafiken) verwenden,
- → Text und Grafik gut mischen,
- → Vergleiche nebeneinander platzieren,
- → pro Seite nicht mehr als zwei verschiedene Schrifttypen,
- → keine längeren ausformulierten Textpassagen – Schwerpunkte angeben.

Wenn Sie Ihre Folien in Stichpunkten gestalten, haben Sie beim Vortrag die Gelegenheit, Sätze auszuformulieren und Grafiken in freier Rede zu erläutern.

Didaktik (Wie?)

Hier entscheiden Sie wesentlich über den Erfolg Ihres Vortrages. Insbesondere, wenn Sie bisher wenig Erfahrung im Vortragen haben, sollten Sie sich hier einen Fahrplan zurechtlegen und eventuell vorher das Ganze proben. Sie sollten sich folgende Punkte vor Augen halten:

Zu Beginn der Präsentation müssen Sie die Aufmerksamkeit der Zuhörer gewinnen, zum Beispiel mit einem persönlichen Einstieg, einer Anekdote, einer kleinen Geschichte…

Wer sind Ihre Zuhörer? Über welche Vorkenntnisse verfügen diese, z.B. sind es Fachexperten, die sich fürs Detail interessieren oder ist es die Vorstandsriege, die an technischen Finessen in aller Regel nicht so stark interessiert ist? Sie müssen sich auf jeden Fall auf Ihr Publikum einstellen.

Halten Sie konkrete Beispiele zur Illustration Ihrer Darstellung parat, in Form von Berichten aus der Praxis, von Modellen / Anschauungsstücken (die Sie vielleicht sogar herumreichen können), von Fotos etc. Damit können Sie die Anschaulichkeit wesentlich verbessern.

Was wollen Sie für sich mit dem Vortrag erreichen? Wollen Sie Ihr Projekt bekannt machen, über dessen Erfolge berichten und / oder sich selbst präsentieren? Eine Projektpräsentation ist immer auch Projekt- und Eigenmarketing!

4.3.2   Sicherheit beim Vortrag

Redeangst und Lampenfieber

Redeangst hat häufig ihre Wurzeln in einem Mangel an Gelegenheiten, einen Vortrag zu halten. Mitunter spielen auch Zweifel an der eigenen Kompetenz eine gewisse Rolle. In vielen Fällen tragen Redner eine innere Unruhe in sich, die sich erst legt, wenn sie mit ihrem Vortrag begonnen haben.

Beachten Sie folgende Ratschläge, um Redeangst und Lampenfieber entgegen zu wirken:

→ Bereiten Sie sich gut und umfassend vor. Das gibt Ihnen das Gefühl, dass von daher nichts schief gehen kann.

→ Nehmen Sie eine positive Haltung zum Vortrag ein. Sie haben die Gelegenheit etwas zu sagen und können es kaum erwarten, an der Reihe zu sein.

→ Kurz vor dem Vortrag empfiehlt sich für einige Minuten der Aufenthalt an der frischen Luft, wobei kräftig durchgeatmet wird.

→ zehn bis fünfzehn Minuten vorher sollten Sie sich durch Unterhaltung mit Anderen vom Vortrag ablenken lassen.

→ Unmittelbar vor dem Vortrag sollten Sie weder schwer, noch allzu viel essen.

→ Auf keinen Fall nehmen Sie Aufputschmittel und Medikamente, weder Alkohol noch zu viel Kaffee.

→ Kurzer prüfender Blick in den Spiegel – und los geht's!

Erscheinungsbild und Vortrag

Achten Sie bei Ihrem „Auftritt" auf ein angebrachtes und angemessenes Outfit. Sie sollten sich darüber im Klaren sein, das alles, was regional, lokal oder in einem bestimmten Kreis in der äußerlichen Aufmachung aus dem Rahmen fällt, Anlass zu Vorurteilen geben kann und so die innere Bereitschaft des Hörers zur Aufnahme sachlicher Inhalte des Vortragenden versperrt. Die Kleidung sollte deshalb als anpassend, angebracht und angemessen empfunden werden. Dazu gehört die Beachtung bestimmter Gepflogenheiten.

Haltung

Treten Sie an das Pult oder an jene Stelle, von der aus der Vortrag gehalten wird – ruhig und gesammelt. Gehen Sie nicht andauernd hin und her und vermeiden Sie, mit den Fingern oder mit Gegenständen zu spielen.

Blickkontakt

Treten Sie zu Beginn des Vortrags sofort mit den Zuhörern in Blickkontakt und versuchen Sie, möglichst viele Hörer anzuschauen. Wagen Sie auch einen Blick in die hinteren Reihen, ebenso nach rechts und links. Der Blick muss dabei angstfrei und fest sein und von einem zum anderen schweifen. Auf keinen Fall sprechen Sie zu Flipchart bzw. Leinwand oder starren auf einen imaginären Punkt im Raum! Kommt es zu Fragen der Zuhörer oder zur Diskussion, schauen Sie den Gesprächspartner direkt an.

Aufmerksamkeit

Um die Aufmerksamkeit zu gewinnen, schauen Sie Ihre Zuhörer einige Sekunden still an und starten erst dann mit Ihrem Vortrag. Betonen Sie zu Beginn, wovon Ihre Zuhörer profitieren werden und kommen Sie zum Ende des Vortrages darauf zurück.

Achten Sie auf das richtige Sprechtempo, nicht zu schnell (dann kann Ihnen keiner folgen), aber auch nicht zu langsam (das ermüdet Ihr Publikum). Machen Sie ab und zu kleine Kunstpausen, damit der Zuhörer folgen kann.

Heben oder senken Sie Ihre Stimme je nach Inhaltsschwerpunkten bzw. erhöhen oder nehmen Sie die Lautstärke etwas zurück. Denken Sie daran: die Stimme ist Ihre Visitenkarte.

Tipps und Tricks

Wenn Sie aus dem Stehgreif sprechen oder antworten müssen:

→ wiederholen Sie die Frage noch einmal,

→ nennen Sie zwei bis drei Schwerpunkte zur Beantwortung,

→ fassen Sie Ihre Antwort unter Nutzung der Frage kurz zusammen,

→ Wenn Sie eine Frage an einen anderen Teilnehmer weiterleiten: „Name-Frage-Name", d. h. sprechen Sie den Antwortenden mit seinem Namen an (damit wecken Sie seine Aufmerksamkeit), wiederholen Sie die Frage (damit stellen Sie sicher, dass er sie tatsächlich gehört hat) und bitten Sie ihn unter Nennung seines Namens zu antworten (damit hat er einige Sekunden Zeit, seine Antwort zu formulieren).

→ Verwenden Sie in Ihrem Vortrag Personalpronomen: „ich, Sie, wir" anstatt „man, es müsste..." – damit schaffen Sie persönlichen Bezug und Verbindlichkeit.

→ Verwenden Sie niemals „Killerphrasen", wie: „Das haben wir alles schon mal gemacht". Besser sind die „Ja – aber – Methode" oder die Bumerang-Methode („gerade - deshalb").

→ Schließen Sie mit einer positiven Aussage, und greifen Sie den Beginn des Vortrages noch einmal auf.

4.4 Projektmarketing

4.4.1 Definition und Begriff

> Projektmarketing ist die Präsentation und werbende Darstellung des Projekts innerhalb der beteiligten Unternehmen und ggf. in der Öffentlichkeit. Wichtigstes Ziel des Projektmarketings ist die Sicherung von Finanzmitteln und Ressourcen zur Projektabwicklung und die Vorbereitung der anschließenden Vermarktung des erzielten Ergebnisses.[112]

Im Projektmarketing werden alle Aktivitäten und Maßnahmen gebündelt, die die Akzeptanz, die Abwicklung und den Fortschritt eines Projektes entscheidend fördern. Die Gesamtheit der Maßnahmen dient der Erhöhung des Bekanntheitsgrades und der Imageverbesserung des Projekts. Nach erfolgter Definition der Maßnahmen müssen diese als Arbeitspakete mit entsprechenden Terminen, Ressourcen und Kosten eingeplant werden.

4.4.2 Ziele des Projektmarketings

Ziel des Projektmarketings ist die Bekanntmachung und Verdeutlichung von Projektzielen, Projektablauf, Chancen, Risiken und Nutzen eines bereits definierten Projektes nach innen und außen. Dabei kommt dem Projektumfeld und den Stakeholdern eine besondere Bedeutung zu. Mögliche Ziele des Projektmarketings sind in Tabelle 33 dargestellt.

Tab. 33: Ziele des Projektmarketing

Intern	Extern
→ Sicherung der Projektidentität und Motivation aller Projektmitglieder	→ Sicherung der Kundenzufriedenheit
→ Sicherung einer entsprechenden Managementaufmerksamkeit (Kooperation mit Vorgesetzten und Fachkräften)	→ Sicherung der Unterstützung wichtiger Stakeholder
→ Sicherung des Projekterfolges und Qualitätssicherung	→ Minimierung von Konflikten im Projekt und den darin vorhandenen externen Beziehungen
→ Sicherung der Akzeptanz der Ergebnisse (Teilergebnisse) des Projekts	→ Transparenz des Projektverlaufs
→ Minimierung von Konflikten im Projekt und den darin vorhandenen Beziehungen	→ Präsentation der Projektidee
→ Transparenz des Projektverlauf	→ Darstellung der Attraktivität des Projekts

---

[112] *Projektmagazin – Glossar: http://www.projektmagazin.de/glossar (verfügbar Sep. 2007)*

4.4.3 Vorgehensweise

Projektmarketing kann häufig über den Erfolg oder Misserfolg eines Projektes entscheiden. Aufgrund der Komplexität von Projekten ist es erforderlich, alle Aufgaben und Stakeholderinteressen zielgerichtet zu koordinieren.

Entscheidend ist dabei ein rechtzeitiger und ausführlicher Informationsfluss als Kommunikationsbasis sowie die Berücksichtigung unterschiedlicher Bedürfnisse und Interessen aller Beteiligten, denn die Ursache gescheiterter Projekte resultiert überwiegend aus Kommunikationsdefiziten.

Fazit: Operative und strategische Marketingmaßnahmen müssen einen integralen Bestandteil der gesamten Projektarbeit darstellen.

1) Stakeholderanalyse (siehe auch Kapitel 2.6)

Um ein effizientes Projektmarketing zu gewährleisten, sollte vor Projektbeginn eine Umfeld- und Stakeholderanalyse durchgeführt werden. Dabei werden primär die Anspruchsgruppen des Projekts zunächst identifiziert und danach hinsichtlich ihrer Interessen und Einflüsse analysiert.

Mögliche Zielgruppen zeigt die folgende Tabelle:

Tab. 34: Mögliche Zielgruppen im Projektmarketing

Intern	Extern
→ interner Projektauftraggeber	→ Kunden / Auftraggeber
→ Unternehmensleitung	→ Partnerunternehmen
→ Projektleitung	→ Wettbewerber
→ Projektmitarbeiter	→ Lieferanten
→ betroffene Mitarbeiter	→ Fachverbände
→ Fachabteilungen	→ Externe Interessengruppen
→ etc.	→ allgemeine Öffentlichkeit
	→ Politik / Institutionen
	→ Presse
	→ Anwohner / Bürgerinitiativen
	→ etc.

Mittels der Stakeholderanalyse kann man bereits im Vorfeld erkennen, wer direkte und indirekte Beeinflusser des Projektes sind und welche strategische und operative Bedeutung sie für das Projekt haben. Dafür ist zu analysieren:[113]

→ Was will die Zielgruppe wissen?
→ Was soll / muss sie (aus ihrer Sicht) wissen?
→ Was weiß sie bereits?
→ Wie kann die Zielgruppe erreicht werden (Medien)?
→ Welche Spielregeln muss man beachten?
→ Wie kann die Zielgruppe Feedback geben (Dialog)?

2) Auswahl, Anpassung und Einsatzplanung geeigneter Marketing-Instrumente

Anhand der gewonnenen Ergebnisse aus der Stakeholderanalyse kann entschieden werden, welche Marketingmaßnahmen und Marketinginstrumente bei welchen Zielgruppen oder -personen zu welchem Zeitpunkt und in welcher Ausprägung eingesetzt werden.

3) Laufende Durchführung und Kontrolle der Maßnahmen

Projektmarketing sollte als Daueraufgabe innerhalb eines Projektes angesehen werden. Bei umfangreicheren, sehr komplexen Prozessen ist zu empfehlen, das Projektmarketing als einen eigenständigen Aufgabenbereich zu etablieren.

Projektmarketing als begleitendes Instrument ermöglicht rasche und effiziente Reaktionsmöglichkeiten auf sich ändernde „Marktbedürfnisse".

4.4.4   Erkennungsmerkmale eines Projekts

Um ein Projekt eindeutig und schnell zu identifizieren, müssen Projektmerkmale erstellt werden, die während der gesamten Projektlaufzeit beibehalten werden und somit den Wiedererkennungswert garantieren.

Diese Merkmale sollten zielgerichtet und aussagekräftig gestaltet sein und sollten in allen Marketingmaßnahmen wieder erscheinen.

Projektmerkmale (Corporate Identity) können u.a. sein:

→ Projektname, Projektlogo,
→ Projektslogan,
→ Projektimage, Projektkultur,
→ Projektfilm,
→ Projektposter /-plakat,
→ Projekt Corporate Design.

---

[113] nach Oliver Steeger, Journalist in der Öffentlichkeitsarbeit, Bonn: aus einem PM-Grundsatzbeitrag 1999

4.4.5 Maßnahmen / Instrumente im Projektmarketing[114]

Projektmarketingmaßnahmen können in zwei Kategorien unterteilt werden, in aktive und passive Maßnahmen. Aktiv – im Sinne von Kommunikationsmaßnahmen, passiv – im Sinne von Maßnahmen zu Informationszwecken. Darüber hinaus können diese Maßnahmen zeitlich in die Projektphasen eingeordnet werden (vgl. dazu Tab. 35 bis 37).

Tab. 35: Projektmarketingmaßnahmen beim Projektstart

Projektstart	
Kommunikationsmaßnahmen (aktiv)	**Informationsmaßnahmen (passiv)**
→ Kick-Off-Meeting	→ regelmäßige Newsletter, Email, Faxe, Projektzeitung und -broschüren
→ Workshop	→ Flyer und Informationsblätter
→ Einzelgespräch	→ Projektportale im Internet, Intranet
→ Gruppengespräch	→ Schwarzes Brett
→ Multiplikatoren / Unterstützer einsetzen	→ Rundschreiben
→ Informationsstand auf Veranstaltung	→ Presse
→ Projektevent zur Teambildung	
→ Informationsaustausch am Runden Tisch	

Tab. 36: Projektmarketingmaßnahmen während der Projektrealisierung

Projektrealisierung	
Kommunikationsmaßnahmen (aktiv)	**Informationsmaßnahmen (passiv)**
→ laufende Informationsveranstaltung	→ regelmäßige Newsletter, Email, Faxe, Projektzeitung und -broschüren
→ Projekt- und Diskussionsforen	→ Flyer und Informationsblätter
→ Projekt-Hotline	→ Projektportale im Internet, Intranet
→ Runde Tische	→ Schwarzes Brett
→ Projektevent	→ Rundschreiben
→ Multiplikatoren / Unterstützer einsetzen	→ Presse
→ Workshop	

[114] Friedrich, D.: Projektmarketing – Grundlagen und Instrumente für den Projekterfolg

Tab. 37: Projektmarketingmaßnahmen beim Projektabschluss

Projektabschluss	
Kommunikationsmaßnahmen (aktiv)	Informationsmaßnahmen (passiv)
→ Abschlussveranstaltung mit Ergebnispräsentation → Abschlussfest → Pressekonferenz	→ regelmäßige Newsletter, Email, Faxe, → Sonderzeitung → Projekthandbuch → Ergebnispräsentation auf dem Schwarzen Brett → Projektportale im Internet, Intranet → Pressemitteilungen

4.4.6 Projektmarketing-Mix

Ein Projektmarketing-Mix besteht aus mehreren Maßnahmen, um alle Projektmarketingziele erreichen zu können. Innerhalb dieses Mixes müssen alle Maßnahmen definiert werden, die für einzelne Personen oder Interessengruppen zum Einsatz kommen sollen.

Dabei kann man sich der Maßnahmen einzeln oder im Mix mit unterschiedlichen Intensitäten bedienen. Die Auswahl der Maßnahmen sollte der Strategie entsprechend und zielgruppengerecht erfolgen. Mit dem Projektmarketing-Mix kann Motivation gefördert und Vertrauen geschaffen werden. Eine geeignete Kombination von Kommunikations- und Informationsmaßnahmen kann Erfolg, Anerkennung und Arbeitsinhalte vermitteln und somit Auslöser für die Motivation werden. Vertrauen kann durch „Quick-Wins" (schnelle Erfolgerlebnisse), Teambildung und klare Regeln geschaffen werden.

Die Projektmarketing-Ziele sind demnach mit Hilfe eines Projektmarketing-Mixes optimal zu erreichen. Ziel des Projektmarketing-Mixes ist es, alle maßnahmespezifischen Vorteile in einem Paket zu nutzen. Dies bedeutet, dass durch die Kombination die Vorteile der einzelnen Maßnahmen zum Teil verstärkt werden.[115]

Um die Auswahl, die Steuerung und Kontrolle der Maßnahmen innerhalb des Projektmarketing-Mixes optimal und zielgerichtet zu gewährleisten, ist es empfehlenswert, ein Kommunikationskonzept (siehe Tab. 38) aufzustellen.

In diesem Kommunikationskonzept sollte man fixieren:

→ Wer soll wem oder welcher Gruppe,
→ was und in welcher Form,
→ auf welchem Weg,
→ zu welcher Zeit,
→ mit welchen Instrumenten,
→ in welcher Intensität,
→ vermitteln.

---

[115] *Friedrich, D.: Projektmarketing – Grundlagen und Instrumente für den Projekterfolg*

Tab. 38: Kommunikationskonzept[116]

Kommunikationskonzept		Interessengruppe								Erstellungs-datum
Kommuni-kations-Meilenstein (Datum)	Verant-wortlicher (Namens-kürzel)	Merkmale	Management	Geld- und Auftraggeber	Projektteam	Betroffene Mitarbeiter	Öffentlichkeit	Multiplikatoren	Ggf. Noch einzelne Personen	Beschreibung des Kommuni-kations-Inhaltes
Projekt-start	Projekt-leiter									
Phase 1 – Voranalyse	Team-mitglied 1				Wie					
Phase 2 – Konzept	Team-mitglied 2		Wem							Was
Phase ...	Team-mitglied... (Wann)	Maßnahmenkürzel eintragen								
Phase n	Team-mitglied m									
Projekt-abschluss	(Wer?)									

---

[116] Friedrich, D.: Projektmarketing – Grundlagen und Instrumente für den Projekterfolg

Fazit:

Für die Durchführung eines effektiven und zielgerichteten Projektmarketings sollte ein Verantwortlicher mit entsprechenden Kompetenzen definiert werden. Ob der Projektleiter diese Aufgaben übernimmt oder einzelne Mitarbeiter aufgaben- oder maßnahmenbezogen als Verantwortliche festgelegt werden, ist von Projekt zu Projekt zu entscheiden. Fest steht, dass der oder die ausgewählten Verantwortlichen alle Marketingmaßnahmen koordinieren, durchführen und überwachen müssen.

4.5 Führung und Motivation

Der Lebenszyklus eines Projektes ist ein steiniger Weg: Probleme und Schwierigkeiten lauern vor und hinter jedem Meilenstein. Nicht alle dieser Hindernisse sind rein fachlicher Natur und lassen sich mit der Projektmanagementmethodik aus dem Weg räumen.

So sind anstehende Veränderungen in aller Regel mit Zweifeln und Ängsten verbunden, die ihrerseits zu Widerständen bei den Projektmitarbeitern führen. Hier spielen die mit der Kommunikation eng zusammenhängenden Themen „Führung" und „Motivation" eine entscheidende Rolle. Ist der Projektleiter in einer solchen Situation nicht in der Lage, sein Team mitzureißen, die Ziele und Vorzüge der Veränderungen transparent zu machen, wird das Projekt in eine Krise geraten oder – im Extremfall – sogar scheitern.

Gute Kommunikation im Projekt hat also eine zentrale Bedeutung für den Projekterfolg und sollte bereits bei der Planung des Projektes berücksichtigt werden. Insbesondere, wenn sich das Projektteam noch nicht aus der gemeinsamen Arbeit in anderen Projekten kennt, ist es empfehlenswert, einige „Spielregeln" für die Kommunikation zu vereinbaren.

4.5.1 Führung

„Führung im Projekt hat nur eine Aufgabe: Das Projektziel erreichen.

Die Führung zählt wie die Projektplanung, das Projekt-Controlling oder die Steuerung zu den Grundaufgaben im Projektmanagement und wird deshalb dem Projektleiter übertragen. Nicht immer hat ein Projektleiter aber die gleichen hierarchischen Befugnisse und Mittel wie sie zu einer Führungsposition im Linienmanagement gehören. Die Führungsaufgabe in einem Projekt stellt somit besondere Anforderungen an den Projektleiter hinsichtlich persönlicher Qualifikation und Führungskompetenz."[117]

Was wird von einem Projektleiter erwartet?

Er soll:

- → die Projektergebnisse termingerecht liefern,
- → die Projektkosten im Auge behalten, d.h. für deren Einhaltung sorgen oder wenn notwendig Gegenmaßnahmen einleiten,
- → die vereinbarte Qualität des Projektergebnisses liefern,
- → ein exzellenter Fachmann sein,
- → das Projekt nach innen und außen vertreten und publizieren.

Aber auch:

- → stresstolerant sein,

---

[117] *Projektmagazin – Glossar, http://www.projektmagazin.de/glossar (verfügbar Sep. 2007)*

→ über ein gesundes Selbstvertrauen verfügen,
→ Kontrollfunktion ausüben,
→ Aufgaben verteilen und delegieren,
→ das Projektteam anleiten,
→ Konflikte im Projekt erkennen und lösen,
→ die Mitglieder des Projektteams motivieren,
→ Ansprechpartner für Probleme der Teammitglieder sein,
→ für Gerechtigkeit im Projektteam sorgen,
→ immer fair bleiben,
→ und, und, und …

Die Anforderungen an einen Projektleiter sind in der folgenden Abbildung 68 beispielhaft dargestellt.

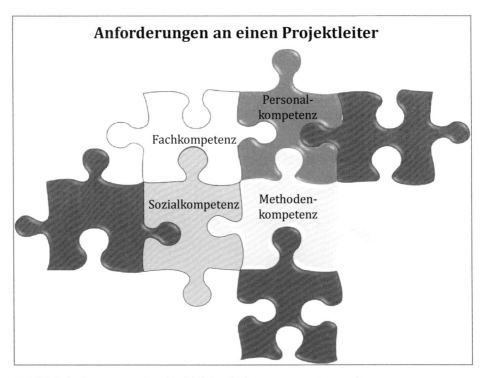

Abb. 68: Anforderungen an einen Projektleiter (Führungsvoraussetzungen)

Unsere Erfahrung zeigt, dass es meist einfacher ist, einen hervorragenden Fachmann auf seinem Gebiet zu finden, als einen zusätzlich mit Sozialkompetenz und souveränem Führungsverhalten ausgestatteten Projektleiter. Und wir gehen auch davon aus, dass die Ursachen für Projektkrisen in der überwiegenden Zahl der Fälle nicht durch fachliche Probleme entstehen, sondern durch Fehler in der Projektkommunikation und mangelnde Sozialkompetenz der Projektbeteiligten.

Es ist ein langwieriger Prozess, der sehr viel mit eigenen Erfahrungen und Vorbildern zu tun hat. Es ist mit Sicherheit nicht mit dem Besuch eines Dreitagesseminars zum Thema „Motivation und Führung" oder dem Lesen eines entsprechenden Fachbuches getan. Dort kann man möglicherweise wertvolle Anregungen und Tipps erhalten – das Führungsverhalten muss man sich selbst erarbeiten.

Warum gelingt es manchen Managern, Menschen zu begeistern, ihnen Visionen zu geben, sie zu Höchstleistungen zu bringen?

Warum werden die Worte anderer Führungskräfte stets mit Skepsis aufgenommen? Deren Mitarbeiter machen „Dienst nach Vorschrift", die Kreativität beschränkt sich auf Vermeidungsstrategien für „unnötige" Arbeit.

Die zu erfüllenden Aufgaben des Projektleiters teilen sich in die Eigenarbeit, die er selbst erbringen muss und nicht delegieren kann. Seine „Aufträge an sich selbst" kann er mit Hilfe von Selbstmanagement strukturieren und abarbeiten (dazu mehr im entsprechenden Kapitel). Schwieriger ist meist das Führen und Leiten von Mitarbeitern. Dabei bezieht sich der Begriff „Leiten" auf die Weitergabe rein sachlicher Informationen, wie Zielsetzungen, Entscheidungs- und Kontrollinformationen, gewissermaßen das „Was", basierend auf den Fachkenntnissen. Unter „Führen" verstehen wir den Umgang mit den Mitarbeitern durch geeignete Kommunikation, Motivation, Förderung etc. Hier wird also entscheidender Wert auf das „Wie" gelegt.

Die folgende Abbildung gibt einen Überblick über „Führen und Leiten" als Aufgabe in der Firmenorganisation.

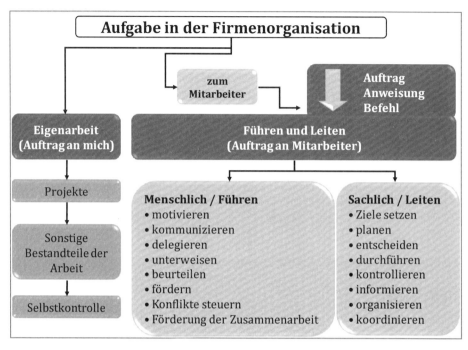

Abb. 69: Führen und Leiten

Führungsstile

In der Praxis existieren mehrere Führungsstile. Als drei „Grundstile" kann man die folgenden bezeichnen:

→ **Autoritär / diktatorische Führung** bedeutet: Macht über die Gruppe, Führen durch Befehl und Gehorsam, Erfahrung und Alter.

→ **Kooperative (Partizipative) Führung** heißt: Macht mit der Gruppe, Führen durch Zusammenarbeit.

→ **Laissez faire / liberale Führung**: keine Führung im eigentlichen Sinne, Mitarbeiter arbeiten. selbstgesteuert, Voraussetzungen sind hier Vertrauen und Erfahrung in der Zusammenarbeit; „Führung durch die Gruppe selbst".

→ **Situative Führung**: Da keiner dieser Führungsstile ausschließlich und allein Erfolg versprechend ist, geht man in der Praxis häufig den Weg der situativen Führung, also Führung je nach Erfordernis.

Im Normalfall kommt man mit der kooperativen Führung gut zu Ergebnissen. Sind die Voraussetzungen für die liberale Führung gegeben, kann man diese zeitweise einsetzen. In Notsituationen hilft häufig nur die schnelle Entscheidung, die dann auch befolgt werden muss (autoritäre Führung).

Damit entsteht ein weiterer Erfolgsfaktor bei Führungsaufgaben: Verbindlichkeit. Diese kann durch eine regelmäßige Kommunikation, nicht nur zu fachspezifischen Inhalten, wesentlich unterstützt werden. Der Mitarbeiter will seinen Vorgesetzten nicht nur sehen, wenn dieser „etwas von ihm will", sondern er hat selbst auch Interessen, Fragen, Probleme über das reine Dienstverhältnis hinaus, die er mit anderen besprechen will. Und andererseits spürt eine gute Führungskraft über solche „inoffiziellen" Gespräche sehr schnell, wenn Probleme drohen oder die Stimmung im Team leidet.

Ein anderer Ansatz der situativen Führung ordnet die Führungsaufgaben entsprechenden Begriffen zu:

→ **Anweisung (Telling)** - Aufgabendefinition und Erfüllungskontrolle,
→ **Überzeugung (Selling)** - Diskussion mit den Mitarbeitern und ggf. Anpassung,
→ **Unterstützung (Participating)** - Mitarbeiter treffen Aufgabenentscheidungen selbst und diskutieren sie mit Projektleiter. Er unterstützt bei der Umsetzung,
→ **Übertragung (Delegation)** - Mitarbeiter treffen Aufgabenentscheidungen eigenständig und verfolgen Erfüllung selbst.

Im Rahmen des Teamcoachings soll die Transparenz im Projekt durch Zielvereinbarung, Feedback und Unterstützung erhöht werden. Die Booth Company hat den Management Task Cycle entwickelt (vgl. Abb. 70):

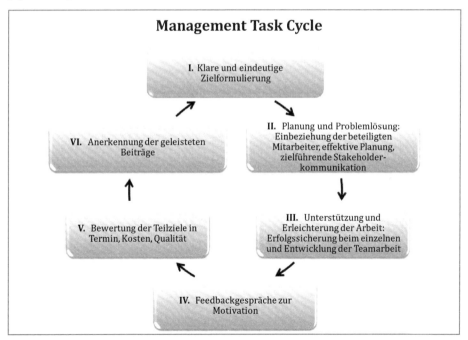

Abb. 70: Management Task Cycle (nach Booth Company)

Führungstechniken

Die drei wichtigsten Führungstechniken sind:

→   management by objectives (Führung durch Zielvereinbarung),
→   management by exception (Führen nur in Ausnahmesituation),
→   management by delegation (Führung durch Aufgabenübertragung).

Erwähnung finden diese Techniken auch an anderen Stellen dieses Buches.

Führungsverhaltensgitter (managerial grid) nach Blake & Mouton

Eine Möglichkeit das (eigene) Führungsverhalten zu analysieren und zu verbessern bietet das Führungsverhaltensgitter (vgl. Abb. 71), das in Form eines zweidimensionalen Koordinatensystems die beiden Aspekte „Betonung der Beziehungsebene" und „Betonung der Sachebene" grafisch ins Verhältnis setzt. Dabei bedeutet „1" die geringste Betonung, dementsprechend „9" die höchste.

Beispielhaft wurden die fünf Extreme in das Raster eingetragen:

A (1/1) – Hier wird weder Leistungsdruck auf die Mitarbeiter ausgeübt, noch kümmert sich der Projektleiter um die Zufriedenheit der Mitarbeiter.

B (9/1) – bei derartigem Verhalten werden die Belange der Mitarbeiter übergangen. Das Ergebnis wird in den Vordergrund gestellt. Befehl und Gehorsam sind für dieses autoritäre Führungsverhalten typisch (stark aufgabenorientierte Führung).

C (1/9) – Der fehlende Leistungsdruck und die Betonung der Mitarbeiterinteressen führen zu einer angenehmen Arbeitsatmosphäre. In diesem Punkt B (9/1) entgegengesetzten Verhalten wird der Aspekt der Produktivität allzu sehr vernachlässigt (stark mitarbeiterorientierte Führung).

D (9/9) - Die beste mögliche Kombination, bei der höchste Arbeitsleistungen von begeisterten Mitarbeitern, die das gemeinsame Projektziel stets im Auge haben, erbracht werden.

E (5/5) – Kennzeichen dieses Führungsverhaltens ist die kompromissorientierte Taktik des Projektleiters.

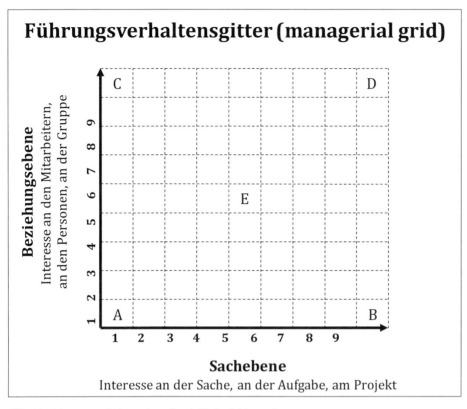

Abb. 71: Führungsverhaltensgitter (nach Blake & Mouton)

4.5.2 Motivation

Was verstehen wir unter dem Begriff „Motivation"?

> Motivation ist eine aktivierte Verhaltensbereitschaft einer Person im Hinblick auf die Erreichung bestimmter Ziele.

Diese zugegeben recht trockene Definition hat Antoine de Saint-Exupéry in eine bildhafte Sprache übertragen:

> „Wenn Du ein Schiff bauen willst, so trommle nicht Männer zusammen, um Holz zu beschaffen, Werkzeuge vorzubereiten, Aufgaben zu vergeben und Arbeit einzuteilen, sondern lehre sie die Sehnsucht nach dem weiten, endlosen Meer."

Wie kann ich als Projektleiter den Mitarbeitern die „Sehnsucht nach dem weiten, endlosen Meer" lehren? Hier sollen einige Überlegungen und Hilfsmittel vorgestellt werden, die dabei helfen können.

Bedürfnispyramide nach Maslow

Bekannt ist die Bedürfnispyramide („hierarchy of needs") des amerikanischen Psychologen Abraham Maslow, die davon ausgeht, dass erst die Grundbedürfnisse der Menschen erfüllt sein müssen, bevor sie sich einer höheren Stufe zuwenden. Das bedeutet in unserem Fall, wir können Mitarbeiter nur motivieren, wenn die Motive aus der darunter liegenden Stufe auf der Bedürfnispyramide erfüllt sind (vgl. Abb. 72).

Abb. 72: Bedürfnispyramide (nachMaslow)

„Die unteren drei Stufen (und auch Teile der vierten) nennt man auch Defizitbedürfnisse. Diese Bedürfnisse müssen befriedigt sein, damit man zufrieden ist, aber wenn sie erfüllt sind, hat man keine weitere Motivation in dieser Richtung mehr (wenn man nicht durstig ist, versucht man nicht zu trinken). Wachstumsbedürfnisse können demgegenüber nie wirklich befriedigt werden. Diese treten auf der fünften Stufe auf, teilweise aber auch schon auf der vierten. Beispiel: Ein Maler zeichnet zur Selbstverwirklichung, sein Bedürfnis nach Kreativität ist nicht nach einer bestimmten Anzahl Bildern gestillt. Für die prinzipielle Darstellung von Bedürfnissen in der Verkaufspsychologie wird das Modell von Maslow heute noch häufig verwendet." (vgl. Wikipedia, verfügbar Jan. 11).

„Hygienefaktoren"

Für die Motivation der Mitarbeiter ist es hilfreich, wenn man sich vor Augen hält, dass es auf der einen Seite Faktoren gibt, die Zufriedenheit erzeugen (oder Unzufriedenheit vermeiden), die „Hygienefaktoren", und auf der anderen Seite „echte" Motivatoren, die zu höheren Arbeitsleistungen führen. Die Befriedigung der Hygienefaktoren allein bringt noch keine Motivation zu Leistungen mit sich, sondern schafft ein Klima der Zufriedenheit mit der Arbeitsumgebung.

Tab. 39: Hygienefaktoren und Motivatoren (nach Herzberg)

Arbeitsumgebung	Arbeitsinhalte
äußere Arbeitsbedingungen	Tätigkeit selbst
Beziehungen zu Arbeitskollegen und zu den Vorgesetzten	Möglichkeit, etwas zu leisten
Firmenpolitik und Administration	Möglichkeit, sich weiter zu entwickeln
Entlohnung einschließlich Sozialleistungen	Möglichkeit, Verantwortung zu übernehmen
Krisensicherheit des Arbeitsplatzes	Aufstiegsmöglichkeiten
„Hygienefaktoren" können Unzufriedenheit verhindern	„Motivatoren" können zu Leistung motivieren

Die wirklichen Triebkräfte liegen also in den Arbeitsinhalten, wer hier die Chance hat, selbst „weiterzukommen", wird auch über eine hohe Motivation verfügen. Allerdings kann man auch bei diesen „Motivatoren" ohne Erfüllung der „Hygienefaktoren" keine herausragenden Leistungen erwarten.

Teamempowerment

Unter Teamempowerment wird eine starke Teammotivation verstanden, bei der das Team eine positive Orientierung zu seiner Arbeitsrolle einnimmt. Der Projektleiter kann dies durch Betonung der Bedeutung des Projekts und Einbindung wichtiger Stakeholder erreichen.

Transaktionale und Transformationale Führung

Unter transaktionaler Führung wird ein Austauschverhältnis verstanden. Der Mitarbeiter erbringt eine Leistung und wird dafür honoriert.

Bei der transformationalen Führung identifiziert sich der Mitarbeiter stark mit der Aufgabe und seiner Führungskraft und verwirklicht die gemeinsame Vision.

Delegation

Ein wesentliches Führungsmittel ist der effektive Einsatz der Delegation. Hier geht es nicht darum, unliebsame Aufgaben weiter zu schieben, sondern Mitarbeitern Aufgaben und Verantwortung zu übertragen. Die folgende Abbildung zeigt, wie Delegation funktioniert:

Abb. 73: Organisatorische Voraussetzungen für Delegation

Die erfolgreiche Delegation setzt den Willen voraus, mit den Aufgaben auch bestimmte Kompetenzen und Verantwortung abgeben zu wollen. Das bedeutet, man gibt eine Aufgabe aus seinem Kompetenzbereich ab und vertraut auf die korrekte Erledigung durch Mitarbeiter. Man hat nur im Ausnahmefall (management by exception) die Möglichkeit einzugreifen!

Wer als Projektleiter häufig in delegierte Aufgaben eingreift – bewusst oder unbewusst – braucht sich nicht zu wundern, dass die dort erzielten Ergebnisse nicht den Erwartungen entsprechen. Mitarbeiter „honorieren" solches Führungsverhalten oft mit Resignation und Gleichgültigkeit, da ihnen ihr Chef die eigenständige Erfüllung der Aufgaben offensichtlich nicht zutraut.

Manche Projektleiter erledigen delegierte Aufgaben manchmal „heimlich" noch einmal für sich, um zu sehen, ob ihre Mitarbeiter genau so gut sind. Das Ergebnis ist in der Regel das gleiche wie in obigen Fall. Hier können wir nur den Ratschlag geben: Akzeptieren Sie nicht nur Ihre eigene Lösung!

Wie bereits dargestellt, hat Delegation viel mit gegenseitigem Vertrauen zu tun. Dazu gehört auch, dass sich der Mitarbeiter in Ausnahmesituationen an seinen Projektleiter wenden kann und von dort Unterstützung erhält. Dazu muss er wissen, wie eine „Ausnahme" definiert ist.

Auf jeden Fall sollte der Projektleiter vor der Delegation von Aufgaben und Befugnissen einige Überlegungen anstellen, die in folgender Checkliste zusammengefasst sind (vgl. Tab. 40):

Tab. 40: Die sechs W-Regeln zur Delegation von Aufgaben[118]

WAS?	Was ist überhaupt alles zu tun?
	Welche Teilaufgaben sind im Einzelnen zu erledigen?
	Welches Ergebnis wird angestrebt (Soll)?
	Welche Abweichungen vom Soll können in Kauf genommen werden?
	Welche Schwierigkeiten sind zu erwarten?
WER?	Wer ist am ehesten geeignet, diese Aufgabe oder Tätigkeit auszuführen?
	Wer soll bei der Ausführung mitwirken?
WARUM?	Welchem Zweck dient die Aufgabe oder Tätigkeit (Motivation, Zielsetzung)?
	Was passiert, wenn die Arbeit nicht oder unvollständig ausgeführt wird?
WIE?	Wie soll bei der Ausführung vorgegangen werden?
	Welche Verfahren sollen angewendet werden?
	Welche Vorschriften und Richtlinien sind zu beachten?
	Welche Stellen / Abteilungen sind zu informieren?
	Welche Kosten dürfen entstehen?
WOMIT?	Welche Hilfsmittel sollen eingesetzt werden?
	Womit muss der Mitarbeiter ausgerüstet sein?
	Welche Unterlagen werden benötigt?
WANN?	Wann soll / muss mit der Arbeit begonnen werden?
	Wann soll / muss die Arbeit abgeschlossen sein?
	Welche Zwischentermine sind einzuhalten?
	Wann will ich über den Fortschritt vom Mitarbeiter informiert werden?
	Wann muss ich was kontrollieren, um ggf. eingreifen zu können?

Bestimmte Aufgaben des Projektleiters sind jedoch nicht delegierbar. Dazu gehören:

→ die Formulierung grundsätzlicher Zielsetzungen und Planungen,
→ Festlegungen zur richtigen Stellenbesetzung in seinem Projekt,
→ Kompetenzabgrenzungen der Mitarbeiter,

---

[118] Leaders Circle – http://www.leaders-circle.at/fuehrungswerkzeug-delegation.html

→   Einführung, Einweisung und Information der Projektmitarbeiter,
→   Leistungsbeurteilung für Projektmitarbeiter,
→   Kontrolle der Mitarbeiter.

4.5.3   Partizipation

Eine weitere Variante, Mitarbeiter zu motivieren und ein positives Projektklima herzustellen und zu erhalten, ist die Partizipation. Partizipation beteiligt das Projektteam an der Entscheidungsfindung. Es gibt dem Einzelnen das Gefühl, an der Erreichung „seiner eigenen" Ziele zu arbeiten, da er ja an deren Erarbeitung mitgewirkt hat. Das hat auch den überaus positiven Aspekt, dass die Akzeptanz gemeinsamer Entscheidungen deutlich höher ist. Die Mitarbeiter bekommen das Ziel nicht „vorgesetzt", sondern ihr Wissen und ihre Erfahrung werden gebraucht. Häufig wird Partizipation in vier typische Phasen gegliedert, um zum gewünschten Ergebnis (z.B. einer Problemlösung) zu kommen (vgl. Tab. 41):

Tab. 41: Partizipation

Phase	Aktivitäten	Ziel
Sich auf ein Vorgehen einigen.	Was ist unser Problem? Wie formulieren wir das Problem? Wie erreichen wir unser Ziel?	Die Gruppe legt (gemeinsam!) fest, wie das Problem angegangen wird.
Sich ein Bild machen.	Daten sammeln, Erfahrungen, Beispiele, Zusammenhänge Noch keine Lösung! Haben alle Teilnehmer eine deutliche Vorstellung vom Sachverhalt?	Ein gemeinsames Bild schaffen.
Sich ein Urteil bilden.	Was sind mögliche Lösungen? Alternativen und Kriterien gegenüberstellen	Gegenseitig akzeptierte Alternativen und Kriterien.
Den Entschluss fassen.	Optimale Lösung finden, Vor- und Nachteile untersuchen, Aktionsplan erstellen, Kontrolle vereinbaren	Ein gemeinsamer Entschluss.

4.5.4   Arbeitsgestaltung und Arbeitsschutz

Die Gestaltung der Arbeit sollte sich grundsätzlich am Mitarbeiter orientieren, ohne Gefahren für Leben und Gesundheit zuzulassen. Dabei hat sich die Betrachtung nach dem TOP-Prinzip bewährt, bei dem die Kategorien TECHNIK, ORGANISATION und PERSONAL im Blickpunkt stehen. Möglichkeiten der Arbeitsgestaltung sind beispielsweise:

→   Job-Rotation (Wechsel der Aufgaben),
→   Job-Enlargement (Verbreiterung des Tätigkeitsfeldes),
→   Job-Enrichment (Vertiefung des Tätigkeitsfeldes).

Grundsätzlich ist für die Einhaltung der gesundheits- und arbeitsschutzrechtlichen Bestimmungen der Unternehmer verantwortlich. Der Projektleiter achtet auf die Einhaltung der gesetzlichen Bestimmungen, da nur gesunde Mitarbeiter qualitätsgerechte Leistungen erbringen können. Bei Feststellung von Verstößen dagegen informiert er den disziplinarisch Vorgesetzten der Mitarbeiter.

4.6 Teamarbeit

4.6.1 Spielregeln

Wer langfristig erfolgreich zusammenarbeiten will, kommt um das Aufstellen und Einhalten von Spielregeln nicht umhin. In der Praxis entwickeln sich Regeln des Umgangs miteinander oft über einen längeren Zeitraum und bilden einen wesentlichen Bestandteil der Unternehmens- bzw. der Projektkultur.

Denken Sie daran, dass „der Neue" im Team diese Regeln vielleicht noch nicht kennt oder verinnerlicht hat. Aber auch dem langjährigen, erfahrenen Mitarbeiter hilft gelegentlich der Blick in das „Regelbuch". Einige dieser Spielregeln (insbesondere für Führungskräfte, z.B. Projektleiter) sind hier zusammengetragen:

1. Zweck unseres geschäftlichen Handelns ist die Sicherung des wirtschaftlichen Erfolgs des Unternehmens.

→ Alle meine Aktivitäten messe ich am wirtschaftlichen Nutzen.
→ Ich setzte unsere Fach- und Methodenkompetenz im Innen- und Außenverhältnis ertragsorientiert ein.
→ Vorhandene Ressourcen stelle ich nur auf der Basis eines Wirtschaftlichkeitsnachweises zur Verfügung.
→ Für die einzusetzenden Ressourcen definiere ich klar die Anforderungsprofile.

2. Bevor ich handele, kläre ich die Ziele.

→ Ich definiere jede Aufgabe mit einer klaren Zielstellung, die der Strategie des Unternehmens und dessen wirtschaftlicher Entwicklung entspricht, indem ich:
→ Ziele formuliere,
→ Leistungszeiträume festlege,
→ Teilaufgaben (Meilensteine) bestimme,
→ Verantwortlichkeiten und Handlungsrahmen festlege,
→ Ressourcen bestimme,
→ Methoden der Umsetzung plane.

3. Ich achte auf klare Zuständigkeiten

→ Ich lege die Zuständigkeiten eindeutig fest, kommuniziere sie und achte diese.
→ Aufgaben vergebe ich nur in eine Verantwortlichkeit – nicht mehrfach.
→ Ich nehme meine Verantwortung wahr und setze sie konsequent um.

4. Ich übe Zeitdisziplin und achte die Zeit der Anderen

→ Ich plane Termine auf der Basis einer konkreten inhaltlichen Vorbereitung.
→ Besprechungsinhalte und -themen bereite ich mit Vorlagen vor.
→ In Besprechungen beziehe ich nur die notwendigen Teilnehmer ein.

→ Ich halte Besprechungszeiten ein.

→ Ich gehe immer vorbereitet in eine Besprechung.

→ Ich spreche kurz, knapp und präzise zur Sache.

→ Ich fordere Verständnis-Feedback ein.

5. Ich sorge für Informationseffizienz

→ Ich gebe dem Anderen alle Informationen, die er zur Erfüllung seiner Aufgaben benötigt oder die im Interesse des Unternehmens von Bedeutung sind.

→ Ich achte auf Verständlichkeit und Vollständigkeit meiner Information in Bezug auf die Aufgabenerfüllung.

→ Wenn ich eine Information erhalte, gebe ich ein Feedback.

6. Ich akzeptiere den Anderen

→ Im Gespräch höre ich aufmerksam zu.

→ Ich diskutiere sachlich, ehrlich und lösungsorientiert.

→ Probleme spreche ich direkt und offen an.

Wenn diese Spielregeln von den Beteiligten akzeptiert und damit eingehalten werden, sind wichtige Voraussetzungen für eine erfolgreiche und zielorientierte Projektkultur gegeben.

4.6.2 Moderation und Sitzungsleitung

Wenn man sich vor Augen hält, wie viel Zeit wir in Unternehmen mit Besprechungen bzw. Meetings verbringen, wird schnell deutlich, dass hier ein gewaltiges Potenzial für Optimierung liegt. Überschlagen Sie einfach einmal, welche Kosten in einem Monat dafür in Ihrem Unternehmen entstehen (Dauer aller Meetings x in dieser Zeit ca. angefallenes Gehalt). Daneben wirken die anfallenden Tagungskosten (Raum, Getränke, etc.) eher vernachlässigbar. Natürlich sind Abstimmungen und Meetings notwendig, aber auch hier kommt es auf das „Wie?" an.

Einige wesentliche Punkte, die zu mehr Effizienz bei Meetings führen:

Vorbereitung

Fragen Sie sich selbst (wenn Sie Organisator sind):

→ Was ist Gegenstand / Thema des Meetings?

→ Welche Teilnehmer sind notwendig?

→ Müssen inhaltliche Vorbereitungen getroffen werden (wenn ja, von wem)?

→ Welchen Zeitrahmen benötigen wir für das Meeting?

→ Wo soll das Meeting stattfinden (Lage, Größe, Ausstattung,…)?

→ Muss der Raum vorbereitet werden (Ausschilderung, Bestuhlung, Präsentationstechnik, Getränke, …)?

Informieren Sie Ihre Teilnehmer rechtzeitig:

→ Welche Tagesordnung haben Sie?
→ Was ist das Ziel für dieses Meeting, welche Ergebnisse erwarten Sie?
→ Müssen sich (einzelne) Teilnehmer inhaltlich vorbereiten?
→ Wo und wann (Anfang und Ende)findet das Meeting statt?

Durchführung

→ Klare und informative Eröffnung (es sollte sich keiner der Teilnehmer fragen müssen: Was soll ich hier?), Tagesordnung noch einmal kurz vorstellen, Änderungswünsche dazu abfragen,
→ Bitten Sie spätestens zu Beginn (besser schon vorher, ganz schlecht am Ende) des Meetings einen Mitarbeiter zu protokollieren.
→ ggf. kurze Vorstellungsrunde,
→ Falls es ein Vormeeting gab: Kurze Protokollkontrolle.
→ Achten Sie auf die Einhaltung der Tagesordnung und des Themas!
→ Achten Sie auf die Einhaltung der Redezeit bei Vorträgen und Diskussionsbeiträgen; schaffen Sie gerade in Diskussionsrunden „Zeitgerechtigkeit". Bremsen Sie „Vielredner" und ermuntern Sie „Passive"!
→ Halten Sie (Zwischen-)Ergebnisse fest, fassen Sie längere Punkte zusammen. Legen Sie eindeutig fest, wer bis wann was zu erledigen hat (eine Aufgabe – eine Person).
→ Visualisieren Sie! Skizzen und Notizen am Flipchart oder Whiteboard bleiben länger in Erinnerung als Worte, sie haben zudem den Vorteil, dass man sie fotografieren und dem Protokoll anfügen kann.
→ Beenden Sie das Meeting mit einer kurzen Feedback-Runde: Wie beurteilen die Teilnehmer das Meeting?

Nachbereitung

→ Erstellen und verteilen Sie das Protokoll zeitnah einschließlich der Fotodokumentation
→ Blicken Sie selbstkritisch auf Ihr Meeting zurück: Was war gut, was verbesserungsfähig?
→ Überwachen Sie die Einhaltung der getroffenen Vereinbarungen. Führen Sie beim Folgemeeting am Anfang eine Protokollkontrolle durch!
→ Freuen Sie sich auf das nächste effektive Meeting – genau wie Ihre Teilnehmer!

4.6.3 Problemlösung

Probleme gehören zum Projektalltag. Der Projektleiter und das Projektteam stehen täglich vor der Aufgabe, Probleme lösen zu müssen. Bei überschaubaren Problemen kann dies durchaus mit der Methode „Trial and Error" geschehen, indem man Lösungsalternativen ausprobiert. Bei komplexeren Problemstellungen mit dramatischen Auswirkungen sind systematische Problemlösungsansätze von größerer Notwendigkeit.

Dazu ist zunächst das Kernproblem zu definieren und abzugrenzen. Wesentlicher Grundsatz ist, das Problem anzuerkennen und nicht zu trivialisieren. Nächster Schritt wäre die Ermittlung der Problemursachen und der aus dem Problem resultierenden Folgen.

Bei der Lösungserarbeitung ist in Projekten unbedingt integriert vorzugehen, d.h.: welche Verbindungen gibt es zu anderen Elementen im Projekt, welche Nebenwirkungen könnte die Lösung haben. Ebenso wichtig ist die Festlegung von Kriterien für die Lösung.

Die idealerweise gemeinsam erarbeitete Lösung ist umzusetzen und ihre Wirkung in Bezug auf die ursprüngliche Problemdefinition unbedingt zu überprüfen.

Verantwortung für die Lösung eines Problems liegt:

→ beim Mitarbeiter (wenn er das Problem in seinem Arbeitsbereich lösen kann),

→ beim Projektleiter (wenn es um die Koordination und Abwicklung des Projektes geht, wenn ein Eskalationsprozess eingeleitet werden muss),

→ beim Auftraggeber (wenn das Problem vom Projektleiter eskaliert wurde).

4.6.4 Projektgruppen

Gruppen und Gruppendynamik

Ein Projektteam besteht aus Mitarbeitern, die zumeist temporär in einem gemeinsamen Projekt zusammenarbeiten. Die Kooperation ist also in Projekten grundsätzlich nicht auf Dauer ausgelegt. Deshalb ist die Kenntnis der Phasen der Gruppenbildung wesentlich bedeutsamer als bei der Zusammenarbeit in permanenten Arbeitsgruppen. Die folgende Abbildung stellt die grundsätzlichen Phasen der Gruppenbildung (sog. Teamuhr) dar:

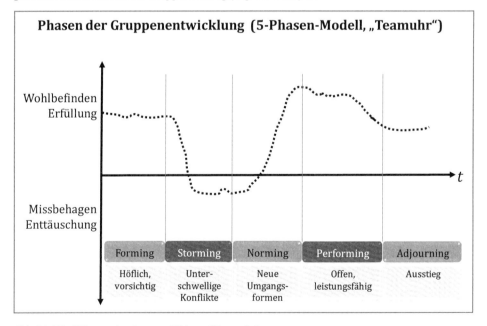

Abb. 74: Fünf Phasen der Gruppenbildung (Teamuhr)

Nachdem sich die Teammitglieder das erste Mal kennengelernt haben („Forming"), wird jeder für sich zunächst in die „Storming"-Phase begeben, d.h. für sich persönlich die anderen Teammitglieder nach „Sympathie" oder „Antipathie" einordneten. Dabei können durchaus die ersten unterschwelligen Konflikte auftreten. In der „Norming"-Phase werden unter Moderation des Projektleiters Spielregeln für den Umgang miteinander und die Kommunikation aufgestellt. Ebenso sollte hier eine klare Zielbeschreibung erfolgen: Welche Rolle spielt jeder im Projekt, welchen Beitrag kann er zum Gesamterfolg einbringen?

Der Projektleiter wird durch Motivation und geeignete „Teambildungsmaßnahmen" versuchen, möglichst schnell in die Leistungs-(Performing-)phase einzutreten. .

Für die Ausstiegs-Phase scheint es besonders wichtig, die Projektmitarbeiter rechtzeitig und offen über mögliche Alternativen zu informieren. Ein möglichst langes Hinauszögern der Information über die Zukunft der Mitarbeiter ist erfahrungsgemäß nicht produktivitätsfördernd.

Auch die Zusammensetzung des Projektteams spielt eine entscheidende Rolle für das „Funktionieren" des Projektes. So können die unterschiedlichsten „Typen" (wenn eine Typisierung überhaupt möglich ist) von Mitarbeitern aufeinander treffen (vgl. Abb. 75):

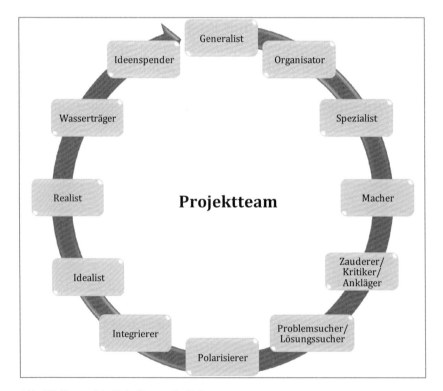

Abb. 75: Unterschiedliche Teammitglieder

Es wird sicherlich immer wieder Versuche geben, Verhaltensweisen und Eigenschaften von Menschen in „Typen" einzuteilen. Einen solchen Versuch zeigt die Aufteilung in „Distanz/Nähe-Typen" und „Dauer/Wechsel-Typen" mit der Beschreibung der dann - im Wortsinne - typischen Verhaltensweisen und Eigenschaften (vgl. Tab. 42).

Tab. 42: Persönlichkeitsbeziehung[119]

Verhaltensweisen und Eigenschaften von Menschen			
Distanz-Typ	Nähe-Typ	Dauer-Typ	Wechsel-Typ
distanziert	kontaktfreudig	zuverlässig	lebendig
selbstsicher	gesellig	exakt	flexibel
tatkräftig	einfühlsam	pünktlich	spontan
unabhängig	hilfsbereit	ausdauernd	risikofreudig
konfliktbereit	verstehend	fleißig	mitreißend
zielstrebig	integrierend	gewissenhaft	abenteuerfreudig
kritisch	harmoniebedürftig	korrekt	kreativ
konsequent	zugewandt	planend	neugierig
dominierend	teamfreudig	systematisch	überzeugend
intellektuell	konfliktscheu	kontrollierend	innovativ

Sicherlich sind solche Kategorisierungen als Gedankenspiel mitunter sinnvoll und hilfreich, ob sie in der täglichen Praxis immer funktionieren, mag jeder für sich entscheiden. Dennoch ist die Kenntnis von häufig auftretenden Strukturen und Rollen in Gruppen hilfreich bei der Bewältigung von Kommunikationsaufgaben. Der Projektleiter sollte demnach die Ausprägungen in seinem Team kennen, um die Ressourcen optimal einsetzen zu können.

Da in der Praxis wohl nur in seltenen Fällen die freie Auswahl der Projektteammitglieder möglich ist, obliegt dem Projektleiter hier die integrierende Funktion: Er braucht ein funktionierendes Team. Deshalb ist es von vornherein wichtig, die „richtigen" Leute ins Boot zu holen. Wer aber gehört dazu? Erfahrungen zeigen, dass Gruppen dann die an sie gestellten Forderungen als Leistungen erbringen können, wenn ein ausgewogenes Verhältnis der Kriterien Aktivität, Kontakt und Sympathie vorherrscht (vgl. Abb. 76).

---

[119] nach aha - Gesellschaft für Kommunikationsmanagement – http://www.typologik.de (verfügbar Feb. 2011)

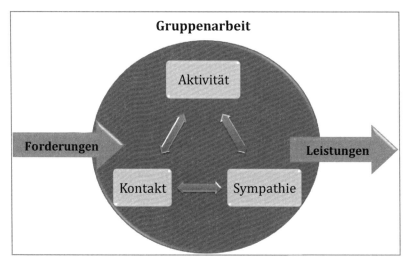

Abb. 76: Gruppenarbeit

<u>*Damit wird klar:*</u>

→ Inaktive Mitarbeiter können ein Team in seiner Leistung „herunterziehen" – die anderen Mitglieder sind dauerhaft nicht bereit, für Inaktive die Leistung mit zu erbringen. Das Team erwartet von allen Mitgliedern eine aktive Arbeit.

→ Besteht zwischen den Teammitgliedern wenig Kontakt, z.B. durch ständige weite räumliche Trennung, wird die Gruppenarbeit negativ beeinflusst. Dieses Handicap kann auch modernste Kommunikationstechnologie nur begrenzt überwinden!

→ Können sich Teammitglieder „nicht riechen", d.h. es existiert eine erkennbare Antipathie, wird die Kommunikation auf Dauer gestört sein, da die „Beziehungsebene" nicht funktioniert. Hinter allen sachlichen Informationen des Anderen werden dann mit viel Misstrauen Fallstricke vermutet. Das wirkt sich natürlich auf das Feedback aus, etc.

Zu einer Gruppe gehört also, dass man sich kennt, dass die Mitglieder Kontakt miteinander haben, sich gegenseitig verständigen und ihr Verhalten wechselseitig beeinflussen und aufeinander abstimmen. Dabei entwickeln sich auch bestimmte Sympathien füreinander. Nach einer gewissen Zeit entsteht häufig ein Gefühl der Zusammengehörigkeit, das sich darin äußert, dass man die eigene Gruppe für erfolgreicher und netter hält als andere Gruppen.

Nicht selten geht das ausgeprägte Zusammengehörigkeitsgefühl mit niedrigen Fehlzeiten einher, da man sich bei der gemeinsamen Arbeit wohl fühlt. Aber auch die Gruppengröße spielt eine nicht unwesentliche Rolle. Das Gefühl der Zusammengehörigkeit ist in kleineren Gruppen (4 bis 6 Personen) deutlich stärker ausgeprägt als bei 30 oder mehr Mitgliedern.

Bei exakt abgrenzbaren Arbeitsaufgaben mit geringer Abhängigkeit kann aber durchaus eine Übertragung an Einzelpersonen eine sinnvolle Alternative zur Teamarbeit darstellen.

Verlässlichkeit

Immer wenn Menschen zusammenarbeiten, egal in welchen Bereichen, hat das Thema Verlässlichkeit in Form von Menschenfreundlichkeit und Professionalität eine enorme Bedeutung. Verlässlichkeit äußert sich in folgenden Verhaltensmerkmalen: [120]

→ Redlichkeit,
→ Verbindlichkeit,
→ Konsistenz,
→ Deutlichkeit,
→ Loyalität.

Gerade an Projektleiter werden Erwartungen hinsichtlich seiner Verlässlichkeit gestellt. Untersuchungen haben ergeben, dass Teammitglieder das Thema Verlässlichkeit als äußerst wichtig einstufen und folgende weitere Merkmale schätzen: [121]

→ Gerechtigkeit,
→ Verlässlichkeit,
→ Teamgeist,
→ Offenheit,
→ Toleranz,
→ Verfügbarkeit.

Social Loafing und Groupthink

Social Loafing wird auch als Soziales Faulenzen bezeichnet. Es beschreibt die Situation, dass die Gruppenleistung geringer als die Summe der Einzelleistungen ist.

Beim Groupthink stehen der Zusammenhalt und die Einigkeit der Gruppe über der Erfüllung der Ziele. Es werden bestimmte Aufgaben abgelehnt, da sie die Gruppe gefährden.

Formelle und informelle Gruppen

Grundsätzlich werden die beiden Kategorien **„formelle"** und **„informelle"** Gruppen unterschieden.

Formelle Gruppen werden durch eine Festlegung „von oben", d.h. per Anweisung oder Strukturvorgabe gebildet. Die Mitglieder dieser Gruppen sind zur Lösung definierter Aufgaben als Struktureinheit zugeordnet worden. Ein Projektteam wird in diesem Fall in aller Regel eine formelle Gruppe sein und ist immer eine Betriebsabteilung.

Informelle Gruppen bilden sich hauptsächlich aus eigenem Antrieb: hier führen gemeinsame Interessen, Ziele oder aber auch gemeinsame Feinde zur Bildung der Gruppe – es gibt keine Festlegung von oben. Die Gruppe bildet sich „von selbst".

Beides schließt sich aber nicht gegenseitig aus: formelle Gruppen können Bestandteil von informellen Gruppen sein – und umgekehrt.

---

[120] vgl. PM3, Band 4, S.2025 ff.
[121] vgl. PM3, Band 4, S.2025 ff.

Beispiel 1:

Bespiel für eine informelle Gruppe ist der Verein, dessen Mitglieder aufgrund eines gemeinsamen Hobbys zusammenfinden. Eine Festlegung, wer beteiligt sein muss, gibt es nicht. Der Verein ist somit eine informelle Gruppe. Wird aber der Vereinsvorstand namentlich in das Vereinsregister des Amtsgerichtes eingetragen, ist damit definiert, wer welche Aufgaben wahrnehmen muss. Der Vorstand ist – zumindest für eine gewisse Zeit – an diese Festlegung gebunden und wird damit zur formellen Gruppe innerhalb der informellen Gruppe.

Beispiel 2:

Ein Projektteam wird durch den Projektleiter zusammengestellt. Es hat eine gemeinsame Aufgabe – die Projektbearbeitung. Es ist genau definiert, wer zum Projektteam gehört. Damit handelt es sich hier um eine formelle Gruppe. Aber in allen formellen Gruppen, vor allem mit steigender Mitgliederzahl, werden sich aufgrund gemeinsamer Interessen oder Ansichten immer auch kleinere informelle Gruppen bilden, die durch losen Zusammenhalt gekennzeichnet sind.

Der Projektleiter kann mit dieser Kenntnis informelle Gruppen innerhalb seines Teams nutzen, um ihnen Aufgaben zu übertragen, die eine besondere Kommunikationsbereitschaft voraussetzen. Andererseits ist es der Projektkommunikation meist sehr dienlich, die Bildung informeller Gruppen mit gemeinsamen Zielen zu unterstützen.

Rollenverteilung

Häufig ist innerhalb von Gruppen nach einer kurzen „Einlaufphase" die Übernahme von Rollen zu erkennen.

Ein Teil der Gruppenmitglieder wird meist die Initiative ergreifen, andere informieren, Meinungen erkunden und zusammenfassen, d.h. sie werden stets etwas zum Besten der Gruppe tun. Diese Funktionen bezeichnet man als **Aufgabenrolle**.

Weitere Gruppenmitglieder werden andere ermutigen, Regeln bilden und für deren Einhaltung sorgen, Spannungen mildern – mit anderen Worten: Sorge um den Bestand der Gruppe haben. Hier handelt es sich um **Erhaltungs- und Aufbaurollen**.

Das Verhalten einiger Gruppenmitglieder wird durch Angriffslust, gegenseitiges Blockieren, Machtkämpfe und das Betonen persönlicher Wichtigkeit gekennzeichnet sein. Hier steht das Suchen eigener Vorteile im Vordergrund, das Gemeinsame wird zurückgestellt. Dies sind die **Störungsrollen**.

Werden bestehende Gruppen unter diesen Aspekten betrachtet, kann man die jeweiligen Rollen häufig konkreten Personen zuordnen und als Projektleiter entsprechend gegensteuern.

Natürlich bestätigen auch hier Ausnahmen die Regel.

4.6.5 Zeitmanagement

„Dazu habe ich keine Zeit." – Wer kennt diesen Ausspruch nicht aus eigenem Erleben? Ich habe keine Zeit – aber wo bekomme ich welche her? Dabei ist Zeit wohl so ziemlich die einzige Sache, die gerecht verteilt ist: Alle Menschen haben 24 Stunden am Tag zur Verfügung. Es gibt keinen Menschen, der „keine Zeit hat".

Die Zeit ist wertvoll – denn sie ist unwiederbringlich. Einmal vergangen, kann kein Trick der Welt sie wieder zurückholen.

Der Schlüssel zur Lösung dieses Dilemmas liegt vielleicht in einer anderen Redewendung: „Was mir wichtig ist, dafür habe ich Zeit".

Wir sollten also entscheiden, was uns wichtig ist und welche Prioritäten wir setzen, um die wertvolle Zeit zu nutzen. Natürlich kosten uns diese Überlegungen wiederum Zeit, aber wenn wir uns dabei halbwegs geschickt anstellen, ist der Lohn dafür mehr „freie Zeit". Ziel des Zeitmanagements ist also, die wesentlichen Dinge in weniger Zeit zu erledigen und damit mehr „freie" Zeit für Anderes zu haben – für die Familie, unsere Hobbys, für das Relaxen oder für Arbeiten, die uns Spaß machen!

Aber Vorsicht, Zeitmangel ist auch ein Statussymbol! Stellen Sie sich vor, Sie fragen einen Mitarbeiter, ob er Zeit hat und dieser Mitarbeiter antwortet zu oft mit „Ja". Liegt hier nicht der Verdacht nahe, dass dieser Kollege „nicht ausgelastet" ist? Wohl die wenigsten würden dann auf ein perfektes Zeitmanagement schließen. Deshalb sollten Sie sich überlegen: Wollen Sie wirklich mehr Zeit?

Trotz alledem wollen wir ein paar – zum Teil schon bekannte – Tipps und Tricks geben, wie man das eigene Zeitmanagement verbessern kann.

Vier Aufgabenklassen

Der klassische Tipp, wie in Abb. 77 dargestellt:

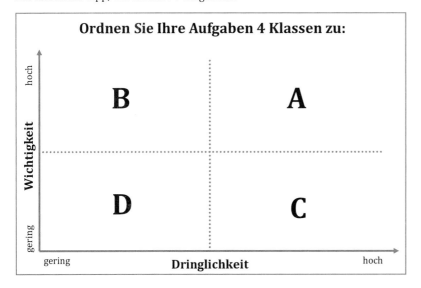

Abb. 77: Vier Aufgabenklassen (nach Eisenhower)

→ **Klasse A - wichtig und dringend:**
Wichtige und dringliche Aufgaben stellen ein Problem dar und sollten sofort in Angriff genommen werden.

→ **Klasse B – wichtig, aber nicht dringend:**
Wichtige, aber wenig dringliche Aufgaben sollten Sie delegieren oder reduzieren.

→ **Klasse C – dringend , aber nicht so wichtig:**
Unwichtige, aber dringliche Aufgaben sollten Sie delegieren oder reduzieren.

→ **Klasse D – nicht dringend und auch nicht wichtig:**
Unwichtige und wenig dringliche Aufgaben sollten Sie ganz bleiben lassen.

Bei der Klassifizierung der Aufgaben helfen folgende Überlegungen:

→ Fragen Sie sich immer wieder: Führt das, was ich jetzt tun will, zu meinen Zielen?

→ Konzentrieren Sie Ihre Kräfte und Energie auf Ihr lohnenswertes Ziel, vernachlässigen Sie Nebensächliches.

→ Prüfen Sie auch, bei welcher Aufgabe das meiste Geld oder das größte finanzielle Risiko auf dem Spiel steht.

→ Überlegen Sie, was schlimmstenfalls passiert, wenn Sie diese Aufgabe oder Tätigkeit jetzt nicht tun würden.

→ Denken Sie darüber nach, welchen Unterschied es in einem Jahr macht, wenn Sie diese Aufgabe heute nicht getan hätten.

→ Machen Sie sich auch bewusst, dass Sie es ohnehin nicht allen Menschen (Kollegen, Chef, Kunden, ...) recht machen können.

Schaffen Sie sich Phasen ungestörten Arbeitens!

Sie kennen das sicher: Man kommt deutlich früher als sonst ins Büro, weil dringende Aufgaben anstehen. Sie beginnen z.B. zwei Stunden früher als alle anderen Kollegen. Nach diesen beiden Stunden beginnt das übliche Tagesgeschäft. Sie stellen fest, dass sie in diesen zwei Stunden mehr schaffen, als an einem ganzen Tag während der üblichen Bürozeiten.

„Perfekt!" – sagt der clevere Chef, „Ab morgen beginnen alle Mitarbeiter zwei Stunden früher, und die Produktivität steigt schlagartig an!"

Das Experiment wird natürlich fehlschlagen. Grund dafür ist, dass wir für konzentriertes Arbeiten eine Eintauchphase vor der Phase intensiver Arbeit ohne Störung („in Fahrt") benötigen. Werden wir durch Telefonate, Gespräche oder andere „Störungen" aus unserer Arbeit gerissen, beginnt die Eintauchzeit von neuem (vgl. Abb. 78 und 79).

Nach Tom DeMarco können nur 10% bis 30% der täglichen Anwesenheit auf Arbeit ungestört genutzt werden.

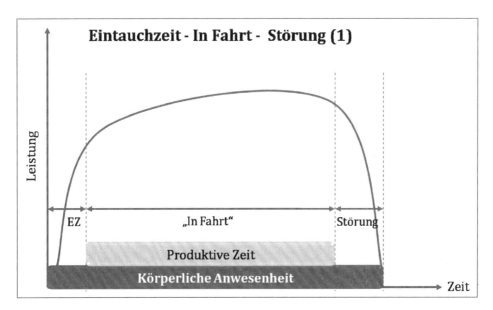

Abb. 78: „Eintauchzeit – In Fahrt"

Je häufiger die Arbeit „gestört" wird, umso schlechter wird das Verhältnis von produktiver Zeit zu „körperlicher Anwesenheit".

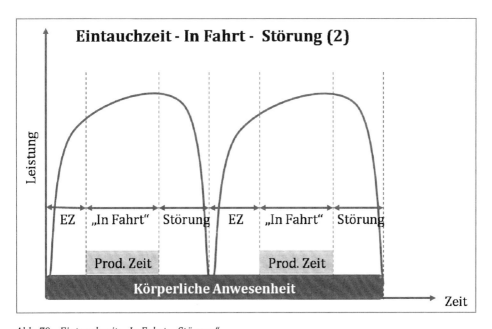

Abb. 79: „Eintauchzeit – In Fahrt – Störung"

Natürlich sind auch die „Störungen" Arbeitsaufgaben, aber für die Lösung komplexer Probleme sollte man sich schon „störungsfreie Zeiten" organisieren. Es muss ja nicht immer zwei Stunden vor der üblichen Bürozeit sein...

Möglichkeiten zur Minimierung von Störungen

→   Klausurtagung,
→   Sprechzeiten,
→   Ausschalten des Telefons,
→   Projektteams im gemeinsamen Raum.

Schädliches Multitasking

„Ich arbeite gleichzeitig an x Projekten – dadurch kann ich eine Menge Zeit einsparen!" Natürlich ist es in der Praxis so, dass wohl kaum ein neues Projekt immer erst dann beginnt, wenn das vorhergehende vollständig abgeschlossen ist. Somit ist die parallele Projektbearbeitung an der Tagesordnung. Dennoch bedingt der Wechsel von einem Projekt in ein anderes immer auch eine gewisse Umdenkzeit. In einem Unternehmen wurde von der „Granulierung" der Projektleiter gesprochen, weil der durchschnittliche Projektleiter dort in 25 Projekten eingebunden war. Versuchen sie zumindest die einzelnen Abschnitte der Projektbearbeitung der Projekte zu verlängern, um die „Umdenkphasen" möglichst gering zu halten (vgl. Abb. 80).

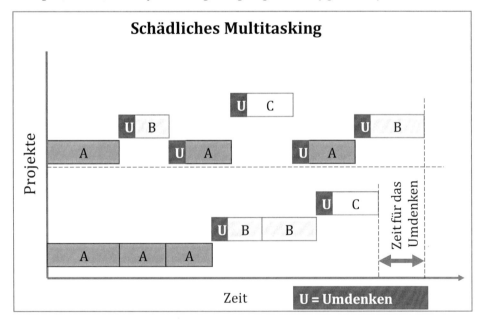

Abb. 80: Schädliches Multi-Tasking

Zum Abschluss des Themas Zeitmanagement noch ein paar Tipps:

→ Vermeiden Sie Störungen, soweit wie möglich.

→ Lernen Sie „NEIN" zu sagen.

→ Planen Sie bei Terminen Anfang und Ende.

→ Organisieren Sie Ihren Posteingang:

→ Muss ich die Post selbst erledigen?

- o Kann es jemand anderes (wer?) bearbeiten?
- o Kann die Post sofort abgelegt werden (reine Information)?
- o Kann die Post direkt in den Papierkorb wandern?

4.7 Konflikte und Krisen

> Ein Konflikt ist eine Spannungssituation, die durch das Aufeinandertreffen unterschiedlicher Meinungen, Erwartungen und Interessen entsteht. Es entstehen verschiedene Parteien, von denen zumindest bei einer Unbehagen entsteht, das mit der Sorge verbunden ist, ihre Ziele nicht oder schwieriger erreichen zu können.

Der Konflikt kann zwischen Personen / Personengruppen (interpersoneller Konflikt) oder aber auch im Innern einer Person entstehen (intrapersoneller Konflikt). Der betroffene Mitarbeiter wirkt gereizt, arbeitet ineffizient, macht fachliche Fehler und zieht sich zurück.

Im Gegensatz zu Konflikten beschreibt ein Problem eine Abweichung zwischen einer SOLL- und einer IST-Situation, deren Lösung innerhalb einer Aufgabenstellung mit Schwierigkeiten verbunden ist. Eine wesentliche Methode zur Konfliktprävention stellt die Interessenorientierung über den gesamten Projektverlauf dar (siehe auch Kap. Projektumfeld und Stakeholder).

4.7.1 Konfliktentstehung

Konflikte entstehen in aller Regel nicht von heute auf morgen. Häufig geht eine „Latenzphase" voraus, in der der Konflikt schon im Verborgenen existiert. Hier kann der Projektleiter durch Erfahrung und Gespür frühzeitig drohende Konflikte erkennen und gegensteuern.

In der Praxis tauchen immer wieder bestimmte Anzeichen auf, die auf einen drohenden Konflikt schließen lassen (unvollständige Aufzählung):

→ Über einen längeren Zeitraum kann zu fachlichen Problemen keine Einigung erzielt werden,
→ Mitarbeiter sind nicht bereit, einander zuzuhören,
→ Führungskräfte verkaufen Ideen Ihrer Mitarbeiter als eigenes Werk,
→ Vorschläge der Mitarbeiter werden nicht zugelassen,
→ Lagerbildung („Cliquen"),
→ gegenseitiger Vorwurf mangelnder Kompetenz,
→ Verantwortliche treffen Entscheidungen nicht oder zu spät.

Die Ursachen von Konflikten liegen entweder auf der

→ Sachebene (Fachprobleme, inhaltliche Fragen) oder auf der
→ psychosozialen Ebene (Gefühlsebene).

Dabei wirken sich Konflikte, die ursprünglich aus der Gefühlsebene kommen, häufig im weiteren Konfliktverlauf auch auf die Sachebene aus.

4.7.2   Konfliktarten

Neben den beiden Hauptarten **intrapersoneller** und **interpersoneller** Konflikt kann man noch weitere Unterscheidungen bezüglich der Konfliktarten treffen[122]:

→ Zielkonflikt: kennzeichnend sind hier unterschiedliche Zielsetzungen und Erwartungen an ein Projekt.

→ Verteilungskonflikt: der Wettbewerb um den Arbeitsplatz, die Aufgaben und das Einkommen stehen im Mittelpunkt.

→ Wahrnehmungskonflikt: zwischen den Mitarbeitern bestehen Differenzen in der Wahrnehmung von Werten, Handlungen und Situationen.

→ Bewertungskonflikt: unterschiedliche Wertorientierungen, Einstellungen und Normen.

→ Beziehungskonflikt: anonyme, ungeklärte Beziehungen.

→ Rollenkonflikt: ungeklärte Aufgabenabgrenzung und unterschiedliche Rollenerwartungen.

→ Persönlichkeitsbedingter Konflikt: unterschiedliche Persönlichkeitsentwicklung, Kenntnisse und Erfahrungen.

4.7.3   Konflikteskalation

Das Neun-Stufen-Modell der Konflikteskalation beschreibt, wie Konflikte analysiert und bearbeitet werden können. Das in Tabelle 43 dargestellte Modell ist in drei Abschnitte mit je drei Stufen unterteilt.

---

[122] Möller, T.; Dörrenberg, F.: Projektmanagement, S.151

Tab. 43: Konflikteskalationsstufen[123]

	Stufe	Merkmale	Lösung?		
1.	Spannung / Verhärtung	Gelegentliche Meinungsverschiedenheiten treten auf, die Bereitschaft zur Kooperation ist aber vorhanden. Es wird noch kein beginnender Konflikt wahrgenommen.	Win - Win möglich	beide Parteien können (noch) gewinnen	
2.	Debatten	Eine konstruktive Lösung ist noch nicht gefunden. Die Konfliktparteien suchen nach Strategien, die jeweils andere Partei von ihrer Lösung zu überzeugen. In diesen Debatten berücksichtigen die Parteien die Interessen der Gegenseite immer weniger, sie wollen diese unter Druck setzen. Meinungsverschiedenheiten wachsen zum offenen Streit aus.			
3.	Provokation / Druck	Durch Druck und Provokation wird versucht, die eigenen Ziele durchzusetzen. Eine vernünftige Kommunikation findet nicht mehr statt, der Konflikt verschärft sich schneller.			
4.	Koalitionen	Jede Partei sucht nach Verbündeten, es bilden sich Koalitionen. Der Konflikt verschärft sich weiter. Die Sachebene tritt in den Hintergrund, im Vordergrund steht der „Sieg" im Konflikt.	Win – Lose	eine Partei gewinnt,	die andere verliert
5.	Gesichtsverlust	Niederlagen und Demütigungen (z.B. Unterstellungen) kennzeichnen den Konflikt. Der gute Ruf des Gegners soll geschädigt werden. Das Vertrauen ist zerstört.			
6.	Drohstrategien	Mit Hilfe von Drohungen versuchen die Parteien, das Geschehen zu kontrollieren und Macht zu demonstrieren (Setzen eines Ultimatums).			
7.	Begrenzte Vernichtung	Um den Drohungen Nachdruck zu verleihen, werden begrenzte Vernichtungsschläge ausgeführt (z.B. teilweise Demontage eines Konkurrenten). Tricks kommen zu Einsatz. Die Parteien nehmen sich gegenseitig nicht mehr als Menschen wahr.	Lose – Lose	beide Parteien verlieren	
8.	Zersplitterung	Der Gegner soll zerstört werden.			
9.	Totale (Selbst-) Vernichtung	Die eigene Vernichtung wird in Kauf genommen, um den Gegner zu zerstören.			

---

[123] Schelle, H.; Ortmann, R.; Pfeiffer, A.: ProjektManager, S.432

Hier wird ersichtlich, dass bis zur Stufe 3 noch eine einvernehmliche Lösung, bei der alle gewinnen können, möglich ist. Allerdings muss der Projektleiter rechtzeitig eingreifen, bevor der Konflikt sich weiter verschärft. Ab Stufe 4 geht i. d. R. nur eine der Parteien als „Sieger" aus dem Konflikt hervor. Der Projektleiter kann in dieser Stufe durch eine Entscheidung im Sinne des Projektes den Konflikt beenden, wird aber dadurch möglicherweise den Unmut der „unterlegenen" Partei auf sich ziehen. Dies könnte für einen Folgekonflikt wiederum der Ausgangspunkt (Beginn der Latenzphase) sein.

Ist der Konflikt bereits in die Stufe 7 eingetreten, werden kaum noch Lösungsansätze von außen akzeptiert. Die Situation ist verfahren und die Fronten verhärtet. Es wird nur noch auf die Zerstörung der gegnerischen Partei hingearbeitet. Fachliche Arbeit tritt in den Hintergrund. Anzeichen sind u.a. ein steigender Krankenstand, hohe Fluktuation oder „innere Kündigung". Der Projektleiter kann nur durch radikale Maßnahmen (Änderung der Projektorganisation, Personalaustausch; im Extremfall Projektabbruch) eingreifen. Die vernünftige Zusammenarbeit der „verfeindeten" Parteien ist auf längere Sicht nicht möglich. Das Projekt befindet sich in einer Krise.

4.7.4　Konfliktlösungsmöglichkeiten

Um Konflikte in Projekten zu lösen, sind mehrere Ansätze möglich. In Abhängigkeit davon, wie stark der Projektleiter seine Interessen durchsetzen will / kann / muss oder eben auch den Interessen der Anderen nachgeben will / kann / muss, leiten sich fünf mögliche Lösungsansätze ab (vgl. Abb. 81):

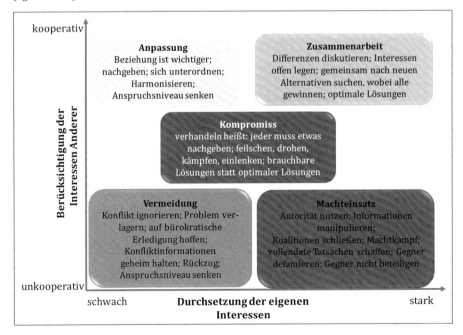

Abb. 81: Konfliktlösungsmöglichkeiten[124]

---

[124] Möller, T.; Dörrenberg, F.: Projektmanagement, S.153

Natürlich bieten alle Varianten Vor- und Nachteile. Da aber auch die Struktur von Konflikten unzählige Varianten aufweist, lässt sich hier kaum ein Patentrezept nennen.

Tab. 44: Möglichkeiten der Konfliktlösung[125]

Möglichkeiten zur Konfliktlösung	Vorteile	Nachteile
Vermeidung; Konflikt ignorieren	→ keine, außer dass die Arbeit so (schlecht) weiterläuft wie bisher	→ Scheinlösung → nur Aufschieben des Konfliktes → Frustration
Machteinsatz; Beschluss von oben	→ schnelle Lösung → Arbeit läuft in verbesserter Form (suboptimal) weiter	→ Gefühl des Übergangenwerdens → bei Wiederholungsfällen Frustration
Kompromissfindung	→ Interessen der Beteiligten werden berücksichtigt → gemeinsame Lösung → motivierende Wirkung	→ Zeitaufwand → Anspruch an Beteiligte
Konsensfindung	→ Interessen der Beteiligten werden berücksichtigt → gemeinsame Lösung → Beständigkeit der Lösung → motivierende Wirkung	→ hoher Zeitaufwand → hoher Anspruch an Beteiligte
Zusammenarbeit; Delegation an eine neutrale Person	→ Interessen der Beteiligten werden berücksichtigt → neutrale Lösung → Beständigkeit der Lösung	→ Zeitaufwand → ggf. finanzieller Aufwand → Information an Externe

Um zwischen Konfliktparteien ausgleichend zu moderieren, wird mitunter auch ein Mediator berufen.

Sind die beteiligten Parteien zur konstruktiven Konfliktlösung bereit, kann ein Moderator als Schlichter eingesetzt werden.

---

[125] Möller, T.; Dörrenberg, F.: Projektmanagement, S.152

Dazu kann nach folgendem Vorgehensmodell (vgl. Tab. 45) gearbeitet werden:

Tab. 45: Schritte zur kooperativen Konfliktlösung[126]

Einleitung	
	→ Moderator informiert die Beteiligten über Hintergründe des Konflikts.
	→ Moderator motiviert die Beteiligten zur Lösungsfindung.
	→ Moderator erläutert die Vorgehensweise und Regeln.
Diagnose	
Ist-Zustand beschreiben	→ Moderator trägt unterschiedliche Sichtweisen zusammen.
	→ Ggf. zerlegt der Moderator den Konflikt in Komponenten, damit diese einzeln bearbeitet werden können.
	→ Gruppe erarbeitet gemeinsam eine Beschreibung des Ist-Zustandes.
Lösungsentwicklung	
Soll-Zustand beschreiben / Maßnahmen erarbeiten	→ Gruppe beschreibt alternative Zielzustände.
	→ Gruppe erarbeitet einen für alle akzeptablen Zielzustand und einen Lösungsweg zur Erreichung.
	→ Erweist sich dieser Vorschlag als nicht realisierbar, wird der Erarbeitungsprozess nochmals durchlaufen – so lange, bis ein realisierbarer gemeinsamer Weg gefunden ist.
Erfolgssicherung	
	→ Moderator erläutert Einzelnen die Konsequenzen der Entscheidung für ihr Verhalten.
	→ Gruppe legt das Wer, Wann, Wo und Wie der Erfolgskontrolle fest.

4.7.5 Krisen

Wenn Konflikte in Projekten eskalieren, sodass die Fortsetzung aussichtslos erscheint, die Arbeit im Projekt gelähmt oder gänzlich unmöglich ist, spricht man von einer Projektkrise. Eine Projektkrise stellt somit einen Sonderfall des Konflikts dar. Krisen können Überraschungscharakter haben (technische Störfälle, Naturkatastrophen) oder sich schleichend entwickeln (Krisen zwischen Projektbeteiligten). Der schleichenden Krisenentwicklung kann nur durch frühzeitige Interessenorientierung im Projekt entgegengewirkt werden.

Typische Indikatoren für drohende Krisen finden sich sowohl im Bereich der fachlichen Faktoren (z.B.: Kosten deutlich überschritten, wesentliche Terminüberschreitungen) als auch im Bereich der Zusammenarbeit im Projekt (z.B.: starke Reduzierung der Kommunikation, Absicherungstaktik).

---

[126] Schelle, H.; Ortmann, R.; Pfeiffer, A.: ProjektManager, S.433

Zur Lösung von Krisen können grundsätzlich die gleichen Methoden wie bei der Konfliktlösung eingesetzt werden. Meist jedoch ist eine externe Unterstützung notwendig.

Die Krise kann zum Scheitern eines Projektes führen.

4.8 Projektsteuerung und -controlling

4.8.1 Definition und Begriff Projektsteuerung

Die Projektsteuerung ist das Kernstück eines professionellen Projektmanagements und deshalb Hauptaufgabe des Projektleiters in der Projektabwicklung. Sie ermöglicht es, die Prozesse in der Projektarbeit so zu führen, dass die Projektziele erreicht werden können. Die Maßnahmen zur Qualitätsförderung dienen dazu, diese Prozesse laufend zu verbessern.

„Planen, Überwachen und Steuern sind die Haupttätigkeiten des Projektmanagers. Überwachung und Steuerung sind eine untrennbare Einheit, "Controlling" integriert sie weitgehend zu einem einzigen Begriff. Dabei umfasst Controlling (siehe Kapitel 3.3) alle Aspekte der Überwachung. Steuerung kann jedoch deutlich über Controlling hinausgehen, insbesondere wenn man den in der HOAI (Honorarordnung für Architekten und Ingenieure) definierten Begriff der Projektsteuerung betrachtet. [...]

Grundsätzlich bedeutet Steuerung, den Projektplan so genau wie möglich umzusetzen. Unterschiedliche Auffassungen bestehen hinsichtlich der hierfür zur Verfügung stehenden Rechte des Projektleiters. Diese können von der bloßen Beratung bei der Umsetzung von Steuerungsmaßnahmen (Stabs-Projektorganisation) bis hin zur vollständigen Führungs- und Ergebnisverantwortung im Projekt (management by projects) gehen. [...]

Unverzichtbar für die Projektsteuerung ist der Projektplan - ohne ihn ist kein Vergleich mit dem Soll-Wert möglich. Ergänzt wird der Projektplan, der den Idealverlauf beschreibt, durch die Risikoliste, die möglichst umfassend alle Gefahren für den Projektablauf beschreibt.

Die Effektivität der Steuerung hängt wesentlich von einer zeitnahen Erfassung der Aufwände und des Projektfortschritts ab.

Mit Hilfe von Prognosetechniken (Meilenstein- und Kostentrendanalyse, Earned-Value-Analyse, Szenariotechnik) können dann Annahmen über die zukünftige Entwicklung getroffen und dementsprechende Steuerungsmaßnahmen entwickelt werden. Zu diesen gehört meistens der Eingriff in die bestehende Planung - der ursprüngliche Plan wird dann als so genannter Basisplan dokumentiert."[127]

Der Begriff der Projektsteuerung wird einerseits allgemein als Steuerung eines beliebigen Projekts verwendet, andererseits ist er als feststehender Begriff in der Honorarordnung für Architekten und Ingenieure (HOAI) für die Bauwirtschaft definiert.

Historisch betrachtet hat sich der Begriff der Projektsteuerung im Bereich des Bauwesens entwickelt.

Der Paragraph 31 (Projektsteuerung) der HOAI definiert die Projektsteuerung als Leistungen von Auftragnehmern, "wenn sie Funktionen des Auftraggebers bei der Steuerung von Projekten mit mehreren Fachbereichen übernehmen."

---

[127] *Projektmagazin – Glossar, http://www.projektmagazin.de/glossar (verfügbar Sep. 2010)*

Die HOAI zählt zu diesen Funktionen:

→ Klärung der Aufgabenstellung, Erstellung und Koordinierung des Programms für das Gesamtprojekt,

→ Klärung der Voraussetzungen für den Einsatz von Planern und anderen an der Planung fachlich Beteiligten (Projektbeteiligte),

→ Aufstellung und Überwachung von Organisations-, Termin- und Zahlungsplänen, bezogen auf Projekt und Projektbeteiligte,

→ Koordinierung und Kontrolle der Projektbeteiligten, mit Ausnahme der ausführenden Firmen,

→ Vorbereitung und Betreuung der Beteiligung von Planungsbetroffenen,

→ Fortschreibung der Planungsziele und Klärung von Zielkonflikten,

→ laufende Information des Auftraggebers über die Projektabwicklung und rechtzeitiges Herbeiführen von Entscheidungen des Auftraggebers,

→ Koordinierung und Kontrolle der Bearbeitung von Finanzierungs-, Förderungs- und Genehmigungsverfahren.

4.8.2 Aufgaben der Projektsteuerung

Zu konkreten Aufgaben der Steuerung innerhalb eines Projekts gehören unter anderem:[128]

→ Starten und Beenden von Arbeitspaketen / Vorgängen,

→ Überwachung der Projektkennzahlen,

→ Erarbeitung von Alternativplänen bei Abweichungen,

→ Verändern des Projektplans zur Erreichung des ursprünglichen Projektziels,

→ Anforderung zusätzlicher Ressourcen und Finanzmittel,

→ Veränderung der Aufgabenstellungen an Projektmitarbeiter,

→ Mitwirkung bei der Vergabe von Unteraufträgen,

→ Interne Abnahme oder Ablehnung von Projektergebnissen,

→ Verhandlungen mit dem Auftraggeber,

→ Umsetzung von Beschlüssen des Lenkungsausschusses,

→ Beantragung eines Projektreviews / Projektaudits,

→ Beantragung des Projektabbruchs,

→ Feststellung des Projektabschlusses.

Zusammenfassend zeigt die folgende Abbildung die Schritte der Projektsteuerung.

---

[128] *Projektmagazin – Glossar, http://www.projektmagazin.de/glossar (verfügbar Sep. 2007)*

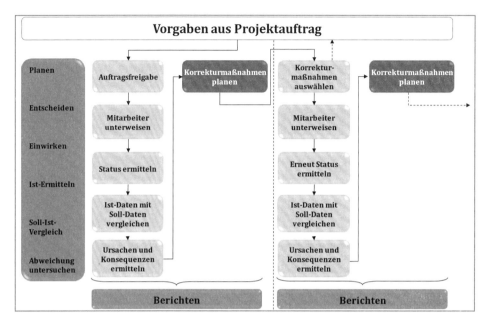

Abb. 82: Projektsteuerung im Regelkreis[129]

4.8.3 Maßnahmen in der Projektsteuerung

Aus Projektplanungen mit unsicheren oder falschen Vorgaben oder aus Veränderungen der Randparameter des Projektes während der Projektabwicklung können Abweichungen entstehen. Diese Abweichungen zwischen Projektplanung und realem Projektablauf müssen seitens der Projektsteuerung durch entsprechende Maßnahmen ausgeglichen werden. Ursachen für Abweichungen können z.B. sein:

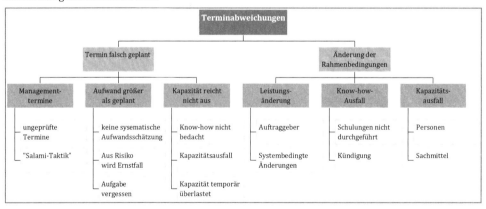

Abb. 83: Ursachen für Terminabweichungen[130]

---

[129] RKW/GPM: Projektmanagement-Fachmann, S.734
[130] Schelle, H.; Ottmann, R.; Pfeifer, A.: ProjektManager, S. 286

Zur Problem- und Ursachenbeseitigung stehen der Projektsteuerung u.a. folgende Maßnahmemöglichkeiten zur Verfügung:

Tab. 46: Maßnahmen der Projektsteuerung

Leistungs-reduzierung	Aufwands-reduzierung	Kapazitäts-vergrößerung	Produktivitäts-erhöhung
→ Einschränkung der Qualität → Ablehnung von Änderungswünschen	→ Lizenzen und Know-how kaufen → Streichen von Arbeitspaketen → Zukauf von Teilprodukten → Suche nach technischen Alternativen → Änderung des Abwicklungsprozesses	→ Einstellung zusätzlicher Mitarbeiter → Umverteilung des Personals → Fremdvergabe von Arbeitspaketen → Mehrschicht-arbeit → Anordnung von Überstunden	→ Motivation erhöhen → Neuorganisation des Projektes → Abschirmung der Mitarbeiter von Störungen → Projektteam räumlich zusammenlegen → Information/ Kommunikation verstärken

4.8.4 Definition und Begriff Projektcontrolling

Das Projektcontrolling stellt ein Instrument zur plangerechten Abwicklung von Projekten dar.

Vereinfacht versteht man unter Projektcontrolling die Planung, Steuerung und Kontrolle von Projekten und zwar bezogen auf die Zeit, die Kosten und die Leistung. Durch das Projektcontrolling soll in der Praxis ein sinnvoller sowie wirtschaftlicher Ablauf von Projekten gewährleistet werden.

> Controlling umfasst nach DIN 69904 die Prozesse und Regeln, die innerhalb des Projektmanagements zur Sicherung des Erreichens der Projektziele beitragen.

Diese Prozesse reichen von der Datenerfassung über den Vergleich mit den Plandaten und die Feststellung von Abweichungen bis hin zur Bewertung der Konsequenzen und dem Mitwirken bei der Planung von Gegenmaßnahmen und ihrer Überwachung.

> Die DIN 69903 fixiert den Begriff Projekt-Controlling auf die Sicherung des Erreichens der wirtschaftlichen Projektziele und setzt es weitgehend mit dem betriebswirtschaftlichen Controlling nach DIN 69904 gleich.

4.8.5 Aufgaben des Projektcontrollings

Im Projektcontrolling wird das Ziel verfolgt, mögliche Abweichungen und daraus resultierende Risiken frühzeitig zu identifizieren. Hierfür sind die unterschiedlichsten Teilaufgaben zu koordinieren, die im Rahmen des Projektes anfallen.

In Abbildung 84 ist der Ablauf des Projektcontrollings visualisiert.

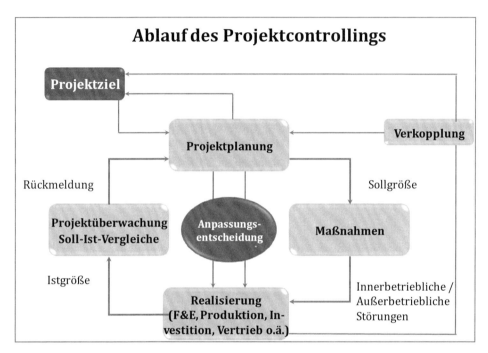

Abb. 84: Ablauf des Projektcontrollings

Generell ist wichtig, dass das Projektcontrolling schnell Abweichungen und Fehlerquellen entdeckt. Solche Fehlerquellen können eine nicht vollständige und unrealistische Projektplanung oder vermeidbare Termin- und Kostenüberschreitungen sein.

Daraus kann abgeleitet werden, dass ein gutes Projektcontrolling zeitnah zeigen muss, „wo ein Projekt steht". Das heißt, dass der aktuelle Stand und die Einhaltung bzw. Nichteinhaltung der geplanten Termine, Kosten und Leistungen des Projektes gezeigt wird.

Projektcontrolling unterstützt die Arbeit der Projektleitung in der Projektabwicklung. Es sollte zum Beispiel geregelt werden:

→ welche Pläne (Terminplan, Kostenplan, Ressourceneinsatzplan) zu erstellen sind,
→ wie deren Einhaltung kontrolliert werden kann,
→ wie die Verantwortlichkeiten im Projektablauf verteilt sind (zu klären sind insbesondere die Zuständigkeiten von Projekt- und Fachabteilungsleitern in einer Matrixorganisation),
→ welche PM-Instrumente eingesetzt werden (Templates, Tools),

→ wie die Bearbeitung von Änderungsanträgen zu erfolgen hat,

→ welche Berichte in welcher Form, in welchen zeitlichen Abständen, für welche Empfänger zu erstellen sind.

Das Projektcontrolling nimmt neben operativen Tätigkeiten auch strategische Aufgaben wahr. Vor allem unterstützt es die Umsetzung der strategischen Zielsetzungen in mittel- und kurzfristigen Projektmaßnahmen. Es liefert Kenngrößen, die den Nutzen der Projekte aufzeigen.

Strategisches Projektcontrolling ist vor allem dann notwendig, wenn parallel eine große Zahl von Projekten abgewickelt werden muss. Daneben hat es dafür zu sorgen, dass die kurzfristigen und operativen Entscheidungen im Projekt permanent im Einklang mit der Strategie stehen. Im Tagesgeschäft wird schnell die Auswirkung einer Entscheidung auf Kundenbeziehungen und Marktanteile vergessen. Dabei unterstützt das Projektcontrolling die laufende Projektabwicklung, indem es Abstimmungsaufgaben wahrnimmt.

Typische Koordinationsaufgaben, bei denen das Projektcontrolling beteiligt ist, sind z.B.:

→ Mitarbeit an der Zieldefinition und -kontrolle,

→ Abstimmung des Projektplans mit dem Finanzplan des Unternehmens,

→ Abstimmung des Terminplans mit dem Kosten- und Ressourceneinsatzplan,

→ Überwachung der Termine und Kosten,

→ Vermittlung zwischen den Interessen des Projektleiters und der Leiter der Fachabteilungen,

→ Aufdeckung von Verbesserungspotenzialen in der laufenden Projektabwicklung,

→ Vermittlung bei Problemen der Mitarbeiterführung,

→ Aufbereitung der Projektdaten für das Berichtswesen.

4.8.6 Probleme im Controllingprozess[131]

Um zukunftsorientiert steuern zu können, ist ein gut funktionierendes betriebliches Kostenkontrollsystem bzw. eine Ist-Daten-Erfassung unabdingbar. Es müssen die angefallenen Kosten mit den erbrachten Leistungen in Beziehung gesetzt werden.

Die häufigsten Schwierigkeiten in der Praxis liegen dabei in:

→ der Abgrenzung der erbrachten Leistung,

→ der Zuordnung von Kostenarten zu den Arbeitspaketen,

→ der Genauigkeit der Stundenerfassung,

→ der Trennung von kaufmännischen und technischen Funktionen,

→ dem Fehlen von integrierten Abrechnungssystemen mit der Folge von Mehrfachverarbeitung von Daten.

---

[131] RKW/GPM: Projektmanagement-Fachmann, S.634

4.8.7 Ziele des Projektcontrollings

Die folgende Tabelle zeigt die Zielstellung des Projektcontrollings im Unternehmen.

Tab. 47: Ziele des Projektcontrollings[132]

Projektabwicklung verbessern	Bereichsergebnisse verbessern	Unternehmensergebnis sicherstellen
→ Projektplanung / -eröffnung unterstützen → Transparenz zum aktuellen Projektstand durch Aufschlüsselung der Zahlen für Erlöse, Kosten und Ressourcenverbrauch herstellen → Chancen und Risiken erkennen und aktiv steuern	→ Projektverluste vermeiden → freie Kapazitäten und Bearbeitungsengpässe aufzeigen → Analyse von „guten" und „schlechten" Projekten durchführen	→ Liquidität und Rentabilität sicherstellen → Analyse von „guten" und „schlechten" Geschäftsfeldern

4.8.8 Aufgaben und Anforderungen eines Projektcontrollers

Ein Projektcontroller fördert die optimale informatorische Leistungsfähigkeit des Managements auf allen Unternehmens- und Funktionsbereichen. Er sichert die betriebswirtschaftliche Transparenz zur Gewährleistung einer optimalen Ergebniserzielung.

Hieraus leiten sich die Aufgaben des Projektcontrollers ab:[133]

→ Koordinierende Unterstützung des Projektmanagements bei Planungs-, Steuerungs- und Kontrollaufgaben,

→ Aufbau eines projektbezogenen, leistungsfähigen Berichtswesens,

→ Projektcontroller helfen und unterstützen bei Entscheidungen. Sie bieten keine fertigen Lösungen an, nehmen aber dem Projektleiter niemals die Entscheidung ab. Während der Projektleiter das wirtschaftliche Projektergebnis, die Leistung und die Einhaltung der Projekttermine zu verantworten hat, ist der Projektcontroller für die Transparenz der Daten zuständig,

→ Der Projektcontroller muss sich an seinem Projektleiter orientieren und sich bewusst sein, dass er eine Dienstleistung erbringt. Er leistet für das Management einen Service und ist interner betriebswirtschaftlicher Berater im Projekt.

---

[132] PSI AG: http://www.psi.de/de/ (verfügbar Aug. 2004)
[133] Krause H.U.: Controlling; S.286ff.

Entsprechend der zu erbringenden Aufgaben muss der Projektcontroller folgenden Anforderungen gerecht werden:[134]

→   zielorientierte, kommunikative Persönlichkeit mit der Fähigkeit zu fachübergreifendem Denken und unternehmerischem Handeln,

→   ausgewogene Kooperations- und Führungsfähigkeit, Engagement, Belastbarkeit sowie Flexibilität,

→   ergebnisorientierte Steuerung von der Konzeptphase bis zur Fertigstellung mit betriebswirtschaftlicher Gesamtbetrachtung des Projekts,

→   Etablierung und Weiterentwicklung des Projektcontrollings als Entscheidungsunterstützung für strategische Unternehmensvorhaben.

4.8.9   Mögliche Ursachen von Abweichungen während der Projektrealisierung

In jedem Projekt können im Laufe der Realisierung Störungen auftreten:

→   Genehmigungen fehlen,
→   Teillieferungen bleiben aus - Lieferkomponenten sind mangelhaft,
→   Gesetze ändern sich,
→   Preise steigen,
→   Mitarbeiter fallen aus - Linie zieht Mitarbeiter ab,
→   Management ändert Prioritäten für Projekte,
→   einzelne Mitarbeiter sind in verschiedenen Projekten über 100 % in Summe eingeplant,
→   Identifikation der Beteiligten mit dem Projekt sinkt,
→   und so weiter...

---

[134] *Krause H.U.: Controlling; S.287*

4.9 Projektstatus und -fortschritt

Wie aus dem magischen Dreieck abgeleitet, müssen für ein in Bearbeitung befindliches Projekt der Leistungsfortschritt, die anfallenden Kosten und der Terminfortschritt ermittelt werden. Diese Ermittlung ist Grundlage für die Leistungseinschätzung des Projektteams durch den Auftraggeber und andere Stakeholder des Projektes.

4.9.1 Leistungsfortschritt

Der Leistungsfortschritt kennzeichnet die physische Fertigstellung des Projektes, abgeleitet aus der Fertigstellung der Arbeitspakete und Vorgänge. Für die Ermittlung des Leistungsfortschritts (Fertigstellungsgrad in %) werden verschiedene Instrumente eingesetzt:

→ Meilenstein-Technik (Statusschritt-Methode),
→ 50-50 Technik,
→ 0-100 Technik,
→ Mengenproportionalität,
→ Sekundärproportionalität,
→ Zeitproportionalität,
→ Schätzung.

Fertigstellungsgrad

Die Definition der DIN 69901 bestimmt den Fertigstellungsgrad (FGR) als Verhältnis der zu einem Stichtag erbrachten Leistung zur Gesamtleistung eines Vorganges oder eines Projektes.

Der FGR stellt einen Prozentsatz dar, zu dem die Arbeiten an einem Arbeitspaket zu einem bestimmten Zeitpunkt abgeschlossen sind.

$$\text{Fertigstellungsgrad (FGR}_{\text{Ist}}) = \frac{\text{zum Stichtag erbrachte Leistung}}{\text{Gesamtleistung}} \times 100$$

Die Ermittlung des FGR erfolgt auf Basis von Arbeitspaketen bzw. Vorgängen.

Meilensteintechnik (Statusschritt-Methode)

Bei der Statusschritt-Methode werden zwischen Anfang und Ende eines Arbeitspaketes Meilensteine (Statusschritte) festgesetzt. Wird ein Meilenstein erreicht, wird durch den Projektcontroller ein Fertigstellungsgrad bestimmt. Der Zuwachs des Fortschrittes wird erst bei vollständiger Erreichung des Meilensteins, und zwar nur bei positivem Ergebnis, zugerechnet.

50-50-Technik

Die 50/50-Methode dient zur vereinfachten Bestimmung des Fertigstellungsgrads von Vorgängen und Arbeitspaketen. Zur Berücksichtigung von Vorleistungen wird bereits zu Beginn der eigentlichen Arbeit ein Fertigstellungsgrad von 50% angerechnet. Die 50/50-Methode ist für Projektarbeiten mit umfangreichen Vorarbeiten einsetzbar. Nur deshalb ist ein Fertigstellungsgradzuwachs von 50% zu Beginn der Arbeiten gerechtfertigt. Bei dieser Methode empfiehlt sich eine Ausführungszeit von 1-3 Berichtsperioden (Monate).

0-100-Technik

Die 0/100-Methode dient ebenfalls zur Bewertung des Fertigstellungsgrads eines Vorgangs oder eines Arbeitspakets, wobei jedoch bis zum Abschluss kein Fertigstellungsgrad definiert wird. Erst wenn alles fertig gemeldet wird, kann der Fertigstellungsgrad auf 100% gesetzt werden. Diese Methode ist nur für kurze Vorgänge bzw. Arbeitspakete geeignet (max. 1 Berichtsperiode).

Mengenproportionalität

Die Mengenproportionalität als Methode zur Bewertung des Fertigstellungsgrades von Projektaktivitäten untergliedert ein Arbeitspaket in eine Menge von gleichartigen Objekten mit jeweils demselben Arbeitsaufwand. Aus der Anzahl der fertig gestellten Objekte kann man den Fertigstellungsgrad schätzen.[135] Typische Anwendungsgebiete für die Mengenproportionalitäts-Technik sind Projektarbeiten, die die Erstellung, Fertigung oder Lieferung von mehreren gleichen oder gleichartigen Teilen beinhaltet. Die Mengenproportionalität ist neben der Statusschritt-Methode die objektivste Methode zur Fortschrittsmessung.[136]

Sekundärproportionalität

Die Sekundärproportionalität zeigt die Abhängigkeit der Leistungserbringung vom Fortschritt einer anderen Betrachtungseinheit. Zwischen den Fertigstellungswerten der beiden Betrachtungseinheiten besteht eine feste Relation, beispielsweise als Bruch- oder Prozentangabe (z.B. x% der Plankosten). Der Fortschrittsgrad der unabhängigen Betrachtungseinheit wird anschließend gewichtet und hochgerechnet.[137]

Zeitproportionalität

Die Zeitproportionalität-Methode wird angewendet, wenn die Leistungen im Einzelnen nicht messbar sind und somit nicht bewertet werden können. Die Alternative, die dabei abgelaufene Zeitdauer ins Verhältnis zur geplanten Gesamtdauer des Projektes zu setzten, wird auch als „Todsünde des Projektmanagements" bezeichnet.

---

[135] *Projektmagazin – Glossar, http://www.projektmagazin.de/glossar (verfügbar Sep. 2007)*
[136] *RKW/GPM: Projektmanagement-Fachmann, S. 708*
[137] *RKW/GPM: Projektmanagement-Fachmann, S. 710*

Anwendung findet diese Methode u.a. bei administrativen Tätigkeiten, Beratungstätigkeiten, Projektmanagement-/-steuerungstätigkeiten, Projektleitung sowie Geräte- und Maschineneinsatz auf Baustellen.

Schätzung

In der Praxis kommt es häufig vor, dass Fortschrittsgrade geschätzt werden. Allerdings ist dies als Methode eher problematisch, da sie nur auf der Subjektivität und Beurteilungsfähigkeit des Schätzenden beruht. Schätzungen sollten daher ausschließlich von erfahrenen Experten vorgenommen werden, um ungenaue Schätzwerte und deren mögliche negative Auswirkungen zu vermeiden.

Überblick der Fortschrittsgrad – Messtechniken

Tab. 48: Fortschrittsgrad-Messtechniken im Überblick[138]

Technik	Darstellung	Fortschrittsgrad FGR = x[%]	Beispiele
Statusschritte	**A B C** 0 — x_1 x_2 x_3 — 100	$X = 0, x_1, x_2, x_3, 100$ A,B,C= Statusschritte	Entwicklung / Konstruktion Fertigung / Montage Bauausführung
50-50	50 — 100	$X = 0, 50, 100$ Begonnen $\rightarrow$ X=50	Aktivitäten mit umfangreichen Vorarbeiten
0-100	0 — 100	$X = 0, 100$	Aktivitäten von kurzer Dauer, Ereignisse z.B. Abnahmen
Mengenpro-portionalität	0 — x_1 x_2 x_3 — 100	X = fertige Menge / Planmenge	Zeichnungserstellung, technische Berechnungen, Fremdleistung
Sekundärpro-portionalität	0 — x_1 x_2 x_3 — 100	X = FGR der „führenden" Planungseinheit	Qualitätssicherung, Montage- Overhead, baubegleitende Prüfarbeiten
Zeitpropor-tionalität	0 — x_1 x_2 x_3 — 100	X = Ist- Dauer / Plan-Dauer	Projektleitung, Projektmanagement, Bauleitung, Geräteeinsatz

---

[138] RKW/GPM: Projektmanagement-Fachmann, S. 704

Schätzung		X = subjektiv eingeschätzte aßangabe	Nicht empfohlen! Nur, wenn andere Methoden nicht möglich sind.

4.9.2 Kostenfortschritt

Die Ermittlung des Kostenfortschritts soll aufzeigen, wie sich die angefallenen Kosten gegenüber den geplanten Kosten verhalten.

Neben tatsächlich angefallenen IST-Kosten sind jedoch bereits ausgelöste Bestellungen mit zu berücksichtigen.

Für die Statusermittlung der Projektkosten werden verschiedene Möglichkeiten eingesetzt:

→ Fertigungsstellungswert,
→ Soll-Ist-Vergleich (periodisch, kumuliert),
→ Kostentrendanalyse,
→ Kostensteigerungsfaktor,
→ cost to completion (erwartete Restkosten), cost at completion (erwartete Gesamtkosten).

Fertigstellungswert

 Der Fertigstellungswert (FW) bezeichnet nach DIN 69903 den dem Fertigstellungsgrad entsprechenden finanziellen Wert eines Vorgangs oder Projektes.

Fertigstellungswert FW = geplante Gesamtkosten x FGR_{Ist}

Der Fertigstellungswert zeigt den zu einem Stichtag erreichten anteiligen Wert des Projektes (Dies wird in Unternehmen z.B. buchhalterisch verdeutlicht durch unfertige Leistungen /unfertige Erzeugnisse).

Soll-Ist-Vergleich

Der Soll-Ist-Vergleich ist die wesentliche Aufgabe des Projekt-Controllings. In ihm werden die Abweichungen der Ist-Werte (z.B. Ist-Kosten, Ist-Arbeitszeit, Ist-Arbeitsmenge etc.) von den entsprechenden Sollwerten zu einem bestimmten Termin bestimmt.

Die im Soll-Ist-Vergleich eventuell festgestellten Abweichungen müssen untersucht, korrigiert und präventiv behandelt werden. Wichtig sind dabei die Festlegung und die Kontrolle von Maßnahmen zur Beseitigung der aufgetretenen Abweichungen.

Kostentrendanalyse

Mit den ermittelten Ist-Werten kann nun eine Trendanalyse, d.h. Kostenhochrechnungen, zum Projektende vorgenommen werden. Ziel ist dabei die Abschätzung der Kostenentwicklung zum Projektende, d.h. wird mit dem vorhandenen Budget ausgekommen oder wird es eventuell überschritten.

Tab. 49: Grundbegriffe zur Kostentrendanalyse[139]

Abkürzung	Benennung (Formel)
PGK	Geplante Gesamtkosten bei Fertigstellung
PK	Plan-Kosten zum Stichtag oder Geplanter Fertigstellungswert (PGK x FGR_{Plan})
IK	Aktuelle Ist-Kosten zum Stichtag
FGR_{Plan} (%)	Plan-Fortschrittgrad zum Stichtag
FGR_{Ist} (%)	Fertigstellungsgrad oder Ist-Fortschrittsgrad zum Stichtag
FW	Soll-Kosten zum Stichtag oder Aktueller Fertigstellungswert (PGK x FGR_{Ist})
SGK	(Voraussichtliche, Erwartete) Geschätzte Gesamtkosten bei Fertigstellung (PGK x IK / FW)

4.9.3 Prognose der Kostenentwicklung

Lineare Hochrechnung der erwarteten Gesamtkosten (SGK):

$$SGK_{lin} = \frac{PGK \times IK}{FW}$$

Die Lineare Hochrechnung geht von einer relativen, das heißt einer proportionalen Weiterentwicklung der Kosten aus.

Additive Hochrechnung der erwarteten Gesamtkosten:

$$SGK_{add} = PGK + (IK - FW)$$

Die Additive Hochrechnung geht davon aus, dass die absolute Abweichung zum Stichtag bis zum Ende im Wesentlichen unverändert bleibt.

---

[139] RKW/GPM: Projektmanagement-Fachmann, S. 765

Beispiele für die Berechnung der erwarteten Gesamtkosten (SGK):

Ausgangsdaten: PGK   = 100.000 €

IK   = 78.000 €

FW   = 75.000 €

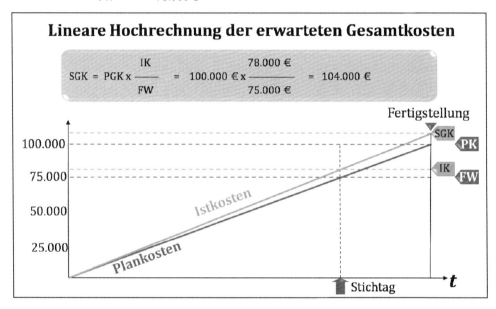

Abb. 85: Beispiel einer linearen Kostenhochrechnung

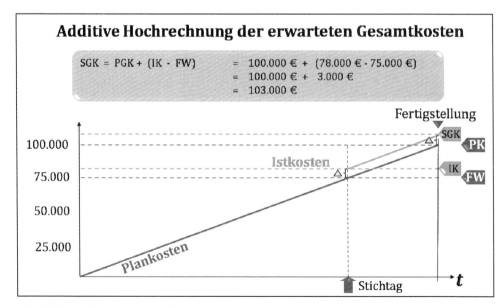

Abb. 86: Beispiel einer additiven Kostenhochrechnung

Interpretation:

Das Projekt liegt zum Stichtag mit den Kosten nicht im Plan, da die Ist-Kosten den Fertigstellungswert um ca. 3.000 € übersteigen.

Nach Feststellung der Abweichungen müssen Korrekturmaßnahmen eingeleitet werden, die eine weitere Zunahme der Abweichung unterbinden. Die erwarteten Kosten zum Projektende werden zwischen 103.000 € und 104.000 € liegen.

cost at completion / cost to completion

Eine wichtige Information für den Projektleiter ist die Vorausschau der Projektkosten, besonders die erforderlichen Kosten bis zur Projektfertigstellung:

→ cost at completion (Kosten bei Fertigstellung, voraussichtliche Gesamtkosten),
→ cost to completion (Restkosten).

> Cost-at-Completion
> voraussichtliche Gesamtkosten = SGK x IK / FW

> Cost-to-Completion
> voraussichtliche Restkosten = Cost-at-Completion – IK

Für die Kostenverfolgung in der Projektpraxis hat sich auch das Verfahren der „Mitlaufenden Kalkulation" (MiKa) bewährt, das jeweils zum Stichtag auf Arbeitspaketebene die aufgelaufenen Ist-Kosten (actual cost of work performed) und die zu erwartenden Restkosten (cost to completion) zu den erwarteten Gesamtkosten (cost at completion) tabellarisch fortschreibt. Damit ist die Kostenverfolgung im Projekt sichergestellt.

Earned-Value-Analyse

Als weitere Möglichkeit für die Statusermittlung der Projektkosten gewinnt die so genannte „Earned-Value-Analyse" (auch Arbeitswert-Analyse oder Ertragswert-Analyse genannt) zunehmend an Bedeutung.

Von der Earned-Value-Analyse ermittelte Kennzahlen helfen dem Projektleiter, frühzeitig Leistungs-, Kosten- und Terminabweichungen zu erkennen. Dadurch lassen sich ggf. noch rechtzeitig Gegenmaßnahmen einleiten.

Bei der Earned-Value-Analyse handelt es sich um ein Instrument der integrierten Projektsteuerung, da die Parameter Zeit, Kosten und Leistung im Wirkungszusammenhang bewertet werden.

Dabei wird der erarbeitete Wert eines Projektes betrachtet. Durch eine Gegenüberstellung von Plan-, Soll- und Istwerten werden Abweichungsursachen differenzierter erkannt.

Mit diesem Verfahren lassen sich wichtige Fragen klären:

→ Wie hoch sind die tatsächlichen Kosten der erbrachten Leistung?
→ Wie hoch dürfen die Kosten der erbrachten Leistung laut Projektplanung tatsächlich sein?
→ Wie hoch dürfen die Kosten der geplanten Leistung laut Projektplanung tatsächlich sein?

Die bei der Erstellung einer Earned-Value-Analyse verwendeten Begriffe sind sehr komplex und schwanken häufig in der Benutzung der englischen und deutschen Begriffe. Als Übersicht werden in der folgenden Tabelle alle Begriffe, die für die Erstellung einer Earned-Value-Analyse erforderlich sind, aufgeführt und erläutert.

Tab. 50: Earned-Value-Analyse - Begriffe[140]

Englisch		Deutsch	
Ab-brev.	Description (Formula)	Abkür-zung	Benennung (Formel)
BAC	Budgeted Cost at Completion	PGK	Geplante Gesamtkosten bei Fertigstellung
BCWS	Budgeted Cost for Work Scheduled	PK	Plan-Kosten zum Stichtag oder Geplanter Fertigstellungswert (PGK x FGR_{Plan})
ACWP (AC)	Actual Cost for Work Performed	AIK	Aktuelle Ist-Kosten zum Stichtag
		FGR_{Plan} (%)	Plan-Fortschrittgrad zum Stichtag
%	Percent Complete	FGR_{Ist} (%)	Fertigstellungsgrad oder Ist-Fortschrittsgrad zum Stichtag
BCWP (EV)	Budget Cost for Work Performed (BAC x %)	AFW	Soll-Kosten zum Stichtag oder Aktueller Fertigstellungswert (PGK x FGR_{Ist})
API %	Actual Performance Index (ACWP x 100 / BCWS)	KK %	Kostenplan-Kennzahl (AIK x 100 / PK)
CPI %	Cost Performance Index (BCWP x 100 / ACWP)	EF	Wirtschaftlichkeits- oder Effizienz-Faktor (AFW / AIK) x 100
SPI %	Schedule Performance Index (BCWP x 100 / BCWS)	ZK %	Zeitplan-Kennzahl (AFW x 100 / PK)
CV	Cost Variance (BCWP - ACWP)	KA	Kostenabweichung oder Soll-Ist-Vergleich zum Stichtag (AFW - AIK)

[140] RKW/GPM: Projektmanagement-Fachmann, S. 765

SV	Schedule Variance (BCWP - BCWS)	PA	Planabweichung oder Soll-Plan-Vergleich zum Stichtag (AFW-PK)
EAC	Estimate Cost at Completion (BAC x 100 / CPI)	SGK	(Voraussichtliche, Erwartete) Geschätzte Gesamtkosten bei Fertigstellung (PGK x AIK / AFW)
VAC	Variance at Completion (BAC - EAC)	GKA	(Voraussichtliche, Erwartete) Gesamtkostenabweichung bei Fertigstellung (PGK - SGK)

Die Earned-Value-Analyse liefert eine Übersicht der Kostensituation des Projektes (vgl. Abb. 87).

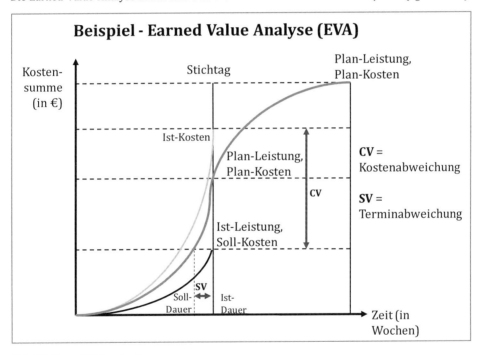

Abb. 87: Earned-Value-Analse

Eine vollständige Planung des Projektes ist Voraussetzung für die Durchführung der Earned Value Analyse. Erst damit kann eine Bewertung der Ist-Situation erfolgen.

Zur Planung werden folgende Angaben benötigt:

→ geplante Dauer des Projektes,
→ Plan-Fertigstellungsgrade (geplanter Fortschritt eines Arbeitspaketes),
→ Plan-Kosten zum Stichtag oder geplanter Fertigstellungswert,

→ aktuelle Ist-Kosten zum Stichtag,

→ Soll-Kosten zum Stichtag oder aktueller Fertigstellungswert,

→ geplante Gesamtkosten bei Fertigstellung.

Durch die Erfassung des Ist-Zustandes kann der Fortschritt eines Projektes beurteilt werden. Dazu werden die angefallenen Kosten und der Earned Value (EV) ermittelt. Die angefallenen Ist-Kosten setzen sich aus den entstandenen Sachkosten und dem angefallenen Arbeitsaufwand zusammen.

Der Earned Value (EV) bezeichnet den zum Ist-Zeitpunkt geschaffenen Wert. Dieser Leistungswert gibt die geplanten Kosten der zum Ist-Zeitpunkt geleisteten Arbeit an.

Die bei der Ermittlung entstehenden Varianzen stellen Unterschiede zwischen Plan- und Ist-Werten dar und werden in der folgenden Tabelle näher erläutert.

Tab. 51: Varianzen und Indizes der Earned-Value-Analyse[141]

Bezeichnung	Erklärung	Formeln
SV - Terminabweichung (schedule variance)	Die SV - schedule variance stellt eine Unter- oder Überschreitung der geplanten Zeitdauer dar.	SV = EV – PV (SV = Earned Value – Planned Value)
CV - Kostenabweichung (cost variance)	Die CV - cost variance stellt eine Unter- oder Überschreitung der geplanten Kosten dar.	CV = EV – AC (CV = Earned Value – actual cost)
SPI - Leistungsindex	Leistungsindex der berechneten Arbeit (Der SPI - schedule performance index stellt die zeitliche Effizienz von Projekten dar. Er berechnet das Verhältnis von bereits geleisteter Arbeit zu der geplanten Arbeit des Ist-Zeitpunktes.)	SPI = EV / PV (schedule performance index = Earned Value / Planned Value) Ein Wert > 1 deutet an, dass der Projektverlauf schneller vonstatten geht, als ursprünglich geplant. Umgekehrt ergibt ein Wert < 1 einen Projektverzug.

[141] Cleland, David I./Ireland, Lewis R.: Project management: strategic design and implementation, S.3 und S.28ff.

CPI - Kosten-entwicklungs-Index	Cost performance index (Der CPI misst die Kosteneffizienz von Projekten durch das Verhältnis von Leistung zu Kosten)	$CPI = EV / AC$ (Schedule variance = Earned Value / Actual Cost) Ein Wert > 1 deutet auf eine Kostenersparnis im Projekt hin, auf der anderen Seite weist ein Wert < 1 darauf hin, dass sich das Projekt teurer entwickelt als geplant.
EAC - Geschätzte Gesamtkosten	Geschätzte Gesamtkosten zum aktuellen Zeitpunkt (Estimate At Completion) ergeben sich aus der Summe der Plankosten der Arbeitspakete.	$EAC = \Sigma(PV) / CPI$ (Estimate At Completion = Summe Planned Value / Cost performance index)

4.9.4 Terminfortschritt

Für die Ermittlung des Terminfortschritts gibt es verschiedene Darstellungsformen. Im Wesentlichen handelt es sich dabei um einen Soll-Ist-Vergleich von Terminplänen (Netzpläne, Balkenpläne, Meilensteinpläne).

Eine weit verbreitete Möglichkeit zur Darstellung des Projektfortschritts ist die Meilenstein-Trendanalyse (MTA). Die Meilenstein-Trendanalyse ist ein einfaches graphisches Hilfsmittel, welches die voraussichtlichen oder die bereits erreichten Termine von Meilensteinen zeigt.[142] Die Meilensteintrendanalyse ist eine einfache Methode zur Darstellung des Terminfortschrittes. Voraussetzung ist die Definition von Meilensteinen und die regelmäßige Durchführung von Projekttreffen, in denen die Termine und ihre Einhaltung überprüft werden.

Durchführung einer Meilenstein-Trendanalyse:

Zur Durchführung wird in einem rechtwinkligen Koordinatensystem die Y-Achse als Soll-Zeitachse definiert und darauf die Meilensteine zu den geplanten Terminen aufgezeichnet. Die X-Achse stellt die Ist-Zeitachse dar, auf ihr sind die Termine für die Projekttreffen aufgezeichnet. Bei diesen Projekttreffen werden für jeden Meilenstein die jeweils Verantwortlichen nach dem voraussichtlichen Erfüllungstermin befragt. Diese genannten Erfüllungstermine werden über dem Besprechungszeitpunkt in das Diagramm eingetragen (vgl. Abb. 88).[143]

---

[142] *Projektmagazin – Glossar, http://www.projektmagazin.de/glossar (verfügbar Sep. 2010)*
[143] *Projektmagazin – Glossar, http://www.projektmagazin.de/glossar (verfügbar Sep. 2010)*

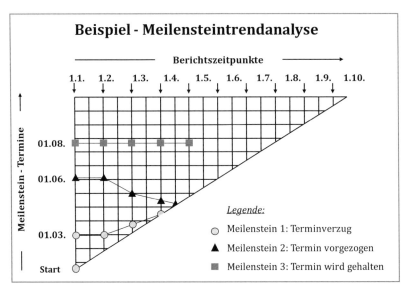

Abb. 88: Beispiel einer Meilenstein-Trendanalyse

Die Verbindung der einzelnen Trenddaten je Meilenstein ergibt eine Linie, die nachfolgende Verläufe aufweisen kann:

→ waagerechter Verlauf (geplanter Termin wird eingehalten),
→ steigender Verlauf (geplanter Termin wird überschritten),
→ fallender Verlauf (geplanter Termin wird unterschritten).

Der Terminfortschritt kann auch als Überwachungsdarstellung in MS Project dargestellt werden.

Zielstellung der Meilenstein-Trendanalyse:[144]

→ realistische Prognose des Projektablaufes,
→ Terminrisiken reduzieren,
→ Verzögerungen frühzeitig anzeigen,
→ Schaffung der persönlichen Identifikation der Verantwortlichen mit ihren Meilensteinen,
→ Dokumentation des Projektverlaufes für die Auswertung,
→ bei Fehlplanungen die frühzeitige Neuplanung des Projekts ermöglichen,
→ aussichtslose Projekte rechtzeitig abbrechen.

---

[144] *nach Dr. Georg Angermeier, Chefredakteur des Projekt Magazins: http://www.projektmagazin.de*

4.10 Änderungen

Ein wichtiges Teilgebiet des Konfigurationsmanagements ist das <u>Änderungsmanagement</u>. Es übernimmt nachfolgende Aufgaben:

→ Steuerung des Änderungswesens,

→ Identifizierung, Beschreibung, Klassifizierung, Bewertung, Genehmigung sowie Einführung von Änderungen.

In der folgenden Abbildung wird beispielhaft ein Änderungsablauf dargestellt.

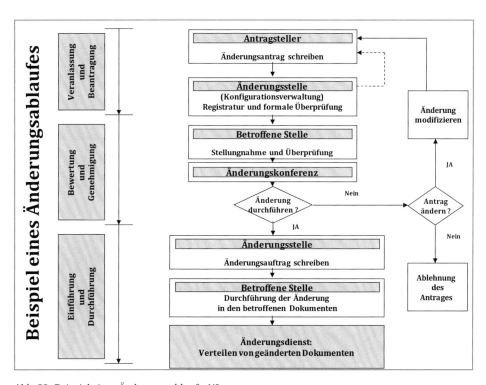

Abb. 89: Beispiel eines Änderungsablaufes[145]

Zum Abschluss dieses Kapitels soll die folgende Abbildung die Zusammenhänge zwischen Konfigurations-/ Änderungs-/ Dokumentations-/ Vertragsmanagement und Projektcontrolling verdeutlichen:

---

[145] *Schelle, H.; Ottmann, R.; Pfeifer, A.: ProjektManager, S. 241*

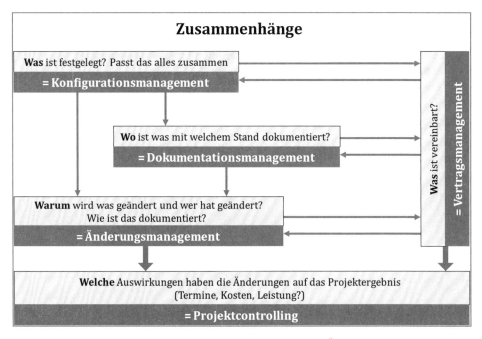

Abb. 90: Zusammenhänge zwischen Konfigurations-/ Änderungs-/ Dokumentations-/ Vertragsmanagement und Projektcontrolling[146]

---

[146] *Schelle, H.; Ottmann, R.; Pfeifer, A.: ProjektManager, S. 232*

4.11 Claimmanagement (Nachforderungsmanagement)

Der Begriff „Claim" kommt aus dem Englischen und bedeutet fordern, beantragen oder beanspruchen.

> Allgemein versteht man unter Nachforderungsmanagement die Verwaltung von Ansprüchen und Gegenansprüchen, die sich aus den Abweichungen zu vertraglichen Vereinbarungen zwischen Vertragspartnern ergeben.

4.11.1 Ziele des Claimmanagements:

Das Ziel ist es, Forderungen aus möglichen Abweichungen durchzusetzen oder gegebenenfalls abzuwehren. Diese Forderungen können sich beziehen auf: [147]

→ Vertragszeitverlängerungen oder
→ zusätzliche Vergütungsansprüche.

Das Nachforderungsmanagement ist erfolgsorientiert und nicht zuletzt hängt die Umsetzung eines Projektes von einem geordneten Nachforderungsmanagement sowie Vertragsmanagement ab.

Claimmanagement lehnt sich sehr stark an das Risiko- und Vertragsmanagement (siehe Punkte 2.9 und 2.11) sowie Projektdokumentation und Berichtswesen (siehe Punkt 3.8) an.

Das Nachforderungsmanagement soll Risiken minimieren, Vertragsabweichungen kompensieren und vor Claims schützen. Deshalb wird das Claimmanagement in den gesamten Projektverlauf eingeflochten.

Gründe für Änderungen im Projektverlauf:

→ ungenaue Vorgaben durch den Kunden,
→ Planungsfehler,
→ Zusatzwünsche des Kunden,
→ neue rechtliche oder behördliche Auflagen,
→ unvorhersehbare Einflüsse, Ereignisse,
→ höhere Gewalt (z.B. Streik, Krieg etc.),
→ Leistungsstörungen.

4.11.2 Instrumente des Claimmanagements:

Die Instrumente des Claimmanagements beschränken sich vor allem auf den Einsatz aller verfügbaren Dokumentationsmittel. Abweichungen äußern sich einerseits als Störungen im

---

[147] Weber, K. E.: Contract Management and Benchmarking, Auszug aus einem Referat vom 15.01.01 in Basel

Vertragsablauf (juristisch: Leistungsstörung) oder anderseits in Form von Nachtragsvereinbarungen und Zusatzleistungen (vgl. Abb. 91).

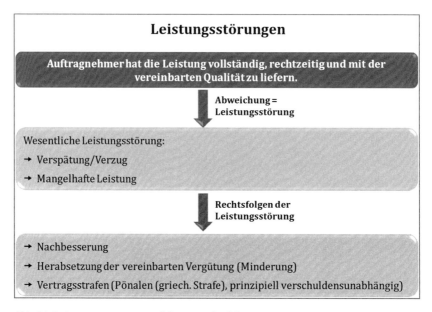

Abb. 91: Leistungsstörungen und deren Rechtsfolgen

Leistungsstörungen und Rechtsfolgen[148]

Spricht man von Leistungsstörungen, steht dies immer in Verbindung mit Pflichtverletzungen. Kommt eine Vertragspartei ihren Vertragspflichten nicht nach, kann die andere Vertragspartei Schadensersatzansprüche geltend machen.

Der Begriff Pflichtverletzung umfasst alle Formen der Leistungsstörungen:

- → Unmöglichkeit / Unvermögen,
- → teilweise Nichtleistung,
- → Verzug,
- → Schlechtleistung.

Um den Weg zum Schadenersatz und zum Rücktritt zu eröffnen, genügt es, Nacherfüllung zu verlangen und eine angemessene Frist dafür zu setzen.

Bei Leistungsstörungen haben Auftragnehmer und Auftraggeber Rechte, wie in Tabelle 52 aufgeführt:

---

[148] Schelle, H.; Ortmann, R.; Pfeiffer, A.: ProjektManager, S. 59 ff.

Tab. 52: Auftraggeber- und Auftragnehmerrechte[149]

Auftraggeberrechte	Auftragnehmerrechte
→ Vertragsstrafe	→ Leistungsverweigerung (=Zurückbehaltungsrecht)
→ Leistungsverweigerung (=Zurückbehaltungsrecht)	→ Geltendmachung von Verzugszinsen
→ Nacherfüllung (früher: Nachbesserung)	→ Rücktritt
→ Selbstvornahme (früher: Ersatzvornahme)	→ Schadensersatz (bei Verschulden des Auftraggebers)
→ Minderung und Rücktritt	→ Kündigung aus wichtigem Grund
→ Schadensersatz (bei Verschulden des Auftragnehmers)	
→ Kündigung aus wichtigem Grund	

In der Regel handelt es sich hierbei um Nichteinhaltung von Terminen sowie um Mängel in der Leistungsausführung.

Das gesamte Spektrum der Störungen ist in allen Projektphasen ausnahmslos zu erfassen. Hierbei findet in der Angebotsphase und in der Abschlussphase eine Optimierung der rechtlichen Inhalte durch das Vertragsmanagement statt, begleitend wirkt es in der Abwicklungsphase.

---

[149] Schelle, H.; Ortmann, R.; Pfeiffer, A.: ProjektManager, S. 60

4.12 Übergabe, Abnahme (Kunde)

 Die Abnahme ist ein entscheidender Meilenstein im Projektablauf. Hat der Auftragnehmer das Werk vertragsgerecht erstellt, hat der Auftraggeber die Pflicht zur Abnahme und der Auftragnehmer das Recht auf Abnahme (§640 BGB).

„Unter Abnahme ist in der Regel die körperliche Hinnahme im Wege der Besitzübertragung zu verstehen. Dies ist mit der Erklärung des Auftraggebers verbunden, dass er das Werk als die in der Hauptsache vertragsgemäße Leistung anerkennt. Die Abnahme ist also einerseits eine tatsächliche Handlung, nämlich die körperliche Hinnahme des Werks. Anderseits ist sie eine Rechtshandlung.

Der Auftraggeber bestätigt mit der Abnahme, dass das Werk im Wesentlichen vertragsgerecht ist.

Weist das Werk bei der Abnahme noch sichtbare Mängel auf, muss der Auftraggeber einen Vorbehalt aussprechen. Tut er das nicht und nimmt das Werk ab, verliert er insoweit seine Erfüllungsansprüche. Auch eine Vertragsstrafe lässt sich nach der Abnahme nur durchsetzen, wenn sich der Auftraggeber im Abnahmeprotokoll oder in einer Abnahmebescheinigung vorbehält, sie geltend zu machen. Der genaue Abnahmezeitpunkt ist wegen der Rechtsfolgen, die daran anknüpfen, besonders wichtig. Die Parteien sollten ihn in ihrem gemeinsamen Abnahmeprotokoll festhalten." [150]

Produktabnahmeberichte bestehen aus dem Übergabeprotokoll des Auftragnehmers, dem Test-/Prüfprotokoll der Abnahmeprüfung und dem Übernahmeprotokoll des Auftraggebers.

Rechtsfolgen der Abnahme sind: [151]

→ Gefahrenübergang (Gefahr des zufälligen Untergangs und zufälliger Verschlechterung der Anlage geht vom Auftragnehmer auf den Auftraggeber über.),

→ Beginn der Mängelhaftungsfristen,

→ Fälligkeit der Zahlungen,

→ Übergang der Beweislast auf den Auftraggeber (Auftraggeber muss ab diesem Zeitpunkt beweisen, dass der Auftragnehmer den Mangel zu vertreten hat.).

---

[150] *Schelle, H.; Ortmann, R.; Pfeiffer, A.: ProjektManager, S. 57 ff.*
[151] *Schelle, H.; Ortmann, R.; Pfeiffer, A.: ProjektManager, S. 57 ff.*

5.   **Abschlussprozess**..**250**
5.1   Ziele des Projektabschlusses..250
5.2   Schritte des Projektabschlusses 251
5.3   Projektabschlusssitzung...252
5.4   Projektabschlussbericht..253
5.5   Projektabnahme / Auflösung des Projektes...254

5. Abschlussprozess

> Der Projektabschluss ist nach DIN 69905 das formale Ende eines Projektes und besteht in der Beendigung aller Tätigkeiten, die mit dem Projekt in Zusammenhang stehen.

Dem Abschluss eines Projektes wird eine besondere Bedeutung zugesprochen, doch fehlt es zumeist in der Praxis an der Umsetzung. Eine systematische Projektauswertung wird in den seltensten Fällen gewünscht, da aus kurzfristigen Überlegungen heraus die dafür anfallenden Kosten eingespart werden. Die Konsequenz daraus ist, dass die im Projekt gewonnenen Erkenntnisse und Erfahrungen nur dem eigentlichen Projektteam zur Verfügung stehen und für das Unternehmen verloren gehen.

Um negative Auswirkungen des Projektabschlusses zu vermeiden, sollte daher der Projektabschluss ausführlich in die Projektplanung integriert und mit einem eigenen Budget versehen werden. Vor allem aus der Perspektive des Wissensmanagements ist der Projektabschluss besonders kritisch zu betrachten, da zum Ende des Projektes das erworbene Wissen sein Maximum erreicht hat, während die verfügbaren Mittel verbraucht oder bereits überzogen sind.[152]

5.1 Ziele des Projektabschlusses

→ Bestätigung der Zielerreichung,

→ Bestätigung der Budget- und Zieleinhaltung,

→ endgültige Übergabe der Projektergebnisse,

→ Darstellung der Zielentwicklung und der Änderungswünsche des Auftraggebers während des Projektes, offene Leistungen und deren weitere Verfolgung,

→ Rückblick auf geleisteten Arbeit,

→ Informationen an die Stakeholder,

→ Ggf. Erstellung eines Ressourcen-Verwertungsplans und eines Personalüberleitungs-planes

→ Entlastung des Projektleiters und des Projektpersonals.

---

[152] *Projektmagazin – Glossar, http://www.projektmagazin.de/glossar (verfügbar Sep. 2009)*

5.2 Schritte des Projektabschlusses

Die letzte Projektphase, der Projektabschluss umfasst die Schritte:

→ Evaluierung und Reflexion,
→ Produktabnahme,
→ Projektabschlussanalyse,
→ Erfahrungssicherung,
→ Projektauflösung.

Evaluierung und Reflexion[153]

Die Evaluierung soll insbesondere den Projekterfolg messen und sollte zumindest die Beantwortung folgender Fragen umfassen:

→ War das Projekt "on scope - on budget - on time"? – Sprich: wurden die inhaltlichen Leistungsziele, die Kostenziele und die Terminziele eingehalten?
→ Ist der Kunde zufrieden?
→ Wie sieht es mit der Stimmung im Projektteam aus?
→ Darüber hinaus sollte der Projektverlauf mit möglichst allen Beteiligten reflektiert werden. Was lief gut? Was lief schlecht? Was können wir beim nächsten Mal anders machen?

Zugegebenermaßen wird meist nur in jenen Unternehmen (selbst)kritisch reflektiert, in denen auch eine entsprechende Projektkultur herrscht. Denn in jedem Projekt passieren Fehler. Entscheidend ist aber, dass Fehler, wenn möglich, nur einmal gemacht werden.

Hier sollten auch die beiden Dokumente Projektsteckbrief und Zielmatrix auf ihre Umsetzung überprüft werden.

Projektabschlussanalyse

In der Projektabschlussanalyse wird die abschließende Nachkalkulation - möglichst in derselben Struktur wie bei den vorausgegangenen Vor- und mitlaufenden Kalkulationen - durchgeführt.

Abweichungen bzgl. der Termine und Kosten sowie der Leistungs- und Qualitätsmerkmale sind hinsichtlich ihrer Ursachen und möglichen Abhilfen im Rahmen einer Abweichungsanalyse zu untersuchen. Auch eine ehemals durchgeführte Wirtschaftlichkeitsrechnung sollte in einer Nachanalyse auf ihre Einhaltung durchleuchtet werden.

Erfahrungssicherung

Außerdem empfiehlt es sich, kein Projekt ohne eine systematische Sicherung der im Projekt gemachten Erfahrungen abzuschließen. Das Sammeln entsprechender Daten ist die Basis für das Bilden von Kennzahlen sowie den Aufbau eines Kennzahlensystems.

---

[153] Wikipedia – Die freie Enzyklopädie, http://www.wikipedia.de (verfügbar Sep. 2007)

Das Einrichten von Erfahrungsdatenbanken ist dabei besonders geeignet zur Erfahrungssicherung, weil hiermit die Erkenntnisse aus unterschiedlichen Entwicklungsbereichen über einen längeren Zeitraum in eine gemeinsame Datenbasis zusammengeführt werden.

Das Sammeln von Erfahrungsdaten stellt außerdem eine wichtige Voraussetzung für das Kalibrieren von Aufwandsschätzverfahren dar. Ohne eine konsequente Erfahrungssicherung ist ein wirkungsvolles Wissensmanagement nicht möglich.

Projektauflösung

Letzter Schritt in der Projektabschlussphase und damit im gesamten Projektablauf ist die Projektauflösung. Jedes Projekt muss neben einem definierten Anfang auch ein eindeutiges Ende haben. Mit der Projektauflösung, die partiell schon an vorangegangenen Meilensteinen eingeleitet werden kann, werden das Projektteam und involvierte Gremien (z.B.: Lenkungsausschuss) aufgelöst und im Idealfall das Projektpersonal in neue Aufgaben übergeleitet.

Wird das Projekt beendet, obwohl die Projektziele nicht erreicht sind, spricht man von einem Projektabbruch.

Letztlich wird auch der Projektleiter entlastet (sieh dazu auch Kap. 5.5).

5.3 Projektabschlusssitzung

Ziele

Die Projektabschluss-Sitzung ist das Pendant zur Projektstart-Sitzung, in der alle Teilnehmer die Projektergebnisse und -prozesse sowie die Konsequenzen für die Nachprojektphase erörtern. Ziel dabei ist es, die gesammelten Erfahrungen zu dokumentieren und eventuell noch nicht erledigte Aufgaben zu verteilen.

Themen einer Projektabschluss-Sitzung[154]

→   Fazit des Projektleiters,
→   Feedbackrunde,
→   Projektlernen (Erfahrungssicherung für künftige Projekte),
→   Informationen zum Projektabschluss (Wer wird worüber in welcher Form informiert),
→   Vergabe der restlichen Arbeiten (z.B. Erstellung Abschlussbericht),
→   feierlicher Ausklang.

---

[154] *Schelle, H.; Ottmann, R.; Pfeifer, A.: ProjektManager, S. 297*

5.4 Projektabschlussbericht

Der Projektabschlussbericht beschreibt das Ergebnis des Gesamtprojektes aus organisatorischer und fachlicher Sicht sowie die daraus gewonnenen Erkenntnisse für zukünftige Projekte.

Er ist die Bilanz des Projektes. Ziel ist es, auch Erfahrungen zu sammeln, damit diese in späteren, ähnlichen Projekten herangezogen werden können, um das Wiederholen von Fehlern zu vermeiden.

> Nach DIN 69901 ist der Projektabschlussbericht die zusammenfassende abschließende Darstellung von Aufgaben und erzielten Ergebnissen, von Zeit-, Kosten- und Personalaufwand sowie gegebenenfalls von Hinweisen auf mögliche Anschlussprojekte.

Ein Projektabschlussbericht kann folgendermaßen gegliedert sein:[155]

Ausgangssituation

Zuerst wird die Ausgangssituation beschrieben, aus der die Projektidee hervorgegangen ist. Das beinhaltet auch eine Analyse des Problems, das es zu lösen galt. Aus dieser Problemstellung heraus ergeben sich die Ziele des Projekts.

Des Weiteren sollten auch Auftraggeber, Projektleiter und Mitarbeiter namentlich genannt werden. Der wohl wichtigste Teil hierbei ist die Organisation und Planung des Projekts. Genannt werden können hier z.B. der Zeitplan, die Gruppen- und Arbeitsaufteilung, etc.

Eventuell kann man hier auch Zwischenziele nennen, die zu einem bestimmten Termin o.ä. erreicht sein sollen. Auch Startkapital und dessen Verwendung ist hier zu nennen.

Projektverlauf

Der nächste Teil der Abschlussdokumentation besteht im Projektverlauf. Hier werden kurze Reviews der einzelnen Durchführungsphasen erstellt, gefolgt von einer Analyse deren Erfolges. Dazu gehören beispielsweise auch Probleme, die sich während der Durchführung erst ergeben haben, sowie deren Lösungsweg. Ein Beispiel hierfür wäre auch Kapitalmangel, der evtl. durch Spenden behoben wurde. Man kann beispielsweise beschreiben, wie dieser Mangel entstanden ist, woher das neue Kapital kam und wie es eingesetzt wurde.

Bilanz des Projektes

Am Ende werden die erreichten Ziele des Projektes aufgelistet und eine Bewertung des Gesamterfolgs des Projektes abgegeben. Wurde das Projekt nicht zufrieden stellend abgeschlossen, sollte eine Beschreibung des Grundes dafür der Nachwelt erhalten bleiben. Die

---

[155] Universität Erlangen, http://www.wi3.uni-erlangen.de/anwendungen/wiwiki/wiki/Abschlussdokumentation (verfügbar Sep. 2010)

Projektnachkalkulation sollte auch nicht fehlen. Hier werden die geplanten mit den tatsächlichen Kosten in Abstimmung mit der Buchführung verglichen.

5.5 Projektabnahme / Auflösung des Projektes

Die Projektabnahme bildet den formalen Projektabschluss. Der Projektleiter stellt dem internen Auftraggeber seine Ergebnisse vor (z.B. im Anschlussmeeting) und wird von diesem anschließend als Projektleiter für dieses Projekt entlastet. Das ist für den Projektleiter auch mental ein wichtiges Zeichen, dass er sich von jetzt an auf neue Aufgaben konzentrieren kann. Leider wird dieser letzte Schritt in der Praxis manchmal „vergessen" und das Projekt „klebt" lebenslänglich am (ehemaligen) Projektleiter. Natürlich wird der entlastete „Ex-Projektleiter" häufig auch künftig der erste Ansprechpartner für Fragen zum beendeten Projekt sein. Aber er leitet es nicht mehr, weil dieses Projekt jetzt nicht mehr läuft.

6.   Anhang...**258**
6.1   Fallbeispiel..258
        6.1.1   Projektsteckbrief...258
        6.1.2   Ziele..259
        6.1.3   Umfeld- und Stakeholderanalyse..260
        6.1.4   Risikoanalyse..262
        6.1.5   Risiko-Portfolio...263
        6.1.6   Phasenplanung...263
        6.1.7   Projektstrukturplan...264
        6.1.8   Ablauf- und Terminplanung...267
        6.1.9   Ressourcenplanung..272
        6.1.10 Kostenplanung...273
6.2   Literaturverzeichnis..277
6.3   Autorenportrait..279
6.4   Ausgewählte Referenzen...282
6.5   Stichwortverzeichnis...283

6. Anhang

6.1 Fallbeispiel

6.1.1 Projektsteckbrief

Projektsteckbrief	
Projektname: Messeteilnahme	**Projekt-Nr.:** M **Bearbeiter:** MA A

Ausgangssituation:

Um den Bekanntheitsgrad unserer Produkte zu erhöhen und gleichzeitig dem Fachpublikum ein von uns neu entwickeltes „Produkt X" vorzustellen, soll an einer Fachmesse vom 21. – 27.09.2012 teilgenommen werden.

Projektziele:

20 Bestellungen für die Neuentwicklung

100 Bestellungen für die restlichen Produkte

200 Katalogbestellungen

Informationsweitergabe über Produktpalette an die Kunden

Schwerpunkt auf technische Kompetenz setzen

Projektteam begrenzt auf insgesamt 4 Mitarbeiter

Projektbeschreibung:

Planung, Organisation und Durchführung eines Messeauftritts

Präsentation unserer Neuentwicklung

Präsentation unserer restlichen Produkte

Projekttermine:

Projektbeginn am 08.Juni 2012

Übergabe des Prototypen am 03.Septmeber 2012

Beginn der Messe am 21. September 2012

Ende der Messe 27. September 2012

Projektende am 11. Oktober 2012

Projektbudget: 165.000 €

Projektorganisation:

Interner Auftraggeber: Geschäftsleitung

Projektleiter: MA A

Projektmitarbeiter. MA B, MA C, MA D

Voraussichtlich Behinderungen, Risiken, Störungen:

Verzug bei der Fertigstellung des Prototyps

6.1.2 Ziele

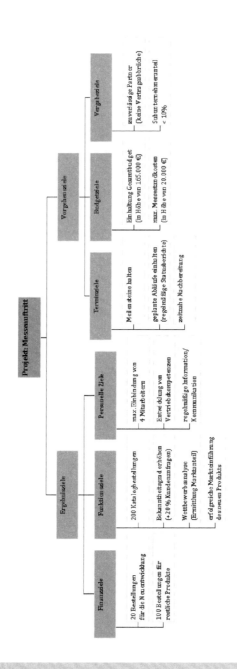

Zielmatrix

	Ergebnisziele	Vorgehensziele	Nichtziele
Muss-Ziele	20 Bestelllungen Neu-Produkt 100 Bestellungen andere Produkte	Budget einhalten Meilensteine halten Geplante Abläufe einhalten	Nachverfolgung der Katalogkunden (Übergabe an Vertrieb)
Kann-Ziele	Entwicklung Vertriebskompeten zen	Zeitnahe Nachbereitung	
Wunsch-Ziele		Subunternehmer-anteil <10%	

6.1.3   Umfeld- und Stakeholderanalyse

Darstellung der Umfeldfaktoren

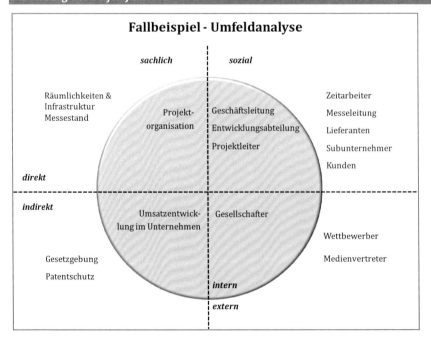

Fallbeispiel - Umfeldanalyse

Stakeholderanalyse

Nr.	Stakeholder	Interessen	Macht-positionen	Konflikt-potenzial
1	Unternehmens-leitung	maximales Ergebnis zu den niedrigsten Kosten	sehr hoch	gering
2	Projektteam	Entwicklung von besseren Aufstiegschancen	hoch	gering
3	Entwicklungs-abteilung	Lieferung des bestmöglichen Produktes	mittel	mittel
4	Gesellschafter	Gewinnmaximierung	mittel	sehr hoch
5	Lieferanten/ Subunternehmer	Einnahmen, Kundenbindung, Referenzen	schwach	gering
6	Zeitarbeiter	maximaler Lohn	gering	gering
7	Messeleitung	Gewinnung von Messeteilnehmern, reibungsloser Ablauf	mittel	mittel
8	Kunden	bestes Produkt zum geringsten Preis	sehr hoch	gering
9	Medien	interessante Berichterstattung	sehr hoch	mittel
10	Wettbewerber	Marktanteile	gering	hoch

Stakeholder-Portfolio

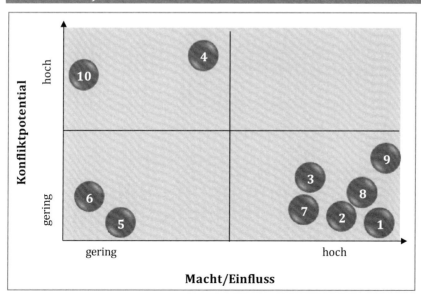

Keiner der Stakeholder wurde in den beiden Kriterien „Konfliktpotenzial" und „Macht/Einfluss" als hoch eingestuft. Am kritischsten zu betrachten sind in diesem Beispiel die Stakeholder mit der Nummer 4, 9 und 10.

6.1.4   Risikoanalyse

Quantitative Bewertung der Projektrisiken (exemplarisch)

Risiko-Nr.	Risiko	Schaden	Wahr-schein-lichkeit	Risiko-Poten-zial	Maßnahme (präventiv / korrektiv)
R 1	Kunden & Medien sind nicht am Messeauftritt interessiert	120.000 €	10%	12.000 €	Verschicken von Messeeinladungen (p)
R 2	kein Vertragsabschluss mit Messeverwaltung	120.000 €	1%	1.200 €	Zeitiger Verhand-lungsbeginn (p)
R 3	ungenügende Produktkenntnisse	60.000 €	10%	6.000 €	Einplanung einer Produktschulung (p)
R 4	Nichtfertigung des Prototypen	20.000 €	20%	4.000 €	Modell fertigen (k)
R 5	Defekt des LKW' s	2000 €	10%	200 €	1 Tag Zeitpuffer bei Hinfahrt; (p) Miet-LKW (k)
R 6	Lieferverzug Werbematerialen	2500 €	5%	125 €	Zeitpuffer (p)
R 7	Lieferverzug Catering	500 €	5%	25 €	Selbstankaufen (k)
R ...	...		...	...	...
	RISIKOSUMME			**... €**	

6.1.5   Risiko-Portfolio

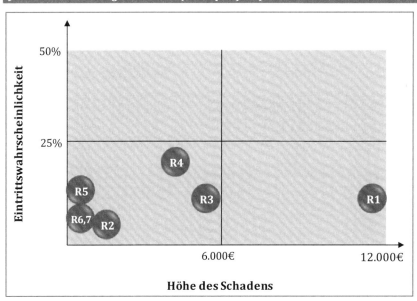

Qualitative Bewertung der Risiken (Risikoportfolio)

Aufgrund der hohen Schadenshöhe empfiehlt es sich, das Risiko R1 kritischer zu betrachten, obwohl die Eintrittswahrscheinlichkeit relativ gering ist. Daneben sollte das Risiko R4 einer genaueren Betrachtung unterzogen werden.

6.1.6   Phasenplanung

Grafische Darstellung der Projektphasen

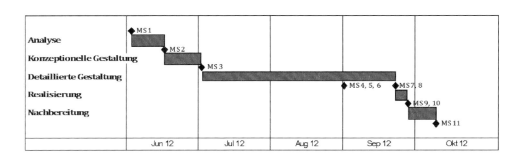

Nr.	Meilenstein	Datum
MS 1	Projektstart	08.06.12
MS 2	Analyse abgeschlossen	16.06.12
MS 3	Konzept ausgewählt	03.07.12
MS 4	Lieferung Werbematerial erfolgt	03.09.12
MS 5	Lieferung Modell erfolgt	03.09.12
MS 6	Übergabe Prototyp erfolgt	03.09.12
MS 7	Standabnahme durch Messeleitung erfolgt	20.09.12
MS 8	Messebeginn	21.09.12
MS 9	Messeende	27.09.12
MS 10	Abnahme Messestand	02.10.12
MS 11	Projektende	11.10.12

6.1.7   Projektstrukturplan

Grafische Darstellung des PSP

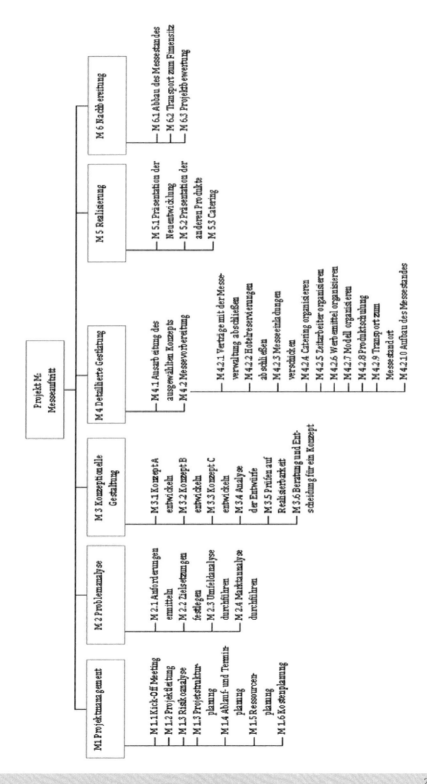

Tabellarische Darstellung des PSP

PSP-Code	Arbeitpakete
M	Projekt: Messeauftritt
M 1	Projektmanagement
M 1.1	Kick-Off-Meeting
M 1.2	Projektleitung
M 1.3	Risikoanalyse
M 1.4	Projektstrukturplanung
M 1.5	Ablauf- und Terminplanung
M 1.6	Ressourcenplanung
M 1.7	Kostenplanung
M 2	Problemanalyse
M 2.1	Anforderungen ermitteln
M 2.2	Zielsetzungen festlegen
M 2.3	Umfeldanalyse durchführen
M 2.4	Marktanalyse durchführen
M 3	Konzeptionelle Gestaltung
M 3.1	Konzept A entwickeln
M 3.2	Konzept B entwickeln
M 3.3	Konzept C entwickeln
M 3.4	Analyse der Entwürfe
M 3.5	Prüfen der Realisierbarkeit
M 3.6	Beratung und Entscheidung für ein Konzept
M 4	Detaillierte Gestaltung
M 4.1	Ausarbeitung des ausgewählten Konzepts
M 4.2	Messevorbereitung
M 5	Realisierung
M 5.1	Präsentation der Neuentwicklung
M 5.2	Präsentation der anderen Produkte
M 5.4	Catering
M 6	Nachbereitung
M 6.1	Abbau des Messestandes
M 6.2	Transport zum Firmensitz
M 6.3	Projektbewertung und Nachbereitung

6.1.8 Ablauf- und Terminplanung

PSP-Code	Vorgangsbezeichnung	Dauer	Anfang	Ende	Vorgänger
M	Projekt: Messeauftritt	90 Tage	08.06.12	11.10.12	
M 1	Projektmanagement	89 Tage	08.06.12	10.10.12	
	MS 1 Projektstart	0 Tage	08.06.12	08.06.12	
M 1.1	Kick-Off-Meeting	1 Tag	08.06.12	08.06.12	2AA
M 1.2	Projektleitung	89 Tage	08.06.12	10.10.12	2
M 1.3	Risikoanalyse	1 Tag	08.06.12	08.06.12	2
M 1.4	Projektstrukturplanung	1 Tag	11.06.12	11.06.12	5
M 1.5	Ablauf- und Terminplanung	1 Tag	12.06.12	12.06.12	6
M 1.6	Ressourcenplanung	1 Tag	13.06.12	13.06.12	7
M 1.7	Kostenplanung	1 Tag	14.06.12	14.06.12	8
M 2	Problemanalyse	6 Tage	08.06.12	15.06.12	
M 2.1	Anforderungen ermitteln	1 Tag	15.06.12	15.06.12	3;9
M 2.2	Zielsetzungen festlegen	1 Tag	08.06.12	08.06.12	2
M 2.3	Umfeldanalyse durchführen	1 Tag	08.06.12	08.06.12	2
M 2.4	Marktanalyse durchführen	5 Tage	08.06.12	14.06.12	2
	MS 2 Analyse abgeschlossen	0 Tage	15.06.12	15.06.12	11;12;13;14
M 3	Konzeptionelle Gestaltung	13 Tage	18.06.12	04.07.12	
M 3.1	Konzept A entwickeln	5 Tage	18.06.12	22.06.12	15
M 3.2	Konzept B entwickeln	5 Tage	18.06.12	22.06.12	15
M 3.3	Konzept C entwickeln	5 Tage	18.06.12	22.06.12	15
M 3.4	Analyse der Entwürfe	4 Tage	25.06.12	28.06.12	17;18;19
M 3.5	Prüfen der Realisierbarkeit	3 Tage	29.06.12	03.07.12	20
M 3.6	Beratung und Entscheidung für ein Konzept	1 Tag	04.07.12	04.07.12	21
	MS 3 Konzept ausgewählt	0 Tage	04.07.12	04.07.12	22
M 4	Detaillierte Gestaltung	56 Tage	05.07.12	20.09.12	
M 4.1	Ausarbeitung des ausgewählten Konzepts	5 Tage	05.07.12	11.07.12	23
M 4.2	Messevorbereitung	51 Tage	12.07.12	20.09.12	

M 4.2.1	Verträge mit Messeverwaltung abschließen	1 Tag	12.07.12	12.07.12	25
M 4.2.2	Hotelreservierungen abschließen	1 Tag	13.07.12	13.07.12	27
M 4.2.3	Messeeinladungen verschicken	2 Tage	13.07.12	16.07.12	27
M 4.2.4	Catering organisieren	13 Tage	17.07.12	02.08.12	
M 4.2.4.1	Angebote von Cateringfirmen anfordern	1 Tag	17.07.12	17.07.12	29
M 4.2.4.2	Vergleich der Cateringangebote	2 Tage	01.08.12	02.08.12	31EA+10 Tage
M 4.2.5	Zeitarbeiter organisieren	14 Tage	16.07.12	02.08.12	
M 4.2.5.1	Angebote von Zeitarbeitsfirmen einholen	1 Tag	16.07.12	16.07.12	28
M 4.2.5.2	Vergleich der Zeitarbeitsangebote	2 Tage	01.08.12	02.08.12	34EA+11 Tage
M 4.2.6	Werbemittel organisieren	37 Tage	13.07.12	03.09.12	
M 4.2.6.1	Angebote von Werbeagentur einholen	1 Tag	13.07.12	13.07.12	27
M 4.2.6.2	Vergleich der Werbeagenturen	2 Tage	30.07.12	31.07.12	37EA+10 Tage
M 4.2.6.3	Vertragsabschluss mit Werbeagentur	1 Tag	01.08.12	01.08.12	38
M 4.2.6.4	Beratung und Bestellung des Werbematerials	3 Tage	02.08.12	06.08.12	39
	MS 4 Lieferung des Werbematerials	0 Tage	03.09.12	03.09.12	40EA+20 Tage
M 4.2.7	Modell organisieren	37 Tage	13.07.12	03.09.12	
M 4.2.7.1	Angebote von Modellbaufirmen einholen	1 Tag	13.07.12	13.07.12	27
M 4.2.7.2	Vergleich der Angebote	2 Tage	30.07.12	31.07.12	43EA+10 Tage
M 4.2.7.3	Beratung und Übermittlung der Modelldaten	2 Tage	03.08.12	06.08.12	44EA+2 Tage
	MS 5 Lieferung des Modells	0 Tage	03.09.12	03.09.12	45EA+20 Tage
	MS 6 Übergabe des Prototypen	0 Tage	03.09.12	03.09.12	46AA
M 4.2.8	Produktschulung	2 Tage	04.09.12	05.09.12	47

M 4.2.9	Transport zum Messestandort	5 Tage	06.09.12	12.09.12	
M 4.2.9.1	Zusammenstellung des Transports	1 Tag	06.09.12	06.09.12	48
M 4.2.9.2	Beladung des LKWs	1 Tag	07.09.12	07.09.12	50
M 4.2.9.3	Fahrt zum Messestandort	1 Tag	10.09.12	10.09.12	51
M 4.2.9.4	Entladung des LKWs	1 Tag	12.09.12	12.09.12	52EA+1 Tag
M 4.2.9.5	Transfer des Projektteams zum Messestandort	1 Tag	10.09.12	10.09.12	51
M 4.2.10	Aufbau des Messestandes	6 Tage	13.09.12	20.09.12	
M 4.2.10.1	Auspacken des Messeequipments	1 Tag	13.09.12	13.09.12	53;41;54
M 4.2.10.2	Installation der Elektrotechnik	1 Tag	14.09.12	14.09.12	56
M 4.2.10.3	Installation der Lichttechnik	2 Tage	17.09.12	18.09.12	57
M 4.2.10.4	Installation der Kommunikationstechnik	1 Tag	17.09.12	17.09.12	57
M 4.2.10.5	Aufbau des Standbodens	1 Tag	17.09.12	17.09.12	57
M 4.2.10.6	Aufbau der Standwände	1 Tag	19.09.12	19.09.12	58;60;59
M 4.2.10.7	Installation der Präsentationstechnik	0,5 Tage	20.09.12	20.09.12	61
M 4.2.10.8	Aufbau der Dekoration des Messestandes	0,5 Tage	20.09.12	20.09.12	62;47
	MS 7 Standabnahme durch Projektleitung	0 Tage	20.09.12	20.09.12	62
M 5	Realisierung	4 Tage	21.09.12	27.09.12	
	MS 8 Messebeginn	0 Tage	21.09.12	21.09.12	64EA+1 Tag
M 5.1	Präsentation der Neuentwicklung	4 Tage	21.09.12	27.09.12	
M 5.1.1	Durchführen der Präsentation	1 Tag	21.09.12	24.09.12	66;63
M 5.1.2	Individuelle Kundenbetreuung	3 Tage	24.09.12	27.09.12	68
M 5.2	Präsentation der anderen Produkte	4 Tage	21.09.12	27.09.12	

M 5.2.1	Durchführen der Präsentation	1 Tag	21.09.12	24.09.12	66
M 5.2.2	Individuelle Kundenbetreuung	3 Tage	24.09.12	27.09.12	71
M 5.4	Catering	4 Tage	21.09.12	27.09.12	66
	MS 9 Messeende	0 Tage	27.09.12	27.09.12	73EE
M 6	**Nachbereitung**	**10,5 Tage**	**27.09.12**	**11.10.12**	
M 6.1	Abbau des Messestandes	3 Tage	27.09.12	02.10.12	
M 6.1.1	Abbau der Dekoration des Messestandes	1 Tag	27.09.12	28.09.12	74
M 6.1.2	Deinstallation der Präsentationstechnik	1 Tag	27.09.12	28.09.12	77AA
M 6.1.3	Abbau der Standwände	1 Tag	28.09.12	01.10.12	78
M 6.1.4	Abbau des Standbodens	1 Tag	28.09.12	01.10.12	79AA
M 6.1.5	Deinstallation der Kommunikationstechnik	1 Tag	28.09.12	01.10.12	80AA
M 6.1.6	Deinstallation der Lichttechnik	1 Tag	01.10.12	02.10.12	79
M 6.1.7	Deinstallation der Elektrotechnik	1 Tag	01.10.12	02.10.12	80
M 6.1.8	Einpacken des Messeequipments	1 Tag	01.10.12	02.10.12	83AA
	MS 10 Abnahme des Messestandes durch Messeleitung	0 Tage	02.10.12	02.10.12	84;81;82
M 6.2	Transport zum Firmensitz	5 Tage	02.10.12	09.10.12	
M 6.2.1	Beladung des LKWs	1 Tag	02.10.12	03.10.12	84
M 6.2.2	Transport zur Firma	1 Tag	03.10.12	04.10.12	87
M 6.2.3	Entladung des LKWs	1 Tag	04.10.12	05.10.12	88
M 6.2.4	Einlagern des Messeequipments	1 Tag	05.10.12	08.10.12	89
M 6.2.5	Inventur	1 Tag	08.10.12	09.10.12	90
M 6.2.6	Transfer der Projektteams	1 Tag	03.10.12	04.10.12	87
M 6.3	Projektbewertung und Nachbereitung	2,5 Tage	09.10.12	11.10.12	91;92;69;72
	MS 11 Projektende	0 Tage	11.10.12	11.10.12	93;4

Vernetzter Balkenplan (Ausschnitt)

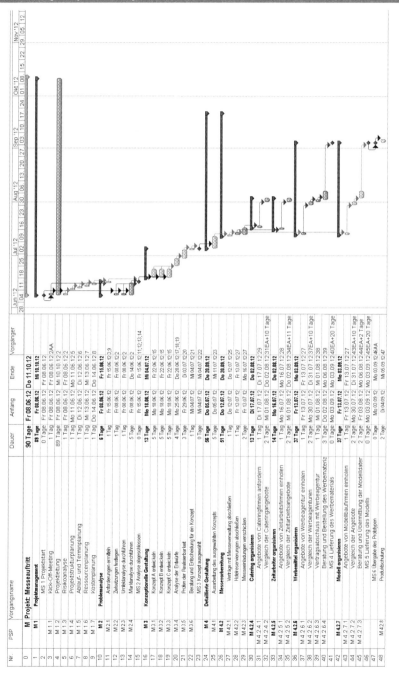

Nr	PSP	Vorgangsname	Dauer	Anfang	Ende	Vorgänger
0	M	Projekt: Messeauftritt	90 Tage	Fr 08.06.12	Do 11.10.12	
1	M1	Projektmanagement	89 Tage	Fr 08.06.12	Mi 10.10.12	
2	M1.1	MS 1 Projektstart	0 Tage	Fr 08.06.12	Fr 08.06.12	
3	M1.2	Kick-Off-Meeting	1 Tag	Fr 08.06.12	Fr 08.06.12	2AA
4	M1.3	Projektleitung	89 Tage	Fr 08.06.12	Mi 10.10.12	
5	M1.3	Risikoanalyse	1 Tag	Fr 08.06.12	Fr 08.06.12	
6	M1.4	Projektstrukturplanung	1 Tag	Mo 11.06.12	Mo 11.06.12	5
7	M1.5	Ablauf- und Terminplanung	1 Tag	Di 12.06.12	Di 12.06.12	6
8	M1.6	Ressourcenplanung	1 Tag	Mi 13.06.12	Mi 13.06.12	7
9	M1.7	Kostenplanung	1 Tag	Do 14.06.12	Do 14.06.12	8
10	M2	Problemanalyse	6 Tage	Fr 08.06.12	Fr 15.06.12	
11	M2.1	Anforderungen ermitteln	1 Tag	Fr 15.06.12	Fr 15.06.12	3;9
12	M2.2	Zielsetzungen festlegen	1 Tag	Fr 08.06.12	Fr 08.06.12	
13	M2.3	Umfeldanalyse durchführen	1 Tag	Fr 08.06.12	Fr 08.06.12	
14	M2.4	Marktanalyse durchführen	5 Tage	Fr 08.06.12	Do 14.06.12	
15	M2.4	MS 2 Analyse abgeschlossen	0 Tage	Fr 15.06.12	Fr 15.06.12	11;12;13;14
16	M3	Konzeptionelle Gestaltung	13 Tage	Mo 18.06.12	Mi 04.07.12	
17	M3.1	Konzept A entwickeln	5 Tage	Mo 18.06.12	Fr 22.06.12	15
18	M3.2	Konzept B entwickeln	5 Tage	Mo 18.06.12	Fr 22.06.12	15
19	M3.3	Konzept C entwickeln	5 Tage	Mo 18.06.12	Fr 22.06.12	15
20	M3.4	Analyse der Entwürfe	4 Tage	Mo 25.06.12	Do 28.06.12	17;18;19
21	M3.5	Prüfen der Realisierbarkeit	3 Tage	Fr 29.06.12	Di 03.07.12	20
22	M3.6	Beratung und Entscheidung für ein Konzept	1 Tag	Mi 04.07.12	Mi 04.07.12	21
23	M3	MS 3 Konzept ausgewählt	0 Tage	Mi 04.07.12	Mi 04.07.12	22
24	M4	Detaillierte Gestaltung	56 Tage	Do 05.07.12	Do 20.09.12	
25	M4.1	Ausarbeitung des ausgewählten Konzepts	5 Tage	Do 05.07.12	Mi 11.07.12	23
26	M4.2	Messevorbereitung	51 Tage	Do 12.07.12	Do 20.09.12	
27	M4.2.1	Vertrag mit Messeverwaltung abschließen	1 Tag	Do 12.07.12	Do 12.07.12	25
28	M4.2.2	Hotelreservierungen abschließen	1 Tag	Do 12.07.12	Do 12.07.12	25
29	M4.2.3	Messeeinladungen verschicken	2 Tage	Do 12.07.12	Mo 16.07.12	27
30	M4.2.4	Catering organisieren	13 Tage	Di 17.07.12	Do 02.08.12	
31	M4.2.4.1	Angebote von Cateringfirmen anfordern	1 Tag	Di 17.07.12	Di 17.07.12	29
32	M4.2.4.2	Vergleich von Cateringangebote	2 Tage	Mi 01.08.12	Do 02.08.12	31EA+10 Tage
33	M4.2.5	Zeitarbeiter organisieren	14 Tage	Mo 16.07.12	Do 02.08.12	
34	M4.2.5.1	Angebote von Zeitarbeitsfirmen einholen	1 Tag	Mo 16.07.12	Mo 16.07.12	28
35	M4.2.5.2	Vergleich der Zeitarbeitsangebote	2 Tage	Mi 01.08.12	Do 02.08.12	34EA+11 Tage
36	M4.2.6	Werbemittel organisieren	37 Tage	Fr 13.07.12	Mo 03.09.12	
37	M4.2.6.1	Angebote von Werbeagentur einholen	1 Tag	Fr 13.07.12	Fr 13.07.12	29
38	M4.2.6.2	Vergleich der Werbeagenturen	2 Tage	Mo 30.07.12	Di 31.07.12	37EA+10 Tage
39	M4.2.6.3	Vertragsabschluss mit Werbeagentur	1 Tag	Mi 01.08.12	Mi 01.08.12	38
40	M4.2.6.4	Beratung und Bestellung des Werbematerials	3 Tage	Do 02.08.12	Mo 06.08.12	39
41	M4.2.6	MS 4 Lieferung des Werbematerials	0 Tage	Mo 03.09.12	Mo 03.09.12	40EA+20 Tage
42	M4.2.7	Modell organisieren	37 Tage	Fr 13.07.12	Mo 03.09.12	
43	M4.2.7.1	Angebote von Modellbaufirmen einholen	1 Tag	Fr 13.07.12	Fr 13.07.12	29
44	M4.2.7.2	Vergleich der Angebote	2 Tage	Mo 30.07.12	Di 31.07.12	43EA+10 Tage
45	M4.2.7.3	Beratung und Übermittlung der Modelldaten	2 Tage	Do 03.08.12	Mo 06.08.12	44EA+2 Tage
46	M4.2.7.3	MS 5 Lieferung des Modells	0 Tage	Mo 03.09.12	Mo 03.09.12	45EA+20 Tage
47	M4.2.7	MS 6 Übergabe des Prototypen	0 Tage	Mo 03.09.12	Mo 03.09.12	46AA
48	M4.2.8	Produktschulung	2 Tage	Di 04.09.12	Mi 05.09.12	47

6.1.9 Ressourcenplanung

Ressourcenliste

Ressourcen-Name	Kürzel	Art	Stunden-satz	Kosten je Einsatz
Mitarbeiter A	MA A	Arbeit	100,00€	
Mitarbeiter B	MA B	Arbeit	75,00€	
Mitarbeiter C	MA C	Arbeit	75,00€	
Mitarbeiter D	MA D	Arbeit	75,00€	
Entwicklungsingenieur	EIng	Arbeit	100,00€	
Leiharbeiter 1 (Elektriker)	LeihE	Arbeit	30,00€	
Leiharbeiter 2 (Lichttechniker)	LeihL	Arbeit	30,00€	
Leiharbeiter 3 (Kommunikationstechniker)	LeihK	Arbeit	30,00€	
LKW 7,5t	LKW	Material		1.000,00€
Lichttechnik	LT	Material		500,00€
Kommunikationstechnik	KT	Material		50,00€
Elektrotechnik	ET	Material		50,00€
Präsentationstechnik	PT	Material		50,00€
Standwände	SW	Material		500,00€
Standboden	SB	Material		100,00€
Dekoration	DK	Material		100,00€
Werbematerialien	WM	Material		2.500,00€
Modell	MO	Material		1.000,00€
Catering	CA	Material		500,00€
Prototyp	PR	Material		10.000,00€

Einsatzmittelganglinie (für Einsatzmittel Mitarbeiter B)

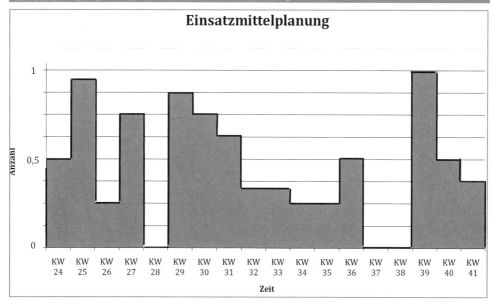

6.1.10 Kostenplanung

Personalkosten je Vorgang

PSP-Code	Vorgangsname	Kosten	Kostenanfall
M	Projekt: Messeauftritt		
M 1	Projektmanagement		
M 1.1	Kick-Off-Meeting	2.600,00 €	anfangsverteilt
M 1.2	Projektleitung	5.000,00 €	gleichverteilt
M 1.3	Risikoanalyse	800,00 €	gleichverteilt
M 1.4	Projektstrukturplanung	1.600,00 €	gleichverteilt
M 1.5	Ablauf- und Terminplanung	2.400,00 €	gleichverteilt
M 1.6	Ressourcenplanung	1.600,00 €	gleichverteilt
M 1.7	Kostenplanung	1.600,00 €	gleichverteilt
M 2	Problemanalyse		
M 2.1	Anforderungen ermitteln	800,00 €	gleichverteilt
M 2.2	Zielsetzungen festlegen	600,00 €	gleichverteilt
M 2.3	Umfeldanalyse durchführen	600,00 €	gleichverteilt
M 2.4	Marktanalyse durchführen	3.000,00 €	gleichverteilt

M 3	Konzeptionelle Gestaltung		
M 3.1	Konzept A entwickeln	3.000,00 €	gleichverteilt
M 3.2	Konzept B entwickeln	3.000,00 €	gleichverteilt
M 3.3	Konzept C entwickeln	3.000,00 €	gleichverteilt
M 3.4	Analyse der Entwürfe	3.200,00 €	gleichverteilt
M 3.5	Prüfen der Realisierbarkeit	2.400,00 €	gleichverteilt
M 3.6	Beratung und Entscheidung für ein Konzept	2.600,00 €	gleichverteilt
M 4	Detaillierte Gestaltung		
M 4.1	Ausarbeitung des ausgewählten Konzepts	9.000,00 €	gleichverteilt
M 4.2	Messevorbereitung		
M 4.2.1	Verträge mit Messeverwaltung abschließen	800,00 €	anfangsverteilt
M 4.2.2	Hotelreservierungen abschließen	800,00 €	endverteilt
M 4.2.3	Messeeinladungen verschicken	1.200,00 €	gleichverteilt
M 4.2.4	Catering organisieren	2.400,00 €	endverteilt
M 4.2.5	Zeitarbeiter organisieren	3.200,00 €	gleichverteilt
M 4.2.6	Werbemittel organisieren	4.200,00 €	gleichverteilt
M 4.2.7	Modell organisieren	3.600,00 €	gleichverteilt
M 4.2.8	Produktschulung	6.800,00 €	anfangsverteilt
M 4.2.9	Transport zum Messestandort	10.400,00 €	gleichverteilt
M 4.2.10	Aufbau des Messestandes	11.360,00 €	gleichverteilt
M 5	Realisierung		
M 5.1	Präsentation der Neuentwicklung	5.600,00 €	gleichverteilt
M 5.2	Präsentation der anderen Produkte	2.400,00 €	gleichverteilt
M 5.3	Catering	2.400,00 €	endverteilt
M 6	Nachbereitung		
M 6.1	Abbau des Messestandes	11.000,00 €	gleichverteilt
M 6.2	Transport zum Firmensitz	11.200,00 €	gleichverteilt
M 6.3	Projektbewertung	2.600,00 €	gleichverteilt
M 7	Projektende		

Sachkosten

Sachkosten	Kosten	Kostenanfall
Materialkosten		
Werbematerialien	2.000,00€	anfangsverteilt
Dekoration	1.000,00€	anfangsverteilt
Catering	500,00€	gleichverteilt
Mietkosten		
Messestandplatzmiete	20.000,00€	endverteilt
Lichttechnik	500,00€	endverteilt
Elektrotechnik	200,00€	endverteilt
Standwände	500,00€	endverteilt
Standboden	100,00€	endverteilt
Hilfsmittel		
LKW 7,5t	1.000,00€	endverteilt
Modell	1.000,00€	endverteilt
Prototyp	10.000,00€	endverteilt
Kommunikationskosten	50,00€	endverteilt
Präsentationstechnik	50,00€	endverteilt
Sonstige Kosten		
Reisekosten	600,00€	gleichverteilt
Kommunikationskosten	300,00€	gleichverteilt
Stromkosten	100,00€	gleichverteilt
Bürobedarf	200,00€	gleichverteilt
Versicherungen	100,00€	gleichverteilt
Summe der Gemeinkosten	38.200,00€	
Projektgesamtkosten	164.960,00€	

Kostenganglinie

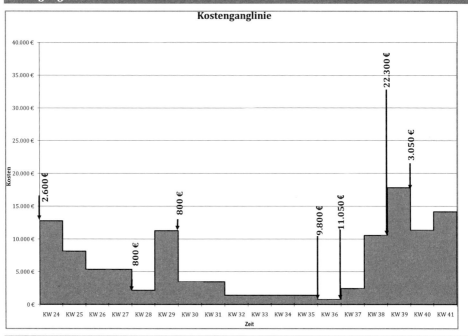

Kostensummenlinie

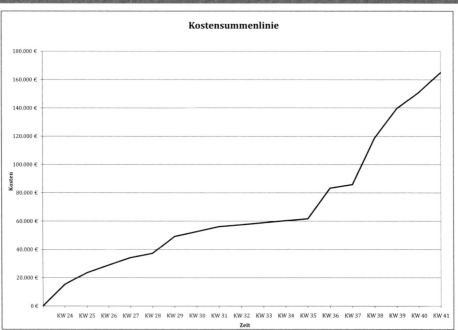

6.2 Literaturverzeichnis

Literaturquellen

Bleicher, Knut: Das Konzept Integriertes Management, 7. Auflage, Frankfurt, Campus Verlag, 2005

Cleland, David I./Ireland, Lewis R. [Implementation, 2002]: Project management: strategic design and implementation, 4. Auflage. New Jersey: McGraw-Hill, 2002

DeMarco, Tom, Spielräume, München/Wien 2001

Drukarczyk, J.: Finanzierung – Eine Einführung, 8. Auflage, Stuttgart, 2004

Ehlers, Peter: Dissertation – Integriertes Projekt- und Prozessmanagement auf der Basis innovativer Informations- und Kommunikationstechnologien (Das GroupProject System), Paderborn, 1997

Friedrich, David: Projektmarketing – Grundlagen und Instrumente für den Projekterfolg, 1. Auflage, Vdm Verlag Dr. Müller, 2005

Freund, D.: Management als Projektmanagement-Disziplin in Projektmanagement 04/2000, S. 52

Gareis, Roland: Projektmanagement im Maschinen- und Anlagenbau, 1. Auflage, Wien, 1991

Goossens, Franz: Konferenz, Verhandlung, Meeting, 2. Auflage, München, 1988

GPM Deutsche Gesellschaft für Projektmanagement (Michael Gessler – Hrsg.): Kompetenzbasiertes Projektmanagement (PM3), 2. Auflage, Nürnberg, 2009

Jäger, Matthias; Reister, Steffen: Microsoft Project 2002 – Das Handbuch, Microsoft Press, Unterschleißheim 2002

Keplinger, Hans: Projektmanagement, 3. Auflage, Frankfurt am Main, 2000

Kerzner, H.: Projektmanagement – Ein systemorientierter Ansatz zur Planung und Steuerung, 1. Auflage, Bonn, 2003

Kienbaum, Jochmann: Projektmanagement, 2. Auflage, Frankfurt am Main, 2001

Krause H. U.: Controlling, 1. Auflage, Schäffer Poeschel Verlag, Stuttgart 2001

Möller, Thor; Dörrenberg, Florian: Projektmanagement, 3. Auflage, München, 2003

Motzel, Erhardt: Projekte erfolgreich managen, 1. Auflage, Köln, 1994

Patzak, Gerold; Rattay, Günter: Projektmanagement, 3.Auflage, Wien, 1998

Reschke, H.; Svoboda, M.: Projektmanagement-Konzeptionelle Grundlagen, München, 1983

RKW / GPM: Projektmanagement-Fachmann: 7. Auflage, Eschborn, 2003

Saynisch, M: Konfigurationsmanagement, Technisches Änderungswesen und Systemdokumentation im Projektmanagement, Köln 1984

Schelle, Heinz: Projekte zum Erfolg führen, 3.Auflage, Deutscher Taschenbuch Verlag, München 2001

Schelle, Heinz.; Ortmann, Roland.; Pfeiffer, Astrid: ProjektManager, 2. Auflage, Nürnberg 2005

Schelle, Reschke, Schnopp, Schub: Projekte erfolgreich managen, 20. Auflage, TÜV-Verlag, Köln, 2003

Schulz, G.: Projektarten, in Projektmanagement 1/1991, 1991

Seifert, Josef W.: Visualisieren - Präsentieren – Moderieren, 5. Auflage, Gabal, 1993

Steinle, Claus; Bruch, Heike; Lawa, Dieter (1998): Projektmanagement, 2.Auflage, Frankfurt am Main, 1998

Volkswagen Coaching GmbH: Projektmanagement - Stand und Trend des Projektmanagements im globalen Zusammenhang, Wolfsburg, September 2005

Vorträge / Seminarunterlagen:

Seminarunterlagen (DaimlerChrysler) Basisqualifikation Projektmanagement

Weber, Kurt E. (Rechtsanwalt, München): Contract Management and Benchmarking, Referat am 25.01.2001 in Basel

Internetquellen:

aha - Gesellschaft für Kommunikationsmanagement – http://www.typologik.de (verfügbar Feb. 2008)

bps-business process solutions gmbh, http://www.bps.de/files/bps-beitrag-projektmgt-mpm.pdf (verfügbar Sep. 2007)

Dr. Walter Wintersteiger, Management & Informatik: Vortrag an der CONQUEST 2003, Nürnberg (http://www.isqi.org/konferenzen/conquest/2006/call-for-papers/) (verfügbar Sep. 2007)

Leaders Circle, http://www.leaders-circle.at (verfügbar Feb. 2008)

Lenz, Roland: Risikoanalyse & Risikomanagement – Einführung (2004); http://www.2cool4u.ch/business_it/risikoanalyse_risikomgmt/risikoanalyse_management. pdf (verfügbar Sep. 2005)

Projektmagazin – Glossar, http://www.projektmagazin.de/glossar (verfügbar Sep. 2010)

PSI AG, http://www.psi.de/de/ (verfügbar Aug. 2004)

s-Tun - Beratung & Training: http://www.s-tun.de (verfügbar Feb. 2008)

Universität Erlangen, http://www.wi3.uni-erlangen.de/anwendungen/wiwiki/wiki/ Abschlussdokumentation (verfügbar Sep. 2007)

Unternehmenskultur, in: Die Orientierung Nr. 85, Pümpin u.a., Schweizerische Volksbank (http://www.walter-wintersteiger.com/contentdocs/Verbesserung der Projektkultur.doc) (verfügbar Jan. 2008)

Wikipedia – Die freie Enzyklopädie, http://www.wikipedia.de (verfügbar Sep. 2010)

6.3 Autorenportrait

Über die RKW Sachsen GmbH Dienstleistung uns Beratung

Das 1990 gegründete Beratungs- und Dienstleistungsunternehmen unterstützt mit den Kompetenzfeldern Managen, Beraten, Qualifizieren und Informieren die nachhaltige Entwicklung vor allem mittelständischer Unternehmen in Sachsen, Deutschland und darüber hinaus.

Dabei bietet der Dienstleister ein breites Spektrum zukunftsorientierter Beratungsleistungen an, insbesondere seit dem Jahr 1999 zum Thema Managementsysteme mit dem Schwerpunkt Projektmanagement. Projektentwicklungs- und -managementerfahrungen hat die RKW Sachsen GmbH als Projektleitung bei einer Vielzahl von Kundenprojekten gesammelt.

Ebenfalls gehört ein umfangreiches Schulungs- und Qualifizierungsangebot für Fach- und Führungskräfte zum Leistungsportfolio wie auch das Agieren als Qualitätssicherer in der geförderten Beratung im Rahmen der Mittelstandsförderung des Sächsischen Staatsministeriums für Wirtschaft, Arbeit und Verkehr sowie als Verfahrensbegleiter bei Bundes- und EU-Förderungen.

Lutz Voigtmann

Jahrgang 1962

Studium an der Technischen Hochschule Karl-Marx-Stadt (heute TU Chemnitz), Abschluss Dipl.-Ing. (FH) für Technologie der metallverarbeitenden Industrie

2003   Zertifizierter Projektmanagementfachmann (GPM)

2007   Zertifizierter Projektmanager (GPM)

Beruflicher Werdegang

Zwei Jahre Abteilungsleiter Arbeitsökonomie und weitere zwei Jahre Leiter der Aus- und Weiterbildung in einem Betrieb für Bergbau- und Aufbereitungsanlagen

Zehn Jahre Niederlassungsleiter / Koordinator in den Bereichen Aus- & Weiterbildung und Personaldienstleistung

seit 1991 Leitung von Projekten im Personal- und Bildungsbereich sowie Durchführung von Seminaren zu den Themen Zusammenarbeit im Betrieb, Arbeitsmethodik, EDV, ...

2001 bis 2003 wissenschaftlicher Mitarbeiter bei der Verbundinitiative „Automobilzulieferer Sachsen 2005" im Projekt Kompetenzentwicklung

seit 2003 Projektleiter im Kompetenzzentrum Managementsysteme der RKW Sachsen GmbH in Chemnitz

seit 2003 Training, Coaching und Beratung im Projektmanagement

seit 2007 Leitungsmitglied der Regionalgruppe Chemnitz der Deutschen Gesellschaft für

      Projektmanagement e. V.

seit 2009 Projektmanagement - Seminare und Vorlesungen an Universitäten und Hochschulen

Lutz Voigtmann

RKW Sachsen GmbH Dienstleistung und Beratung
Freiberger Straße 35, 01067 Dresden
Tel. : +49 / 351/ 8322 335, Fax: +49 / 351/ 832248335
Email: voigtmann@rkw-sachsen.de

Bianca Steiner

Jahrgang 1975
Studium an der Westsächsischen Hochschule Zwickau - University of Applied Sciences,
Abschluss Dipl.-Kauffrau (FH)
Masterstudium an der Hochschule Mittweida - University of Applied Sciences, Abschluss: Master of
Science (M.Sc.)

2007	Zertifizierte Projektmanagement-Fachfrau (GPM)

Beruflicher Werdegang

1997 - 2003	Unternehmensberatung, Spezialbereich Krankenhausberatung
	(„Arbeitszeitgestaltung, Personalcontrolling in Gesundheitseinrichtungen", Veröffentlichung eines Kapitels im Fachbuch „Quo vadis Gesundheitswesen?", ISBN 3-934235-29-8, Verlag der Gesellschaft für Unternehmensrechnung und Controlling mbH)
2005 - 2007	Projektmitarbeiterin im Kompetenzzentrum Managementsysteme der RKW Sachsen GmbH in Chemnitz
seit 2006	Training, Coaching und Beratung im Projektmanagement
seit 2007	Projektleiterin im Kompetenzzentrum Managementsysteme der RKW Sachsen GmbH in Chemnitz
seit 2007	Projektmanagement - Seminare an Universitäten und Hochschulen

Bianca Steiner

RKW Sachsen GmbH Dienstleistung und Beratung
Freiberger Straße 35, 01067 Dresden
Tel. : +49 / 351/ 8322 335, Fax: +49 / 351/ 832248335
E-Mail: steiner@rkw-sachsen.de

6.4 Ausgewählte Referenzen

Beratung, Training und Coaching im Projektmanagement

AB Elektronik Sachsen GmbH

ADZ NAGANO GmbH - Gesellschaft für Sensortechnik

Atmel Automotive GmbH

Behr Industry Mylau GmbH

Bombardier Transportation Germany GmbH & Co. KG

Car Trim GmbH

DaimlerChrysler - Corporate Service Center - Project and Process

DaimlerChrysler Financial Services AG

Deutsche Werkstätten Hellerau GmbH

DGIS Service GmbH

FES GmbH – Fahrzeug-Entwicklung Sachsen

KOKI TECHNIK Transmission Systems GmbH

KOMSA AG

Landeshauptstadt Dresden

Lomma GmbH

Murrelektronik GmbH

Neumann & Partner Informationssysteme GmbH

PC-WARE AG

plastic concept gmbh

PM Academy GmbH

pro-beam Anlagen GmbH

Q-Cells SE Bitterfeld-Wolffen

Qimonda Dresden GmbH & Co. OHG

RKT Rodinger Kunststoff-Technik GmbH

SCHWARZ PHARMA AG

SFW Schienenfahrzeugwerk Delitzsch GmbH

SIEMENS AG – STS GmbH & Co. KG

Solarwatt Solar-Systeme GmbH

Spezialtechnik Dresden GmbH

StarragHeckert GmbH

SunStrom GmbH

Verband ungarischer Automobilzulieferer

Verband slowakischer Automobilzulieferer

Westfalia Presstechnik GmbH & Co. KG

WISMUT GmbH

ZMD Zentrum für Mikroelektronik Dresden AG

6.5 Stichwortverzeichnis

Stichwort	Seite
0-100-Technik	230
50-50-Technik	230
6-3-5 Methode (Brainwriting)	28
A	
Ablaufplanung	117
Abnahme (Übergabe)	246
Abnahme (deren Rechtsfolgen)	246
Abschlussanalyse	251
Abschlussbericht	253
Abschlussprozess	250
Abschlusssitzung	252
Additive Kostenhochrechnung	234
Analogieschätzmethoden	142
Änderungen	241
Änderungsablauf	241
Änderungsmanagement	241
Anfang-Anfang-Beziehung (AA)	121
Anfang-Ende-Beziehung (AE)	121
Angebot	79
Anordnungsbeziehung (AOB)	120
Arbeitsgemeinschaft (ARGE)	85
Arbeitspaket	99
Auftrag	79
Auftraggeberrechte	245
Auftragnehmer	80
Auftragnehmerrechte	245
Außenkonsortium	84
Autonome Projektorganisation	111
Autoritäre Führung	190
B	
Balkenplan	119
Bedürfnispyramide	194
Berichtsfluss	158
Berichtshäufigkeit	158
Berichtsinhalte	158
Berichtswesen	156
Beschaffung	152
Beziehungsebene	173
Bezugskonfiguration	77
bottom-up (Kostenschätzung)	142

Stichwort	Seite
bottom-up-Verfahren (Zielsuche)	42
Budget	143
Brainstorming	27
Brainwriting (6-3-5 Methode)	28
C	
Cash-Flow	150
Chancen	69
Claimmanagement)	223
Coaching	21
Controlling	224
Corporate Identity	182
cost at completion	235
cost to completion	235
D	
Dauer	123
Deduktives Vorgehen	100
Delegation	196
Delphi-Methode	28;142
design-to-cost	142
Dienstvertrag	82
Diktatorische Führung	190
Diskursive Strategie	48
Dokumentation	154
Dokumentationsmanagement	155
Dokumentationsmatrix	159
E	
Einsatzmittel	131
Einsatzmittelbedarf	132
Einsatzmittel-Bedarfsglättung	137
Einsatzmittelganglinie	126
Einsatzmittelganglinie (Fallbsp.)	273
Einsatzmitteloptimierung	137
Einsatzmittelplanung	131
Einsatzmittelplanung (Fallbsp.)	272
Einsatzmittel bei Multiprojekten	158
Eintauchzeit	211
Ende-Anfang-Beziehung (EA)	121
Ende-Ende-Beziehung (EE)	121
Ereignis	119
Erfahrungsdatenbanken	171

Erfahrungssicherung 259
Erfolgsfaktor 18
Erfolgskriterium 18
Ergebnisziele 39
Evaluierung (Projektabschluss) 251

F
Finanzierung 149
Finanzierungsarten 150
Finanzmittel 149
Finanzplanung 149
Fischgrät-Diagramm 64
FMEA (Fehler-Möglichkeits- und
Einflussanalyse) 64
Formelle Gruppen 207
Fortschrittsgrad-Messtechniken 231
Freier Puffer 125
Führung 187
Führungsstile 190
Führungsverhaltensgitter 193

G
Gesamtpuffer 125
Gesamtrisiko 72

Gruppen 203
Gruppenarbeit 206
Gruppendynamik 203

H
Hauptauftragnehmer 83
Hierarchy of Needs 194
Hygienefaktoren 195

I/J
Induktives Vorgehen 100
Informationsverteilung 157
Informelle Gruppen 207
Innenkonsortium 84
Ishikawa-Diagramm 64

K
Kalkulation 143
Kann-Ziele 39
Kapazitätstreue Einsatzplanung 136
Kaufvertrag 82

Kennziffernsysteme 142
Kick-Off-Meeting 32
Know-How-Entwicklung 19
Kommunikation 172
Kommunikationsarten 174
Kommunikationshindernisse 174
Kommunikationskonzept 185
Kommunikationsmodell 173
Kommunikationsstörungen 174
Kommunikationstypen 175
Konfiguration 77
Konfigurationsaudit 78

Konfigurationsbuchführung 78
Konfigurationsidentifikation 78
Konfigurationsmanagement 77
Konfigurationsüberwachung 78
Konflikt 214
Konfliktarten 215
Konfliktentstehung 214
Konflikteskalation 215
Konflikteskalationsstufen 216
Konfliktlösung 217
Konfliktlösungsmöglichkeiten 217
Kontinuierlicher
Verbesserungsprozess 61
Kooperative Führung 190
Kooperative Konfliktlösung 217
Kostenabweichung 147
Kostenarten 140
Kostenentwicklungsprognose 233
Kostenfortschritt 232
Kostenganglinie 146
Kostenganglinie (Fallbeispiel) 276
Kostenhochrechnung (additiv) 234
Kostenhochrechnung (linear) 234
Kostenplan 143
Kostenplanung 139
Kostenplanung (Fallbeispiel) 273
Kostenschätzverfahren 141
Kostenstellen 140
Kostensummenlinie 146
Kostensummenlinie (Fallbsp.) 276
Kostenträger 140
Kostentrendanalyse 176
Kreativitätstechniken 27

Kritischer Weg 125
Krisen 219
Kultur 9

L

Laissez faire - Führung 190
Lastenheft 34
Leistungsbeschreibung 33
Lenkungsausschuss 108
Leistungsfortschritt 229
Leistungsstörungen 244
Leistungsumfang 33
Liberale Führung 190
Lieferobjekte 33
Lineare Kostenhochrechnung 234
Liquidität 151
Liquiditätspolitik 151

M

Magisches Dreieck 14
Management Task Cycle 191
Managerial grid 192
Maslowsche Bedürfnispyramide 194
Matrix-Projektorganisation 111
Meilenstein 60
Meilensteintechnik 229
Meilensteintrendanalyse 239
Mengenproportionalität 230
Mitlaufende Kalkulation 143
Moderation (Sitzungsleitung) 201
Morphologischer Kasten 28
Motivation 193
Multiprojektmanagement 166
Multi-Projektmanager 108
Multi-Tasking 212
Muss-Ziele 39

N

Nachforderungsmanagement 243
Nachkalkulation 153
Negativpuffer 125
Netzplan 124
Netzplantechnik 124
Normalfolge (NF) 121
Nutzwertanalyse 43

O

Operative Beschaffung 152

P

Parametrische Kostenschätzung 143
Partizipation 198
Partizipative Strategie 48
Personaleinsatzplanung 133
Persönlichkeitsbeziehungen 205
Pflichtenheft 34
Phasen der Gruppenbildung 203
Phasenmodelle 56
Phasenplanung 55
Phasenplanung (Fallbeispiel) 263
Planungsprozess 94
Pool-Projektorganisation 112
Präsentationstechnik 175
Primärrisiken 69
Programm 18
Programm-Manager 108
Progressive Netzplanrechnung 124
Projekt 4
Projektabschluss 250
Projektabschlussanalyse 251
Projektabschlussbericht 233
Projektabschlusssitzung 232
Projektabwicklung 164
Projektakte 155
Projektarten 5
Projektauflösung 252
Projektberichte 157
Projektberichterstattung 158
Projektbudget 143
Projektcontroller 227
Projektcontrolling 224
Projektdefinition 36
Projektdokumentation 154
Projekterfolg 16
Projektfortschritt 239
Projektgruppen 203
Projekthandbuch 154
Projektinhalt 33
Projektkalkulation 143
Projektkostenplanung 140
Projektlernen 142

Projektmanagement	9
Projektmanagementerfolg	16
Projektmanagementhandbuch	67
Projektmanagementphasen	54
Projektmanagementprozesse	164
Projektstruktur	97
Projektstruktur-Code	99
Projektstrukturierung	97
Projektstrukturplan	97
Projektstrukturplan - funktions-orientiert	102
Projektstrukturplan - gemischt-orientiert	103
Projektstrukturplan - Objekt-orientiert	101
Projektstrukturplan - Phasen-orientiert	102
Projektstrukturplan (Fallbeispiel)	264
Projekttagebuch	154
Projektteam	203
Projektteammitglieder	205
Projektumfeld	44
Projektverträge	85
Projektziel	37
Projektzielstellung	37

Q

QFD (Quality Function Deployment)	65
Qualität	60
Qualitätsmanagement	60
Qualitätsmanagementkreislauf	61
Qualitätsmanagementsystem	60

R

Rechtsfolgen bei Leistungsstörungen	244
Rechtsfolgen der Abnahme	246
Reine (Autonome) Projektorganisation	111
Repressive Strategie	43
Ressourcen	131
Ressourcenplanung	131
Retrograde Netzplanrechnung	124
Risiko	68

Risikoanalyse	71
Risikoanalyse (Fallbeispiel)	262
Risikoarten	71
Risikobehandlung	74
Risikobewertung	72
Risikocontrolling	75
Risikoidentifikation	71
Risikomanagement	68
Risikoportfolio	72
Risikoportfolio (Fallbeispiel)	263
Risiko-selbst-tragen	75
Risikoüberwälzung	75
Risikovermeidung	75
Risikoverringerung	75
Rolle (formell / informell)	105
Rollenverteilung	208

S

Sachebene	173
Schätzklausur	142
Schätzung	232
Sekundärproportionalität	230
Situative Führung	190
Sitzungsleitung (Moderation)	201
Software in Projekten	23
Soll-Ist-Vergleich	232
Spielregeln	200
Sprungfolge (SF)	122
Stabs-Projektorganisation	111
Stakeholder	46
Stakeholderanalyse	46
Stakeholderanalyse (Fallbspl.)	261
Stakeholderportfolio	50
Stakeholderportfolio (Fallbspl.)	261
Steuerungsgremium	108
Strategische Beschaffung	152
Struktur	95
Synektik	27

T

Teamarbeit	200
Teammitglieder	204
Teamuhr	203
Teilaufgabe	98
Teilprojekt	98
Termin	123
Terminabweichung	223
Terminfortschritt	239
Terminliste	117
Terminplanaktualisierung	123
Terminplanung	117
Termintreue Einsatzplanung	136
top-down (design-to-cost)	142
top-down-Verfahren (Zieldetaillierung)	42
Tragweite	72

U

Übergabe (Abnahme)	246
Umfeldanalyse	44
Umfeldanalyse (Fallbeispiel)	260
Umfeldfaktoren	45
Umfeldgruppen	49
Unternehmenskultur	10
Ursache-Wirkungs-Diagramm	64

V

Verantwortlichkeits (VMI) - Matrix	108
Verhandlungsführung	85
Verhandlungsgrundsätze	85
Verhandlungtaktik	89
vernetzter Balkenplan	130
vernetzter Balkenplan (Fallbsp.)	271
Vertrag	82
Verträge mit Dritten	83
Vertragsmanagement	80
Vorgang	119
Vorgangsliste (Fallbeispiel)	267
Vorgehensziele	39
Vorkalkulation	143

W

Wasserfallmodell	57
Werkvertrag	82
Wunsch-Ziele	39

Z

Zeitabstand	119
Zeitliche Lage	125
Zeitmanagement	209
Zeitproportionalität	230
Zeitpunkt	123
Zertifizierung	19
Zielantimonie	42
Zielbeziehungen	41
Zielhierarchie	39
Zielhierarchie (Fallbeispiel)	259
Zielidentität	41
Zielkomplementariät	41
Zielkonkurrenz	42
Zielmatrix	40, 251
Zielmatrix (Fallbeispiel)	260
Zielneutralität	41